AMBIVALENCE

Préparez-vous et vos enfants
à l'ère de l'intelligence artificielle

AMBIVALENCE

Préparez-vous et vos enfants
à l'ère de l'intelligence artificielle

Bernard GOLSTEIN

ISBN : 9781070627694

Version : Full - papier - FR - v1.3 – 8 août 2019

Pour toute correspondance :
écrire à ambivalence@golstein.com

A Eva, Nathan,
et tous les enfants
qui feront l'ère
de l'intelligence artificielle

Sommaire

Se préparer pendant qu'il est encore temps

C'était un beau jour d'octobre 2018, à NUS, la plus prestigieuse université de Singapour. Nous venions de débattre du futur du travail pendant deux heures, dans un amphithéâtre plein à craquer. Les étudiants de Master ne rataient pas un mot des discussions, captivés par les immenses transformations guettant les métiers : la disparition assurée pour certains, l'évolution drastique inévitable pour d'autres. Nous plaisantions d'ailleurs du bien meilleur usage que les étudiants faisaient de leur temps avec nous, à réfléchir à l'avenir, que de l'autre côté du couloir, où certains de leurs camarades suivaient des cours de comptabilité et de finance - un choix fort précaire. Toujours est-il que notre discussion mettait en lumière le contexte de changement effréné, appelant à une redéfinition complète des priorités de vie et à une saine réflexion sur les choix de carrière. Un jeune homme leva alors la main et nous déclara, l'air dépité : « Je comprends bien le déferlement de changements qui se prépare, mais moi, je suis encore soumis à la pression parentale et sociétale pour devenir avocat ou médecin ». Un ange passa. Le jeune homme venait de mettre le doigt sur la contradiction poignante entre des parents pourtant bienveillants et un monde lancé à pleine vitesse, dont la trajectoire leur échappait complètement.

Depuis, des variantes de cette scène ont été rejouées à chacune de mes conférences, chacun de mes ateliers. Les membres du public, qu'ils soient adultes, étudiants à l'université, lycéens ou petits élèves de primaire, m'interpellent pendant la discussion générale ou viennent m'interroger en privé. La même question se retrouve posée semaine après semaine : que faut-il apprendre ? Le visage des questionneurs traduit souvent leur désarroi à l'écoute des conseils divergents de leur entourage, ou en raison du manque patent d'information crédible.

De là est née l'idée de ce livre : permettre aux parents de prodiguer des conseils avisés et pertinents. Il s'agissait d'abord de les informer sur les tenants et les aboutissants de l'intelligence artificielle, et de leur fournir des prévisions argumentées sur le futur du travail. S'y est rapidement greffé le souhait de mettre à leur disposition un cadre pour préparer sans tarder leurs enfants à l'ère de l'intelligence artificielle. La cible comprenait tous les enfants, et pas uniquement ceux qui se destinaient à travailler dans l'intelligence artificielle elle-même.

La tâche ne s'annonçait pas facile. Qu'enseigner aujourd'hui aux enfants qui soit pertinent et utile lorsqu'ils auraient vingt ans, voire quarante ? Comment cultiver des utilisateurs de l'intelligence artificielle à la fois compétents et avertis, afin de tirer le meilleur parti de ses avantages considérables tout en se protégeant de ses dangers indéniables ? Quel serait alors l'état de la société, et comment favoriser l'émergence d'individus capables de l'influencer positivement ? A quoi ressemblerait cette technologie qui aurait largement contribué à modeler la société ? Dès à présent, comment démêler le vrai du faux, du sensationnel ou du refoulé dans l'état actuel de ladite technologie ? Seules certitudes, la permanence et l'ampleur du changement à venir ne manquaient jamais de se rappeler à notre bon souvenir. Combien de fois, en cours d'écriture de cet ouvrage, avons-nous pu voir la concrétisation soudaine de ce qui était réputé impossible jusqu'alors ? Voilà que les robots, qui titubaient encore le jour d'avant, se mettaient à marcher sur un parcours de briques en effectuant un véritable numéro d'équilibriste ! Quel n'a pas été notre étonnement, jour après jour, lorsqu'un logiciel de traitement de texte nous a invité à ne pas faire de discrimination de genre, lorsqu'une IA biochimiste a résolu le problème ardu du pliage des protéines, ou quand un assistant personnel virtuel est parvenu à réserver une table de restaurant, par téléphone, sans se faire démasquer...

Cette accélération du changement s'est rapidement révélée être un point d'attention majeur parmi les préoccupations de ce livre. D'ici la fin du siècle, nous parviendrons vraisemblablement à créer l'intelligence artificielle généralisée. En termes simples, cette intelligence nous surpassera en tous points. Le monde en sera bouleversé et seuls des changements profonds de nos modèles sociétaux permettront d'éviter un chaos ingérable. Est-ce une date lointaine ? Non, ce ne sont que quelques générations, un rien à l'échelle géologique. Les prémisses s'en font déjà sentir. Il suffit pour s'en convaincre de se rendre dans l'entrepôt d'une grande entreprise de distribution : il ne reste quasiment plus d'employés, puisque tout ou presque y est automatisé. A en croire certains, ce ne serait que le sort de quelques métiers et non pas une tendance de fond. Nous l'avons constaté partout : le déni est l'attitude la mieux partagée. La réaction la plus commune est de croire son propre métier à l'abri de la transformation. Et pourtant.

A ses débuts, le changement, même exponentiel, est presque imperceptible. Il est lent et paraît complètement inoffensif. Soudain, un signal plus fort que les précédents attire notre attention. Très vite, tout s'enchaîne : le mouvement s'amplifie à vue d'œil, la machine accélère et s'emballe, elle échappe à notre contrôle ; nous voilà déjà pris de court et sidérés de n'avoir pu réagir à temps.

Voulez-vous une illustration ? Imaginez-vous en bordure d'un terrain de basket, dans un grand gymnase, pour assister à un match de vos enfants. Au début de l'expérience, un robinet fictif laisse s'écouler une goutte d'eau. La minute suivante, deux gouttes s'échappent. La minute d'après, quatre gouttes, et ainsi de suite. C'est une accélération exponentielle : le volume d'eau déversée double à chaque minute. A la fin du premier quart temps de dix minutes, personne ne remarque la présence d'eau – son volume total tiendrait dans une petite tasse à café. A la fin du second quart temps, le terrain semble humide. A la fin du troisième quart temps, vos pieds sont dans l'eau : il y en a une hauteur de 12 centimètres. Une minute après, l'eau atteint vos chevilles. La minute suivante, elle vous arrive aux genoux ; puis à la taille une minute plus tard. Encore une minute et vous avez la tête sous l'eau. Deux minutes de plus et il n'y a plus la moindre poche d'air dans le gymnase. Vous suffoquez ! Le désastre semble s'être abattu en cinq minutes à peine, alors qu'il couvait en réalité depuis le début du match. Vous ne vous êtes pourtant aperçus de rien jusqu'aux derniers moments, quand la situation était déjà sérieusement compromise.

Cela vous rappelle-t-il quelque chose ? Le changement climatique peut-être ? Dès les années 1970, certains savaient. Mais au début, personne ne voulait écouter. Ensuite personne n'a voulu y croire. Surtout, personne n'a accepté de changer. Dans les pays les plus avancés on a maintenu notre style de vie, ailleurs, d'autres encore l'ont adopté. On a continué à rejeter massivement des gaz à effet de serre dans l'atmosphère. Quelques engagements ont été pris, à peine mis en œuvre, pratiquement dénués d'effets. La situation s'est dégradée exponentiellement, nous rapprochant dangereusement des points de bascule du système Terre. Quand ils seront atteints, la catastrophe sera inévitable. Il aura fallu une enfant de 15 ans, la jeune suédoise Greta Thunberg, pour sonner la révolte et déclarer à la COP 24 son écœurement aux dirigeants du monde : « Vous parlez uniquement de croissance verte éternelle parce que vous avez trop peur d'être impopulaires. Vous parlez uniquement d'aller de l'avant avec les mêmes mauvaises idées que celles qui nous ont plongés dans ce pétrin, alors que la seule chose raisonnable à faire est d'actionner le freinage d'urgence. Vous n'êtes pas suffisamment mûrs pour nous dire la vérité. Même cette charge, vous nous la laissez à nous, les enfants. Mais je me moque d'être populaire. Je ne me préoccupe que de justice climatique et de notre planète vivante. ».

Heureusement, l'intelligence artificielle, elle, sera d'abord une source considérable de progrès et de bien-être. Elle est d'ailleurs déjà à l'œuvre dans de multiples initiatives liées à la lutte contre le changement climatique. Mais comme toutes les technologies, elle est ambivalente. Certains de ses effets seront positifs et d'autres négatifs. Si l'on n'y prend garde, les disruptions qu'elle causera seront probablement d'une ampleur comparable au changement climatique.

Cependant, contrairement au changement climatique, il est encore temps d'agir pour préparer l'ère de l'intelligence artificielle. C'est aussi pour cela que nous écrivons aujourd'hui. Nous avons le luxe de pouvoir encore engager la réflexion sereinement et prendre les décisions qui s'imposent. Oui, il est encore temps. Mais cette fenêtre d'opportunité ne restera pas ouverte pendant bien longtemps. N'attendons pas qu'elle se referme.

La première partie de cet ouvrage vise à fournir une information complète, précise et accessible sur l'intelligence artificielle. Le premier chapitre raconte comment elle est apparue au grand public à la faveur de quelques parties de jeu de go. Le chapitre 2 la démystifie, expliquant sa nature purement algorithmique et montrant très simplement comment elle est entraînée. Cela n'empêche pas de souligner son potentiel extraordinaire à l'horizon de quelques générations à peine. Le chapitre 3 brosse un portrait comparé de l'intelligence artificielle et humaine, décrivant aussi clairement que possible les capacités de l'une et de l'autre et leur évolution relative probable. Le chapitre 4 passe en revue quelques-unes des promesses de l'intelligence artificielle pour améliorer notre vie quotidienne et s'attaquer aux grands défis de l'humanité. Le chapitre 5 souligne les périls de l'intelligence artificielle et évoque les démarches éthiques mises en place pour les minimiser.

La seconde partie est intégralement consacrée au futur du travail. Celui-ci sera la plus grande des disruptions de l'intelligence artificielle. Le chapitre 6 présente quatre visions très différentes de l'avenir du travail, depuis le plus optimiste des scénarios jusqu'au plus pessimiste, en passant par une perspective historique et une vision de transformation radicale. Le chapitre 7 analyse rigoureusement le potentiel d'automatisation, à l'horizon de 20 ans, de l'ensemble des tâches constituant les emplois. Le chapitre 8 remonte d'un cran en disséquant le potentiel d'automatisation des emplois eux-mêmes. Le chapitre 9 décrypte 23 exemples de professions vouées à être automatisées .... ou non. Le chapitre 10 récapitule le cadre d'analyse systématique des emplois et donne des clés de compréhension supplémentaires afin de bien s'orienter.

La troisième et dernière partie traite des modifications à apporter à l'éducation à l'ère de l'intelligence artificielle. Le chapitre 11 constate la fin du paradigme éducatif né au 19ème siècle et souligne trois tendances de fond. Le chapitre 12 présente le Compas du 21ème siècle, un référentiel éducatif pour les enfants et les plus grands. Les composantes du Compas sont étudiées en détail dans les chapitres suivants. Le chapitre 13 pose les fondamentaux du Compas, c'est-à-dire la capacité à apprendre, le Nord moral et les savoirs cardinaux. Le chapitre 14 en explore les compétences socio-émotionnelles, et plus précisément la résilience, l'empathie et la collaboration. Le chapitre 15 couvre les compétences cognitives, et plus particulièrement la pensée critique, la créativité et l'interdisciplinarité.

La conclusion récapitule ce que les parents doivent savoir et faire pour préparer leurs enfants à l'ère de l'intelligence artificielle. Elle est suivie d'un glossaire, d'un index et d'une bibliographie.

Puisse cet ouvrage vous être utile.

Intelligence artificielle

Chapitre 1.   Un réveil brutal

« Je suis convaincu de gagner 5 à 0 ».

En ce jour de mars 2016, à la veille du tournoi qui va l'opposer à AlphaGo dans un palace de Seoul, Lee Sedol affiche sa confiance absolue. Et pourquoi en serait-il autrement ? La communauté mondiale de go, quelque peu amusée par le défi lancé à son champion, partage son assurance totale. Pas une voix discordante ne se fait entendre.

Certes, AlphaGo, un logiciel de jeu de go développé par la société DeepMind, a battu pour la première fois un joueur professionnel neuf mois auparavant. Mais la victime, Fan Hui, tout champion d'Europe qu'il est, évolue à des années-lumière de ses homologues d'Asie : il n'est que 2ème dan. A sa défaite il a même été raillé pour avoir « oublié son go » à l'âge de 18 ans, en quittant la Chine pour la France. Or lui, Lee Sedol, 9ème dan, est une véritable légende bien au-delà de sa discipline : c'est un héros national en Corée. On le surnomme le Roger Federer du go. Il est 18 fois champion du monde et a complètement dominé son art pendant une dizaine d'années. Sa popularité et son prestige sont immenses.

De plus, le go, ce n'est pas les échecs. Vingt ans auparavant, Deep Blue d'IBM a réussi à battre Kasparov par la *force brute.* Il explorait jusqu'à vingt coups en aval au rythme effréné de 200 millions de positions évaluées par seconde. A cela s'ajoutaient de multiples astuces algorithmiques et bibliothèques de coups entièrement spécifiques aux échecs, élaborées minutieusement par une panoplie de grands maîtres. Une telle stratégie de rouleau compresseur n'est pas possible au go. Ce jeu de plateau inventé en Chine il y a 2 500 ans possède il est vrai des règles d'une simplicité enfantine. Mais la difficulté immense réside dans la combinatoire : avec un quadrillage de 19 lignes et 19 colonnes, il y a plus de configurations possibles des pierres sur le plateau de go que d'atomes dans l'univers. Autrement dit, si tout le monde peut apprendre à y jouer, beaucoup seront bien embarrassés au moment de poser la pierre suivante tant les choix sont nombreux. Lorsque l'on interroge un joueur professionnel sur sa décision de jouer tel coup plutôt qu'un autre, il arrive qu'il réponde simplement que cela lui « semble être le bon coup »[1]. Une mystérieuse intuition, guère d'autre explication. Tant et si bien que le go est devenu le Graal de la recherche en intelligence artificielle. Résolvez le mystère du go et vous aurez accompli un pas de géant en IA[2]. Il n'en fallait pas plus pour que DeepMind décide dès 2013 de concevoir AlphaGo, dans sa quête à plus long terme de l'intelligence artificielle générale. Que l'on ne s'y trompe pas : aucun expert n'attendait de résultat concret avant une décennie au moins.

Le décor est planté dans une salle de l'hôtel Four Seasons de Seoul, comme si l'on avait préparé un ring pour accueillir un combat de boxe légendaire. Un panel de juges siège sur une estrade légèrement surélevée. Devant eux, le plateau de go est posé sur une petite table carrée. D'un côté est assis Lee Sedol et de l'autre, un employé chanceux de DeepMind poussant les pierres au fur et mesure que les commandes d'AlphaGo s'affichent sur l'écran latéral. AlphaGo lui-même est présent à la table via un ordinateur portable qui ne paie pas de mine, aperçu furtivement pendant les préparatifs, mais désormais dissimulé sous la nappe de la table. Quelques dizaines de spectateurs privilégiés sont réunis dans la salle dont la famille de Lee Sedol. Ailleurs dans l'hôtel, des commentateurs du monde entier ont pris leurs quartiers. La partie est retransmise sur internet en direct. Elle s'affiche aussi bien sur les écrans géants des gratte-ciels de Corée que sur les murs des clubs de go de par le monde : de jeunes joueurs s'apprêtent à y scruter le moindre geste de leur idole aux prises avec cet étrange adversaire.

---

[1] Propos de Demis Hassabis, fondateur et PDG de DeepMind, rapportés dans le film « AlphaGo » (2017) de Greg Kohs [6].
[2] IA et *intelligence artificielle* seront employés indifféremment. Le terme anglais de *AI* est également très courant.

La déroute du champion

La première partie ne commence pas sous les meilleurs auspices pour Lee Sedol. AlphaGo fait mieux que résister. Au fil des coups Lee Sedol se met à grimacer. Il perd petit à petit de sa superbe. Sur les plateaux de télévision annexes, les commentateurs coréens comptent et recomptent les points en direct et laissent apparaitre un visage incrédule : il semble qu'AlphaGo ait pris l'avantage. Lee Sedol se résout à abandonner au bout de 186 coups et près de 3 heures 30 de combat.

Lee Sedol arrive à la conférence de presse d'après-match dans une salle comble où crépitent les flashes. Pourtant il ne voit dans sa défaite qu'un faux-pas regrettable. Il se dit surpris d'avoir perdu, et met sa défaite sur le compte d'une erreur en début de match qui l'a poursuivi jusqu'au bout. Mais c'est un coup de semonce. Le lendemain la presse du monde entier fait ses gros titres sur la défaite inattendue du grand maitre face à la machine.

A l'entame du second match, la pression semble être montée d'un cran pour Lee Sedol. Au 36ème coup, il quitte sa chaise et part fumer une cigarette sur une terrasse privatisée de l'hôtel. AlphaGo ne voit rien, n'entend rien, n'a aucune pression, ne sait pas que Lee Sedol est parti ni même qui il est ; il joue simplement le 37ème coup. Au bout de quelques minutes Lee Sedol revient s'asseoir. Son visage se déforme, interloqué, en voyant le coup joué par AlphaGo. Lee Sedol esquisse même un semblant de sourire. Sans-doute se croit-il tiré d'affaire. Le coup de AlphaGo est inhumain. Aucun être humain ne l'aurait joué parce que… il est de notoriété publique qu'il faut l'éviter, coûte que coûte, en raison du risque beaucoup trop élevé qu'il représente. Règle immuable que les humains appliquent religieusement depuis la nuit des temps, même s'ils ne se souviennent pas vraiment pourquoi. Et pourtant. Alors que la partie se poursuit, la situation de Lee Sedol se détériore et le maître paraît de plus en plus abattu. Lorsqu'il abandonne au 211ème coup, un voile de tristesse enveloppe le Four Seasons et peine à masquer l'état de choc de Lee Sedol. « Hier j'étais surpris, déclare-t-il, aujourd'hui je suis sans voix ». Il ajoutera plus tard : « Le coup 37 était vraiment original et beau ».

Lee Sedol bénéficie d'un jour de repos. Quatre joueurs professionnels viennent le réconforter et tentent d'analyser avec lui les deux parties perdues. A court d'idées, Lee Sedol décide d'adopter un style de jeu inhabituel pour lui dans l'espoir de surprendre AlphaGo. Hélas, la troisième partie s'avère désastreuse. Dès le cinquantième coup, AlphaGo a pris une avance nette qui ne se réduira plus. La défaite est cuisante. Le tournoi aussi est perdu car AlphaGo mène déjà 3 à 0. Les membres de DeepMind n'ont même pas le cœur à se réjouir tant la détresse de Lee Sedol est apparente. En conférence de presse, le grand joueur déchu est au bord des larmes. « Je dois d'abord vous demander pardon. Je sais que j'ai déçu nombre d'entre vous. Je vous demande de m'excuser pour mon impuissance ». Il semble porter toute la souffrance de l'espèce humaine sur ses épaules. Le spectre de la déroute 0-5 se profile à l'horizon.

Baroud d'honneur

Au quatrième jour, la partie commence fort mal pour Lee Sedol. Les observateurs tremblent. Il est acculé, le chronomètre défile ; on ne donne plus cher de sa peau. Au bout de 2 heures et 40 minutes de lutte, Lee Sedol se fige et plonge dans une réflexion intense. Six longues minutes s'égrènent, l'attente est interminable. Soudain Lee Sedol émerge de ses pensées et sort de son chapeau un coup de génie. Ce 78ème coup, certains commentateurs le qualifient même de « geste de Dieu » tant il était inattendu. AlphaGo aussi avait jugé le coup totalement improbable ; il peine à y répondre. Quelque chose paraît brisé. Est-ce un bug ? La machine semble perdre la raison. Elle enchaine les coups complètement absurdes et finit par provoquer l'hilarité générale. La foule y croit, les observateurs miment les gestes de boxeur en soutien rageur à leur champion retrouvé. Lee Sedol l'emporte enfin et laisse échapper dans un murmure : « Au moins j'en aurai gagné une ». Sa victoire est accueillie dans une atmosphère de liesse indescriptible. Pendant la conférence de presse les salves d'applaudissement se succèdent. « Jamais on ne m'a tant félicité pour une victoire », s'exclame-t-il. Dans les rues les gens courent, chantent et dansent. Il semble que la race humaine tout entière soit en train de célébrer sa victoire sur la machine.

Au cinquième jour Lee Sedol perd à nouveau alors qu'il était parti sur de bien meilleures bases. Mais l'ambiance est plus détendue. Le monde lui pardonne volontiers. Il a pris fait et cause pour le champion humain qui aura hissé son niveau de jeu dans la quatrième partie.

Le tournoi induira un renouveau remarquable du jeu de go. Il amène les champions à examiner leur jeu sous un jour nouveau. Les parties d'AlphaGo sont analysées minutieusement. Comme le coup 37 de la seconde partie, les positions que l'on croyait à proscrire s'inscrivent dans de nouvelles stratégies et sont enseignées dans les écoles de go. Le jeu évolue sous l'influence de la machine. Fan Hui, qui depuis sa défaite initiale a rejoint l'équipe de DeepMind, modifie sensiblement sa philosophie de jeu et progresse dans les classements mondiaux. Les plateaux de go sont en rupture de stock. Le jeu millénaire connait une seconde jeunesse sous l'effet de l'intelligence artificielle.

Elle est partout

La victoire d'AlphaGo aidant, le battage médiatique enfle autour de l'intelligence artificielle. On en parle partout, on la voit partout. Un institut de recherche et de conseil en affaires place *l'apprentissage automatique*[3] tout en haut de sa *Courbe de battage médiatique* en 2016, c'est-à-dire là où les attentes envers la technologie sont les plus irréalistes[4]. L'indice de vivacité de l'IA[5], qui est une mesure synthétique des publications scientifiques, des inscriptions universitaires et des

---

[3] L'apprentissage automatique, traduction française correcte du terme anglais plus courant *Machine Learning*, est la branche moderne de l'intelligence artificielle. Voir page 33 et suivantes pour les définitions plus précises.
[4] Gartner Hype Curve 2016 (https://www.gartner.com/smarterwithgartner/3-trends-appear-in-the-gartner-hype-cycle-for-emerging-technologies-2016/)
[5] AI Index 2018 annual report, p56.
(http://cdn.aiindex.org/2018/AI%20Index%202018%20Annual%20Report.pdf) [15].

fonds investis par le capital-risque, double en 2016 par rapport à 2014 et quintuple par rapport à 2010.

Des commentateurs facétieux exhument en l'adaptant le tweet de Dan Ariely de 2013[6] : « L'intelligence artificielle c'est comme faire l'amour pour les adolescents : tout le monde en parle, personne ne sait vraiment comment s'y prendre, tout le monde croit que tous les autres le font, donc tout le monde prétend le faire. »

Alors quelle est-elle, cette intelligence artificielle ? Dans son acception la plus générale, c'est la capacité des machines à imiter l'intelligence humaine. Et si l'on veut éviter une définition simpliste et un peu paresseuse qui se réfère à l'intelligence humaine, on s'accordera que l'intelligence artificielle désigne les machines qui perçoivent leur environnement, raisonnent, apprennent et agissent en réponse à ce qu'elles perçoivent et aux objectifs qui lui sont fixés[7].

Cette intelligence artificielle est bien réelle et progresse à grands pas. Dans les domaines proches de la recherche qui captivent l'attention du public, au-delà de DeepMind, les voitures autonomes, par exemple, font beaucoup parler d'elles avec Tesla ou Waymo[8].

Ailleurs, on observe les avancées du diagnostic médical avec notamment IBM Watson, ou encore la détection des tumeurs malignes avec un taux de succès qui n'a rien à envier aux meilleurs oncologues. Microsoft annonce dépasser, avec son intelligence artificielle, la capacité humaine à la reconnaissance vocale. Une équipe dirigée par Geoff Hinton surpasse les humains dans la reconnaissance visuelle d'objets[9].

---

[6] Le tweet de Dan Ariely portait à l'origine sur le Big Data – mais le lien avec l'intelligence artificielle est très fort puisque le premier est souvent un ingrédient de la seconde.
https://twitter.com/danariely/status/287952257926971392?lang=en
[7] Ceci est la définition retenue dans le rapport conjoint du Forum Economique Mondial (WEF) et de PWC [9].
[8] La couverture médiatique amplifiée des accidents est d'ailleurs un peu injuste quand on compare leurs statistiques à celles des conducteurs humains.
[9] Ces points seront développés page 53 et suivantes.

Les robots de Boston Dynamics affolent les statistiques de Youtube. L'humanoïde Atlas ouvre la porte et va tranquillement faire une promenade dans la neige. Il résiste plus tard dans un hangar aux assauts multiples d'un homme cherchant à le faire chuter – et quand il tombe enfin, il se relève imperturbablement.

L'art voit les premières incursions de l'intelligence artificielle : DeepBach compose des chorals à la manière de Bach[10] et le Flow Machine de Sony écrit des chansons dans le style des Beatles. Vincent AI peint à la manière de Van Gogh. Un roman écrit par une IA passe le premier tour d'une compétition littéraire au Japon – il s'intitule fort-à -propos « Le jour où un ordinateur écrira un roman ».

Il est vrai qu'il y a souvent un écart significatif entre les réalisations d'un laboratoire de recherche et les applications fonctionnant dans la vie courante. Les premières voitures autonomes, c'était dans les années 80[11] ! Pour réussir son application d'intelligence artificielle en conditions réelles, il faut évidemment disposer de la bonne infrastructure, des bons ingénieurs, des bonnes données et des bons algorithmes – cette suite finie et précise d'opérations devant mener à la solution au problème considéré. Il faut surtout résoudre durablement les mille petits problèmes qui, en laboratoire, peuvent être contournés ou traités de manière ad hoc. Tout ceci peut s'avérer problématique.

Mais là encore, le monde réalise que les avancées de l'intelligence artificielle ont bel et bien commencé à entrer dans la vie quotidienne. Cette facilité déconcertante d'Amazon de vous suggérer le prochain livre à lire ou le talent de Netflix à prévoir les films que vous aimerez ? C'est de l'intelligence artificielle. Facebook qui propose de taguer automatiquement vos amis et les reconnait de plus en plus souvent ? C'est elle encore. Les enceintes connectées de Google, Amazon ou

---

[10] 50% d'un auditoire éclairé ne parvient pas à distinguer l'original de l'imitation https://qz.com/864199/you-probably-cant-tell-the-difference-between-bach-and-music-written-by-ai-in-his-style/

[11] Ce rappel est fait par Rodney Brooks dans les Architectes de l'Intelligence [2]. La voiture avait parcouru 10 miles sur une autoroute près de Munich.

Apple ? Encore l'intelligence artificielle. La qualité soudainement accrue des modules de traduction automatique de Google ? Toujours elle.

Dans le monde de l'entreprise, les marketeurs parviennent à prédire avec une justesse inégalée la demande pour un produit ou service donné, permettant l'optimisation de toute la chaine logistique. Les *chatbots* commencent à être mis à profit pour gérer la relation client. Le *back-office* administratif est de plus en plus automatisé. Les *traders* en bourse se font immatériels. Les entrepôts et les usines se robotisent. De multiples start-ups se concentrent sur des problèmes très étroits mais aussi divers que le tri des fruits et légumes mûrs ou l'extraction du contenu pertinent d'un document juridique. Les exemples abondent.

Comme M. Jourdain qui faisait de la prose sans le savoir, on apprend également que de vieilles techniques maintenant bien acceptées sont elles aussi de l'intelligence artificielle : l'anti-spam de votre messagerie email, le système de surveillance de votre banque qui guette les transactions probablement frauduleuses, et même la reconnaissance des codes postaux apparue en France dans les années 90.

En cette année 2016, donc, l'IA semble omniprésente. Ce n'est que le début : 2017 sera beaucoup plus intense encore.

Invincible

Un an après avoir défait Lee Sedol, l'équipe de DeepMind se lance un défi ultime. Elle décide de confronter AlphaGo au numéro un mondial dans l'antre même du jeu de go : la Chine. Ke Jie a 19 ans. Il a remporté son premier tournoi à l'âge de 5 ans, est professionnel depuis l'âge de 10 ans et a obtenu son 9ème dan à 17 ans. Il possède une lecture inégalée du jeu et joue vite : rien ne lui résiste, pas même Lee Sedol qu'il a renversé à plusieurs reprises. Son arrogance est à la hauteur de son talent : pendant le match entre Lee Sedol et AlphaGo, Ke Jie n'a pas hésité à affirmer qu'il aurait, lui, battu la machine.

La rencontre est attendue avec impatience en Chine où elle a été activement promue sur les réseaux sociaux. 60 millions de Chinois en ligne ont regardé le premier match de Lee Sedol contre AlphaGo, et 280 millions la totalité du tournoi. Mais un coup de théâtre douche les attentes des spectateurs chinois : à deux jours du coup d'envoi, la télévision chinoise annule la diffusion du tournoi. Quant à la retransmission sur internet, elle n'est autorisée que sur Youtube qui est inaccessible en Chine. Le dépit est à la hauteur des attentes. L'effervescence sera loin d'égaler celle qui avait entouré le tournoi contre Lee Sedol.

Pourquoi la censure chinoise s'est-elle manifestée de manière si radicale ? D'abord parce que la Chine est en délicatesse avec Google, la maison-mère de DeepMind depuis son acquisition en 2014. L'activité de Google est interdite en Chine et le nom de l'entreprise américaine ne sera pas prononcé une seule fois pendant la conférence de presse du tournoi. Mais il y a aussi une raison plus profonde. Dans un pays où ne pas perdre la face est primordial, la Chine veut éviter la diffusion en direct et à grande échelle de l'humiliation annoncée.

C'est que la situation a bien changé depuis le tournoi de Lee Sedol. A l'époque la surprise avait été quasi-totale car personne n'attendait AlphaGo. Mais la machine est désormais sortie du bois. Elle a, dit-on, beaucoup progressé depuis. En décembre 2016 et janvier 2017, d'ailleurs, un mystérieux joueur se faisant appeler Magister puis Master a gagné la totalité des 60 parties jouées en ligne contre les plus grands joueurs mondiaux. Master jouait vite et enchainait les parties sans prendre une minute de repos. Le 4 janvier DeepMind révèle que Master n'est autre qu'AlphaGo Master, le dernier avatar de son intelligence artificielle. Ke Jie, lui-même battu pendant le tournoi en ligne[12], sait donc à quoi s'attendre. Peut-être les 300 000 dollars garantis pour sa seule participation et les 1,5 millions de dollars promis en cas de victoire ont-ils achevé de le convaincre de participer au Sommet sur le Futur du Go, en mai 2017, à Wuzhen.

La préparation de Ke Jie rappelle celle d'un athlète de très haut niveau. Il a analysé minutieusement les parties de Master puis déterminé ses meilleures chances de victoire. Ses efforts ne passent pas inaperçus et ne sont pas entièrement vains : il ne démérite pas lors de la première

---

[12] Ke Jie avait été informé discrètement de l'identité de Master. Il ne faut pas insulter l'avenir !

partie. Au terme d'une lutte épique de plus de 4 heures, il s'incline d'un demi-point seulement. Le match terminé, il concède qu'AlphaGo a maintenant le statut de *Dieu* parmi les joueurs de go. Les jours suivants il abandonne lors des deux dernières parties, et perd donc le tournoi 3 à 0. En dehors de Chine, le monde semble presque blasé par la victoire de l'intelligence artificielle sur l'homme.

C'est pourtant une performance remarquable, au-delà même de la victoire. Pour battre Fan Hui, le champion d'Europe, AlphaGo Fan avait atteint un classement Elo de 3144 mais nécessité la puissance énergétique[13] considérable de 40kW. AlphaGo Lee - la version ayant battu Lee Sedol - s'était hissé à un classement Elo de 3739 pour une puissance 4 fois inférieure à celle de son prédécesseur. Quant à AlphaGo Master, le bourreau de Ke Jie, il était parvenu à un classement Elo de 4858 pour une puissance environ 10 fois inférieure à celle d'Alpha Go Lee[14] !

Une retraite précoce

A la fin du tournoi, DeepMind annonce solennellement la retraite d'AlphaGo des tournois professionnels. AlphaGo a tout juste 4 ans. Il n'a plus rien à prouver et l'entreprise veut se consacrer aux problèmes du monde réel comme le pliage des protéines ou l'efficacité énergétique. Pourtant, sa carrière de recherche ne s'arrête pas là.

La version AlphaGo Zero sort quelques mois plus tard. En trois jours d'apprentissage, elle bat AlphaGo Lee sur le score sans appel de 100 parties à 0. Au bout de 21 jours, elle égale le niveau d'AlphaGo Master et le dépasse définitivement à la fin de son entrainement de 40 jours. La nature des changements algorithmiques est plus impressionnante encore. AlphaGo Fan, la première version, avait d'abord été entraîné en absorbant 160 000 parties de go professionnelles pour s'abreuver du jeu

---

[13] La puissance de conception thermique (en anglais TDP ou Thermal Design Power) représente *stricto sensu* la puissance thermique maximale devant être dissipée par le processeur pour éviter une surchauffe. C'est une approximation de la puissance consommée par le processeur.
[14] https://deepmind.com/blog/alphago-zero-learning-scratch/

de ces maîtres et pour les imiter. Le reste de son apprentissage avait consisté en des parties jouées contre lui-même. AlphaGo Zero, lui, a appris à jouer au go tout seul, sans aucune connaissance du domaine ni intervention humaine à part la communication des règles du jeu. Parti de zéro et jouant d'abord au hasard, AlphaGo Zero apprend en jouant contre lui-même des millions de parties. Ce faisant et sans aucun biais humain, AlphaGo redécouvre très rapidement certaines stratégies humaines éprouvées et en met au jour de nouvelles auxquelles il finit souvent par accorder sa préférence. Sa capacité à se passer des interventions humaines, forcément limitantes car trop rares, trop chères et trop inefficaces, constitue une avancée majeure.

Quelques temps après, AlphaGo Zero se mue en Alpha Zero[15]. Le nouvel avatar de la famille Alpha sait désormais jouer aux échecs et au shoji[16]. Alpha Zero a étendu sa palette de compétences grâce à un algorithme encore plus général et toujours sans intervention humaine. Moins l'algorithme est spécifique, plus l'avancée est significative dans la recherche fondamentale en intelligence artificielle ; c'est donc le cas ici. En 4 heures à peine d'apprentissage, Alpha Zero s'initie aux échecs ... et bat Stockfish, le logiciel le plus performant du monde, sur le score de 28 victoires, 72 matches nuls et aucune défaite[17]. Le grand maitre d'échecs Kasparov fera remarquer une fois de plus qu'Alpha Zero n'a bénéficié - ou pâti – d'aucune interférence humaine, donc ni des priorités ni des préjugés des informaticiens humains. Ce qui l'amènera à conclure que le style d'Alpha Zero « reflète la vérité »[18].

---

[15] https://deepmind.com/blog/alphago-zero-learning-scratch/
[16] Jeu d'échecs japonais plus complexe que les échecs tels que pratiqués par les occidentaux.
[17] Des recherches complémentaires publiées dans Nature un an plus tard, en décembre 2018, feront taire les derniers détracteurs qui avaient critique la méthodologie utilisée précédemment [38].
[18] Chess, a drosophila of reasoning (Science, vol 362 issue 6419 page 108).

Le géant piqué

En Chine, la défaite de Ke Jie passe très mal même si son exposition a été considérablement limitée par la censure.

Pendant cette même semaine, intercalée entre les différentes parties de Ke Jie, une équipe de 5 grands maîtres chinois perd elle-aussi contre AlphaGo. La seule semi-défaite d'AlphaGo se produit lorsqu'il joue contre... lui-même. Dans l'affrontement de deux équipes hybrides homme-machine, il perd nécessairement d'un côté en gagnant de l'autre. De son côté, Demis Hassabis, le fondateur et PDG de DeepMind, assis en fin de tournoi aux côtés des joueurs locaux vaincus, frappe par sa silhouette frêle et son isolement apparent sur l'immense scène de la salle de conférences de Wuzhen. Lorsqu'il remet leur trophée aux huit champions chinois qu'AlphaGo vient d'écraser, la gêne ne fait que s'accentuer. Il a beau qualifier Ke Jie de « grand génie » à plusieurs reprises, tentant par tous les moyens de lui permettre de sauver la face, nul n'est dupe. C'est un véritable affront que la Chine vient de subir sur son territoire - le berceau même du jeu de go -, ses champions mis au tapis par un petit homme qui venait de l'Ouest. Ce tournoi de go anodin va jouer un rôle considérable dans le nouvel ordre mondial qui se prépare.

Au-delà du go, en effet, la Chine connait là son « moment Spoutnik ». Le *bip bip* du satellite soviétique, en 1957, coiffant les américains sur le poteau dans une étape clé de la course à l'espace, leur avait soudain fait prendre conscience de leur retard et avait été décisif dans l'accélération de leur programme spatial. Il en va de même pour les Chinois et l'intelligence artificielle en 2017. D'autant que s'ils ont été totalement absents de la course à l'espace il y a un demi-siècle, ils font de la domination mondiale en IA leur propre course à la lune.

Jusqu'à présent, l'intelligence artificielle a été une histoire essentiellement nord-américaine, avec le rôle majeur des Etats-Unis et l'apport de pays périphériques comme le Canada ou le Royaume-Uni. La domination des Etats-Unis est dans la droite ligne de son passé récent dans l'internet : les inventions majeures y sont effectuées, puis déployées mondialement par leurs entreprises centralisées et hégémoniques. Mais les enjeux, avec l'IA, sont beaucoup plus grands – même si étonnamment les autorités politiques aux Etats-Unis ne semblent pas prendre la mesure des bouleversements en cours. A l'inverse, le président russe Vladimir Poutine n'hésite pas à affirmer que la puissance dominante en IA gouvernera le monde[19]. Les appétits s'aiguisent et les Etats se positionnent les uns après les autres dans la course à venir.

Vers un nouvel ordre mondial

Au mois de juillet 2017, c'est à la Chine d'annoncer son *Plan Intelligence Artificielle*[20]. Si la défaite de Ke Jie a été le Spoutnik de la Chine, nous relate Kai-Fu Lee[21], le Plan Intelligence Artificielle est le pendant du discours de John F. Kennedy, relançant la course à la lune en galvanisant les troupes et annonçant les moyens considérables associés. Le plan chinois est d'une ambition et d'une ampleur inégalées. La Chine vise à être le leader mondial de l'innovation en IA en 2030 et à porter l'industrie nationale de l'IA à une valeur de 150 milliards de dollars. Ce ne sont pas que des vœux pieux. Financements, politiques industrielles et mesures de coordination sont au menu. Une chronologie détaille les objectifs à atteindre tous les 5 ans à partir de 2020 : on ne badine pas avec la planification. Dès 2020 la Chine doit se situer parmi les principales économies de l'IA ; en 2025 elle doit avoir signé plusieurs percées significatives. Le résultat final en 2030 vise à asseoir la suprématie de la Chine dans le domaine et à « établir les fondamentaux d'une formidable puissance économique ». Les considérations de

---

[19] https://nypost.com/2017/09/01/putin-leader-in-artificial-intelligence-will-rule-the-world/
[20] https://flia.org/wp-content/uploads/2017/07/A-New-Generation-of-Artificial-Intelligence-Development-Plan-1.pdf
Kai-Fu Lee, ou Lee Kai-Fu en chinois, est un investisseur chinois de l'IA après avoir été responsable de Google en Chine et auparavant de Microsoft Research Asia. C'est aussi l'auteur de « AI Superpowers ». Il narre avec un talent inégalé l'ascension irrésistible de l'internet chinois et prédit le devenir de l'IA en Chine et dans le monde. Plusieurs éléments de ce paragraphe sont grandement inspirés du livre de Kai-Fu Lee.

sécurité nationale sont mentionnées pudiquement mais l'on devine sans peine leur importance réelle.

La Chine, forte du volontarisme étatique, de ressources financières considérables, de l'abondance de données et du faible embarras pour le respect de la vie privée, se donne les moyens de ses ambitions. Si l'on se fie à l'historique des interventions étatiques chinoises en incluant l'internet, le plan sera d'un impact net immense même si ce faisant des ressources considérables sont gâchées - ce qui est considéré comme inévitable et accepté. La Chine sait aussi qu'elle dispose de deux atouts majeurs issus de son internet triomphant : ses données, amassées en quantité faramineuse par toutes les entreprises du O2O [22], et ses entrepreneurs, véritables gladiateurs[23] des temps modernes.

Certains observateurs dont Kai-Fu Lee estiment que l'intelligence artificielle serait passée de l'âge de la découverte à l'âge de la mise en œuvre, et de l'âge de l'expertise à l'âge de la donnée [24]. Selon cette analyse, les avancées en IA à ce jour – essentiellement obtenues en Occident et plus précisément dans le monde anglo-saxon - sont suffisantes pour qu'avec la technologie existante, des entreprises gigantesques puissent se développer. Or l'IA fonctionne avec une boucle de rétroaction positive : plus il y a de clients, plus les données s'accumulent, meilleurs deviennent les produits, et plus nombreux sont les clients. C'est un cercle vertueux.

Cela tombe bien. Si la recherche fondamentale et l'innovation radicale sont encore considérées une faiblesse structurelle de la Chine, les entrepreneurs chinois, eux, excellent dans leur capacité à déployer à très grande échelle leurs applications. Kai-Fu Lee affirme encore : « La motivation principale pour les entrepreneurs chinois guidés par le marché n'est pas la renommée, la gloire, ou changer le monde. Ces

---

[22] Online to Offline, par exemple lorsqu'une application internet sert à commander des repas bien réels livrés à domicile.
[23] Kai-Fu Lee, qui bénéficie de sa double expérience personnelle et professionnelle, décrit admirablement la différence culturelle fondamentale entre l'Ouest et la Chine [14].
[24] Tous les experts ne sont pas d'accord, et citent entre autres Alpha Zero comme contre-exemple.

choses sont toutes des à-côtés agréables, mais le gros lot est de s'enrichir, quelle que soit la façon dont on y parvient »[25]. En Chine, la fin justifie toujours les moyens dans cette mise en œuvre de l'internet et à plus forte raison de l'intelligence artificielle.

Voici donc un nouveau monde quasi bipolaire où les Etats-Unis dominent la recherche en IA[26] et la Chine sa mise en œuvre. L'Europe, freinée par sa taille, sa fragmentation et des préoccupations éthiques tout à son honneur[27], progressera sans-doute significativement moins vite. « Dans la course à la suprématie en intelligence artificielle », martèle Kai-Fu Lee conférence après conférence[28], « la Chine et les Etats-Unis occuperont les deux premières places – et il n'y aura pas de médaille de bronze ».

Ainsi quelques parties d'un jeu de plateau millénaire jouées en 2016 et 2017 ont-elles permis de signaler au grand public l'émergence de l'intelligence artificielle. Au niveau géopolitique, elles précipitent la mise en place d'un nouvel ordre mondial. Plus prosaïquement, les joueurs de go sont en sursis - et ce ne sont certainement pas les seuls. Cette intelligence artificielle qui engendre de tels bouleversements, qu'est-elle exactement ? Que sait-elle vraiment faire ?

---

[25] Autre déclaration de Kai-Fu Lee, qui oppose les entreprises américaines guidées par leur mission aux entreprises chinoises guidées par le marché et le profit [14].
[26] Mais cette recherche est souvent publiée en Open Source ; le monde entier peut en profiter.
[27] Voir page 121.
[28] Notamment à Singapour les 21 et 22 novembre 2018.

Chapitre 2.   Quelques lignes de code, des processeurs et des données

L'intelligence d'un enfant de deux ans

Quelle est l'intelligence réelle de l'intelligence artificielle ? On ne peut espérer trouver meilleure réponse qu'en interrogeant les pionniers de *l'apprentissage profond*[29]. Pourquoi s'intéresser à l'apprentissage profond ? Parce que c'est la branche de l'intelligence artificielle qui a permis les avancées les plus significatives et les applications les plus marquantes des cinq ou dix dernières années. A la question posée, donc, Yoshua Bengio répond : « L'intelligence artificielle est moins intelligente qu'un enfant de deux ans ». Un enfant de deux ans ?

Oui, l'IA est moins intelligente qu'un enfant de deux ans. Elle n'a pas de compréhension générale du monde qui l'entoure. Elle n'est pas dotée de l'étonnant talent d'apprentissage du bébé, ni de ses extraordinaires facultés innées en physique, en psychologie, en numération et en arithmétique ou encore en linguistique – nous en reparlerons plus loin[30]. Pour en donner d'ores et déjà un petit aperçu, l'IA est incapable d'apprendre intuitivement les notions que tout enfant perçoit rapidement dans sa vie quotidienne sans qu'on ait besoin de les lui expliquer, par exemple la gravité. Un objet, s'il est lâché, tombe – et la leçon est vite apprise. Et notre bébé parvient aussi à généraliser ses apprentissages en faisant preuve d'abstraction !

---

[29] *L'apprentissage profond* est plus connu sous sa traduction anglaise de *Deep Learning*.
[30] Voir la section sur l'apprentissage en pages 55 et suivantes.

Pour enfoncer le clou, Yann LeCun ajoute à la réponse de Yoshua Bengio : « L'intelligence artificielle a moins de sens commun qu'un rat ». Un rat ?

Vous serez pardonné si vous éprouvez, comme beaucoup, des difficultés à concilier ces deux aspects apparemment contradictoires : d'un côté, l'intelligence artificielle bat le meilleur joueur de go du monde et ne sera plus jamais égalée ; de l'autre, elle est moins intelligente qu'un nourrisson. C'est essentiellement une question de point de vue : l'intelligence artificielle, à son niveau d'avancement actuel, excelle dans certaines tâches bien définies et ultraspécialisées ; en revanche elle pêche dans beaucoup de ce qui constitue l'ordinaire des humains. « Les problèmes difficiles sont faciles et les problèmes faciles sont difficiles »[31], disait déjà Steven Pinker il y a 25 ans[32]. Les capacités de l'IA sont profondes mais étroites, c'est-à-dire cantonnées au but précis pour lequel elles ont été développées, contrairement à l'intelligence humaine qui est généraliste. Enfin, au risque de démythifier l'intelligence artificielle, elle n'a rien de magique et pas grand-chose de mystérieux : il s'agit juste de statistiques avancées, de longues successions de calculs somme toute relativement simples. Pour bien se convaincre de la nature de l'intelligence artificielle, prenons un exemple classique, ici simplifié à l'extrême. Pendant quelques minutes – pas plus, et vous pouvez-même sauter la section suivante si elle ne vous enchante pas – nous allons suivre le cheminement de l'un des algorithmes les plus utilisés par l'intelligence artificielle.

Reconnaitre George

Imaginons que vous vouliez créer une IA qui reconnaisse le visage de George Washington. Celui-ci peut être représenté de multiples façons, sous de multiples angles, avec de multiples éclairages, à différents âges et en arborant différentes expressions faciales : pas facile de le

---

[31] Steven Pinker, « The Language Instinct », 1994. Il est cependant très intéressant de constater que les problèmes faciles pour les hommes et difficiles pour l'AI ne sont plus les mêmes. Pinker citait la reconnaissance faciale qui est dans une large mesure résolue aujourd'hui.
[32] Et reprenant les constats du paradoxe de Moravec.

reconnaître ! Vous allez devoir *entraîner* votre IA à partir d'un grand nombre d'exemples.

Vous rassemblez donc un nombre aussi important que possible de portraits différents de George mais aussi d'autres personnages. Plus votre échantillon sera grand et divers, mieux ce sera. A chaque portrait vous précisez sur une étiquette qui lui est attachée si « c'est George » ou « ce n'est pas George ».

Vous avez structuré pour votre IA un *réseau de neurones*, représenté ci-dessous en Figure 1. Les neurones sont des emplacements virtuels où vous calculerez et stockerez des données. Les neurones sont regroupés en couches verticales. La première couche verticale est à gauche, et les suivantes sont les unes à côté des autres en s'enfonçant dans le réseau vers la droite. Chaque neurone d'une couche donnée est connecté à tous les neurones de la couche précédente, et chacune des connexions entre deux neurones est munie d'un paramètre individuel appelé *poids*.

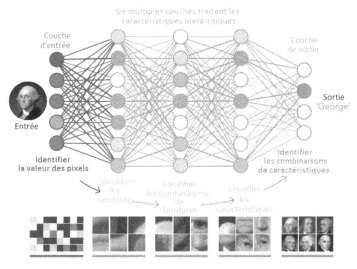

Figure 1: Reconnaître le visage de George Washington (crédit : PNAS / Lucy Reading Ikkanda)[33]
(note : les poids du réseau ne sont pas représentés)

---

[33] La traduction est de l'auteur et non de PNAS.

Entraînons le réseau ! Et commençons par utiliser le premier portrait. La première couche de notre réseau est remplie avec toutes les informations décrivant le premier portrait, la valeur numérique de chaque pixel étant stockée dans un neurone séparé. Pour chaque neurone de la deuxième couche, l'algorithme fait la moyenne des valeurs des neurones de la première couche, moyenne qui est pondérée par les poids (ou paramètres) des connexions. On applique ensuite à la moyenne pondérée une *fonction spéciale non-linéaire*.

L'algorithme répète le processus en s'enfonçant dans le réseau d'un cran. Pour chaque neurone de la troisième couche, l'algorithme fait la moyenne, pondérée par les poids des connexions, des valeurs des neurones de la seconde couche, puis applique à la moyenne pondérée la fonction spéciale.

En répétant le processus de couche en couche, les neurones se remplissent progressivement de leur valeur. Le nombre de neurones par couche varie. La dernière couche est constituée d'un neurone unique. La valeur calculée de ce dernier neurone envoie le signal que « c'est George » ou « ce n'est pas George ».

Le processus est répété autant de fois qu'il y a de portraits dans le lot d'entraînement.

L'IA examine alors toutes les conclusions de l'algorithme sur tous les portraits du lot d'entraînement et elle les compare aux vraies valeurs que vous lui avez indiquées sur les étiquettes. Elle se rend compte que parfois sa conclusion est juste (l'algorithme a correctement prédit que c'était George ou que ce n'était pas George), et parfois elle est fausse. S'il y a trop de faux, ce qui est inévitable au début, c'est que les poids ou paramètres du réseau n'étaient pas adéquats. L'IA applique alors un autre algorithme en parcourant le réseau en sens inverse pour modifier un à un tous les poids. C'est la *rétropropagation*, qui vise à minimiser progressivement l'ampleur de la mauvaise prévision en ajustant les paramètres.

Ce processus, systématique et long, sera réitéré jusqu'à ce que les conclusions de l'intelligence artificielle soient *suffisamment* justes pour l'ensemble des portraits du lot d'entraînement. La dernière étape est une validation ultime du réseau et des poids sur un nouveau lot de portraits, lot dit de validation. Vous pouvez vérifier sur ce lot de validation que la plupart des portraits – que l'IA n'a pas vus – sont correctement identifiés. Cette étape passée avec succès, votre IA est prête. Vous pouvez alors soumettre à votre IA n'importe quel portrait entièrement nouveau, et elle saura déterminer avec une précision acceptable si c'est George ou non. Et voilà !

Que signifient les poids du réseau ? Leur effet est difficile à comprendre à première vue. De fait, ils permettent à l'algorithme de rechercher et d'identifier, de couche en couche, ce qui fait que le visage de George est bien le visage de George. A chaque couche du réseau, les poids permettent de reconnaitre des caractéristiques de plus en plus précises du visage : les pixels sont analysés d'abord individuellement ; ils servent ensuite à identifier les contours du visage, puis les traits, puis les combinaisons de traits jusqu'à reconnaître George !

En résumé, pour chaque image d'entrainement, l'algorithme parcourt le réseau entier de l'entrée vers la sortie en calculant une à une et de manière relativement simple les valeurs des neurones. Puis, comparant toutes les prédictions calculées aux valeurs attendues, l'algorithme reparcourt le réseau en sens inverse pour ajuster l'ensemble des poids ou paramètres ... et ce jusqu'à ce que le modèle soit suffisamment juste. A la fin de l'entrainement, le réseau est correctement paramétré pour faire des prévisions sans se tromper.

L'apprentissage supervisé d'un réseau profond de neurones

Sans le savoir, vous venez d'entraîner votre premier réseau de neurones par apprentissage supervisé. Peu importe que vous ayez suivi ou non tous les détails de l'algorithme. Il vous suffit d'être persuadé que le processus est systématique, un peu fastidieux, long mais en définitive peu complexe.

Pourquoi parle-t-on **d'apprentissage** ? Parce qu'au fur et à mesure que l'on accroît le nombre de portraits servant à l'entrainement, la performance de l'algorithme augmente. L'algorithme affine ainsi son modèle en le confrontant à un nombre de plus en plus important de cas réels. L'algorithme apprend aussi en ceci qu'à chaque itération de rétropropagation, les poids sont ajustés automatiquement et la performance du modèle augmente. Les poids sont la première manifestation de l'apprentissage du système, même s'ils sont parfois difficiles à interpréter. Le système a bel et bien *appris* pour parvenir aux poids convenables.

Le mode d'apprentissage est dit **supervisé** parce qu'on exhibe à l'algorithme une série de portraits dont on lui précise en même temps s'il s'agit effectivement de George ou non. Ce sont des portraits étiquetés. L'algorithme est appelé **réseau de neurones** parce qu'il imite, dans une certaine mesure, le fonctionnement des neurones du cerveau. Chaque neurone biologique reçoit les signaux de tous les neurones immédiatement en amont, modulés du traitement aux synapses (l'équivalent des poids artificiels). Après traitement dans le corps cellulaire du neurone biologique (traitement équivalent à la *fonction spéciale* artificielle), le neurone biologique est activé ou non, c'est-à-dire qu'il envoie ou non à son tour un influx nerveux transmis à tous les neurones immédiatement en aval. Enfin l'apprentissage est dit profond tout simplement parce qu'il y a de nombreuses couches, en incluant la couche d'entrée, la couche de sortie et les couches du milieu dites couches cachées.

La description ci-dessus est évidemment un peu simplifiée pour les besoins de la démonstration, mais c'est à peu de choses près l'algorithme qui a permis la reconnaissance optique des caractères, donc par exemple des codes postaux dans les années 90. Et dans le principe, ce sont des algorithmes semblables ou dérivés qui permettent à Facebook de taguer automatiquement vos amis, à DeepL de traduire votre texte du français à l'anglais et à AlphaGo de battre le champion du monde. Notez bien que Facebook ne sait pas jouer au go, AlphaGo ne sait pas traduire d'une langue à l'autre et DeepL ne sait pas taguer vos amis, mais chacun excelle dans son domaine.

Où sont le surnaturel, la magie, le bon sens, la touche humaine peut-être ou même le petit supplément d'âme ? Il n'y en a pas. La seule profondeur est celle du réseau de neurones, c'est-à-dire des rangées du tableau. L'intelligence artificielle, aujourd'hui, ce sont quelques lignes de code, des processeurs et des données.

Quelques lignes de code

L'apprentissage profond, ce sont simplement des calculs statistiques, déterministes et froids. La vraie beauté des réseaux neuronaux, qui peut à l'occasion se révéler un inconvénient substantiel[34], est que l'on ne spécifie pas à l'algorithme ce qu'il doit découvrir de couche en couche dans le système de neurones ; il l'apprend tout seul, en ajustant progressivement l'ensemble des poids.

Mais cela reste quelques lignes de code, en général étonnamment peu nombreuses et relativement simples. Certes, il y a eu de nombreuses améliorations algorithmiques depuis l'invention par Rosenblatt du perceptron en 1957. Cet ancêtre des réseaux neuronaux ne comportait qu'une seule couche de neurones. La rétropropagation, développée en 1986, a ouvert de nouvelles perspectives en automatisant le paramétrage des réseaux. Puis des réseaux spécialisés ont été inventés : les réseaux convolutionnels[35] pour reconnaître les images, les réseaux récurrents[36] pour bien gérer les séquences temporelles et traiter par exemple le langage naturel, enfin les réseaux génératifs[37] pour créer de nouvelles données : images, morceaux de musique, ou textes.

La profondeur des réseaux a augmenté progressivement. D'une couche unique pour le perceptron, la taille s'est stabilisée à quelques couches pendant des décennies, puis a grimpé à 7 au début des années 2010[38], ce qui a amélioré drastiquement la performance de la reconnaissance d'images. La tendance était lancée et le nombre de couches s'est envolé

---

[34] Nous le verrons dans le chapitre 5.
[35] Convolutional Neural Network (CNN).
[36] Recurrent Neural Network (RNN).
[37] Generative Adversarial Network (GAN).
[38] AlexNet.

les années suivantes. En 2015 Microsoft Research a inventé en Chine un réseau[39] qui ne comportait pas moins de 152 couches ! En 2017, une équipe de Google Brain dirigée par Geoff Hinton[40] a conçu un réseau neuronal géant[41] dont chaque neurone était lui-même un sous-réseau neuronal. Ce type de réseau « de taille exorbitante » peut compter des milliers de sous-réseaux et plus de 100 milliards de paramètres[42], obtenant les meilleurs résultats à ce jour en traitement du langage naturel tout en ayant une consommation énergétique moindre.

Toutefois les améliorations algorithmiques seraient vaines et la course à la profondeur impossible sans les progrès du matériel critique : les processeurs.

La performance exponentielle des processeurs

Quand Gordon Moore, co-fondateur et PDG d'Intel, formula en 1965 la loi qui porte son nom, tout juste pensait-il qu'elle tiendrait une dizaine d'années. Que dit la loi de Moore ? Que la densité des transistors sur un circuit imprimé double à peu près tous les deux ans[43]. La conséquence pratique est que la puissance de calcul disponible sur un processeur double environ tous les deux ans, à prix relativement constant.

La loi aura finalement tenu pendant près d'un demi-siècle. Si le processeur Intel 4004 lancé en 1971 comptait 2 300 transistors, son lointain successeur, le GC2 IPU de Graphcore sorti en 2017, en comptait plus de 23 milliards … soit une multiplication par environ cent mille en moins de cinq décennies. N'importe quel particulier peut avoir dans sa poche, aujourd'hui, un gadget infiniment plus puissant que le *nec plus ultra* d'il y a quelques temps. Si l'ordinateur de bord d'Apollo 9, capable

---

[39] ResNet.

[40] Geoff Hinton est aussi associé à l'invention de l'algorithme de propagation arrière et à AlexNet, conçu par un de ses étudiants dont il ne croyait initialement pas aux travaux.

[41] Mixture of Experts Layer.

[42] https://arxiv.org/abs/1701.06538

[43] La période était initialement de 1 an puis elle a été portée à 2 ans en 1975.

en 1969 d'emmener l'homme sur la lune, avait une fréquence d'horloge de 2MHz, celle d'un iPhone lui est 1 000 fois supérieure !

Cette puissance de calcul impressionnante est pour beaucoup dans l'explosion de l'apprentissage profond à partir des années 2010. Les algorithmes de l'apprentissage profond sont en effet très gourmands en puissance de calcul, avec leurs millions de neurones et de paramètres, et les millions d'exemples nécessaires à leur apprentissage.

La loi de Moore ne sera pas valide indéfiniment car on s'approche des limites physiques – au niveau atomique – de la densification. Le ralentissement a déjà été constaté depuis plusieurs années, et les observateurs informés semblent prédire sa fin vers 2025. Ce n'est pas très grave, car l'industrie a déjà amorcé un tournant vers des processeurs spécifiques aux applications, en particulier à celles de l'intelligence artificielle, plutôt que de poursuivre la course à la miniaturisation. Pour l'intelligence artificielle, les processeurs classiques (CPU[44]) ne sont déjà plus le choix de prédilection.

Les calculs de l'apprentissage profond, basés sur l'algèbre linéaire, ont la particularité de regorger de calculs vectoriels et matriciels, et de pouvoir être menés de manière massivement parallèle. Par une heureuse coïncidence, les processeurs graphiques (GPU[45]) répondent parfaitement à ce type de demande. En 2009, l'équipe de Google Brain s'est rendu compte qu'utiliser des GPU et non des CPU pouvait accélérer les calculs d'apprentissage profond par un facteur 100. C'est ainsi que NVIDIA, principal fabricant de processeurs destinés aux jeux vidéo, a amorcé une croissance fulgurante liée au marché de l'intelligence artificielle.

Mais les processeurs seuls ne suffisent pas.

---

[44] Central Processing Unit.
[45] Graphical Processing Unit.

Il pleut des données

Elles constituent le troisième pilier de l'IA après les algorithmes et les processeurs : ce sont les données. « Data is the new oil », les données sont le nouveau pétrole, ont coutume de déclarer de nombreux stratèges de l'intelligence artificielle. Au stade actuel, notent certains chercheurs qui ne font pas l'unanimité, une augmentation de la quantité de données est plus efficace qu'une amélioration algorithmique[46].

Pourquoi a-t-on besoin de données ? Parce que la majorité des algorithmes d'apprentissage apprennent soit de manière supervisée – on doit alors leur montrer des exemples en grand nombre-, soit de manière non supervisée – l'algorithme utilise la masse de données et en extrait le sens lui-même. Seul l'apprentissage par renforcement, celui utilisé par Alpha Zero, échappe au besoin préalable de données.

Pour entraîner des algorithmes à la vision par ordinateur, il faut de gigantesques bibliothèques d'images. ImageNet, avec ses 14 millions d'images, en est un bon exemple. Pour que Netflix ou Amazon puisse vous proposer le prochain film que vous êtes susceptible d'aimer, ces entreprises doivent auparavant recueillir des données sur les films pour bâtir une typologie des films, ainsi que des données sur vous pour découvrir quel type de spectateur vous êtes. Pour qu'un système de veille médicale soit en mesure de déclarer le plus tôt possible le déclenchement d'une épidémie, il devra avoir au préalable collecté un grand nombre d'éléments relatifs aux épidémies précédentes, et l'algorithme apprendra à détecter les signes avant-coureurs même si ce ne sont pas ceux qu'utilisent habituellement les meilleurs épidémiologistes. Pour pouvoir faire la maintenance prédictive d'un système, l'algorithme aura eu besoin d'une masse de données correspondant au bon fonctionnement du système et à toutes les étapes de la transition menant à un dysfonctionnement, pour en

---

[46] C'est l'argument central de Kai-Fu Lee. On le retrouve dans de nombreux articles de recherche dont par exemple http://svail.github.io/mandarin/. D'autres experts comme Andrew Ng pensent que l'importance des données est exagérée, et que les algorithmes, la puissance de calcul et le talent ont encore de beaux jours devant eux.

extraire les signes annonciateurs même complètement invisibles aux opérateurs du système.

Ces données se sont accumulées dans la dernière décennie. Elles sont générées non seulement par toute l'activité humaine digitale mais également par les milliards de capteurs occupés à digitaliser automatiquement le monde : depuis la dizaine dans votre smartphone jusqu'aux capteurs électriques, acoustiques, hydrauliques, chimiques, thermiques, mécaniques, cinématiques, optiques et bien d'autres encore situés dans les bâtiments résidentiels ou professionnels, les installations industrielles et agricoles, les data centers, les infrastructures et les villes intelligentes.

Un organisme indépendant de recherche avait révélé en 2013 que 90% de toutes les données jamais générées dans le monde l'avaient été dans les deux années précédentes[47]. D'autres instituts prévoient qu'en 2020, il y aura création en moyenne de 1.7 MO de données par seconde et par personne sur Terre[48] ! Les chiffres exacts importent peu, la tendance est significative et se trouve probablement en voie d'accélération du fait de l'activité humaine en ligne et surtout de l'IoT, ou internet des objets.

Les algorithmes actuels utilisés en conjonction avec les processeurs surpuissants et les données abondantes ont malheureusement un inconvénient majeur : la consommation énergétique.

Un fonctionnement énergivore

Le cerveau d'un humain consomme typiquement une puissance d'une vingtaine de watts. C'est le cas pour vous et moi tout comme pour Fan Hui, notre champion européen de go. Alors qu'il se faisait battre par AlphaGo, sans-doute ne réalisait-il pas pleinement qu'il avait face à lui une batterie de 1202 CPU et 176 GPU, des processeurs puissants consommant en tout quelque 40 000 watts – soit 2 000 fois plus que son propre cerveau ! Peu ont relevé sur le moment que le combat n'était pas énergétiquement équitable. Au fil des versions la performance

---

[47] https://www.sciencedaily.com/releases/2013/05/130522085217.htm
[48] https://www.domo.com/learn/data-never-sleeps-6

énergétique d'AlphaGo s'est considérablement améliorée, mais la version qui a battu Ke Jie consommait encore environ 50 fois plus que le cerveau du champion défait.

Une course est lancée pour abaisser significativement la consommation énergétique des intelligences artificielles à l'entraînement et au fonctionnement, en améliorant les algorithmes mais aussi les processeurs. En février 2018 une équipe du MIT a annoncé avoir développé une nouvelle puce consommant jusqu'à 95% d'énergie en moins par rapport aux références du moment[49].

L'enjeu d'une meilleure performance énergétique, outre la réduction du coût économique et environnemental croissant des calculs, est de pouvoir faire fonctionner l'intelligence artificielle au plus près de son point d'utilisation[50], une fois son entraînement terminé. Une voiture autonome, par exemple, ne peut pas se permettre d'interroger un *data center* distant pour prendre une décision en temps réel : que se passerait-t-il si la connexion était perturbée ou même indisponible pour une raison ou pour une autre ? Le même objectif est visé pour embarquer l'IA sur les téléphones portables, sans pâtir d'un réseau absent ou pas assez performant.

Une panoplie de techniques

L'apprentissage supervisé de réseaux neuronaux, exemple que nous avons suivi avec la reconnaissance de George, est le mode d'entrainement le plus répandu et le plus spectaculaire. S'il a éclipsé les autres, c'est pourtant loin d'être le seul.

L'apprentissage peut être neuronal sans être supervisé. C'est par exemple le cas des systèmes dits **non supervisés,** où la machine reçoit certes beaucoup de données, mais non étiquetées. Cette technique a fait beaucoup parler d'elle en 2012 lorsqu'une équipe de Google a donné à visionner à une intelligence artificielle dix millions de vidéos sur

---

[49] http://news.mit.edu/2018/chip-neural-networks-battery-powered-devices-0214
[50] C'est le principe de *l'edge computing.*

YouTube. Qu'y a-t-elle trouvé ? Ce que les gens mettent dans leurs vidéos, à savoir beaucoup de chats et de chiens. A aucun moment les chercheurs n'ont expliqué ce qu'était un chat ou un chien. Mais l'intelligence artificielle, forte de ses algorithmes et de ses 16 000 processeurs, a reconstitué d'elle-même le concept de chat, ou du moins son apparence, à force d'en voir. Un autre cas d'usage de l'apprentissage non supervisé est la réduction de dimensionnalité. La machine apprend par elle-même à représenter des données de manière beaucoup plus économe, en se limitant aux informations qui sont réellement significatives, et en faisant abstraction de tout le bruit ou les informations superflues. C'est la technique utilisée par exemple dans la compression d'images.

Une troisième catégorie d'apprentissage à ne pas être supervisé, en termes d'usage de données, est l'apprentissage **par renforcement.** Nous l'avons déjà croisée chez AlphaGo. Dans ce cas-là, c'est la machine qui génère ses données en multipliant les expériences d'exploration. Chacune des expériences se solde par une récompense qui lui est donnée ou non en fonction de la réussite à l'objectif assigné, et qui lui indique si elle est sur la bonne voie. Plus AlphaGo gagne, plus il sait que la stratégie utilisée est appropriée. Et cette stratégie est découverte de manière autonome, sans la moindre influence humaine.

Parce que toutes les variantes de réseaux neuronaux se basent sur des modèles de connexions entre des neurones artificiels, cette classe générale d'intelligence artificielle a pris le nom de **connexionnisme.** Le connexionnisme consiste en pratique à projeter des données sur différents niveaux de représentation et d'abstraction pour arriver à relier une donnée initiale à une prédiction. Les différents niveaux sont les couches de notre réseau dont les unités élémentaires sont les neurones connectés les uns aux autres. Le connexionnisme, répétons-le, excelle à détecter des motifs dans les données pour faire une prédiction ; cela en fait un outil extrêmement puissant pour ces cas d'usage, tout en invitant à relativiser son niveau d'intelligence. La prédiction n'est pas « intelligente ». Ce n'est pas non plus de la voyance, ou des intuitions magiques. C'est une corrélation extrêmement puissante basée sur des données collectées ou générées.

Le connexionnisme connait son heure de gloire aujourd'hui, mais cela n'a pas été toujours le cas. Mis en œuvre de la façon la plus élémentaire à la fin des années 50 avec une couche unique de neurones, le connexionnisme a été quasiment enterré quelques années plus tard par une publication assurant que la technique était vouée à l'échec. Le connexionnisme a alors traversé une longue période d'hibernation. Ce n'est que vers la fin des années 80, sous l'impulsion du trio Geoff Hinton, Yoshua Bengio et Yann LeCun qu'il a repris du poil de la bête, revigoré par les progrès algorithmiques d'entraînement des réseaux. Il a survécu à une nouvelle hibernation à la fin des années 90, s'est refait une santé avec les améliorations des processeurs et l'abondance de données, puis a été définitivement reconnu avec la performance en 2012 d'AlexNet en reconnaissance d'images. Il faudra attendre quelques années de plus pour que les « parrains de l'apprentissage profond » soient reconnus conjointement : le Prix Turing, souvent considéré comme l'équivalent du Prix Nobel pour l'informatique, leur sera attribué conjointement en 2019.

Profitant des déboires initiaux du connexionnisme, une autre forme d'intelligence artificielle s'est développée en concurrence de l'apprentissage automatique. Cette forme initiale, appelée **intelligence artificielle symbolique** ou **symbolisme** a d'ailleurs hérité a posteriori du surnom affectueux de « bonne vieille IA »[51]. Comme un humain, la machine part d'hypothèses et de règles et fait des déductions logiques. Elle-même n'apprend rien ; c'est comme s'il fallait tout lui dire. Dites-lui par exemple que Socrate est un homme et que les hommes sont mortels ; elle conclura pour vous que Socrate est mortel. Elle se base donc sur des moteurs de règles, et donne naissance aux systèmes experts et aux heuristiques des années 80. On doit également à l'intelligence artificielle symbolique tous les algorithmes de la robotique. Les robots de Boston Dynamics[52], par exemple, s'appuient en grande partie sur l'intelligence symbolique. Moins en vogue aujourd'hui, le symbolisme présente néanmoins ses propres avantages. Il est complètement transparent, explicable, simple à interpréter –

---

[51] GOFAI ou « Good Old Fashioned AI".
[52] Voir la section sur la motricité page 79.

contrairement au connexionnisme. En revanche il est dur à entraîner car tous les cas de figure doivent être prévus, ce qui en pratique s'avère souvent impossible.

Outre le connexionnisme, d'autres classes d'apprentissage automatique existent[53], celles-là non neuronales. Dans la catégorie des **analogistes**[54] on trouve les techniques éprouvées de groupement[55]. Il est demandé ici à l'intelligence artificielle de classer les individus d'une population en des groupes contenant les individus qui se ressemblent le plus, sans lui préciser pour autant en quoi ils doivent se ressembler. C'est la machine qui le découvre. Ces techniques génèrent entre autres les systèmes de recommandation de votre fournisseur de produits ou de services comme Amazon.

La classe **évolutionniste**[56] s'inspire des modèles d'évolution du vivant et les applique aux algorithmes eux-mêmes. De génération en génération, les algorithmes génétiques connaissent des mutations, des croisements, et une sélection par la performance – seuls les meilleurs sont conservés, les autres sont abandonnés.

Les algorithmes **bayésiens** se basent sur des modèles probabilistes. L'observation de certaines variables leur permet de faire des hypothèses raisonnables sur le reste du système. Ils sont prometteurs en termes d'apprentissage automatique de modèles qui conservent les relations de cause à effet et sont explicables. Ils sont donc performants là où le connexionnisme pêche par faiblesse ! Ce modèle algorithmique est peut-être celui qui reflète le mieux la façon dont le cerveau humain apprend, et peut notamment tirer des conclusions et ajuster son modèle interne à partir d'un tout petit nombre de données. L'un des pontes de l'algorithmique bayésienne, Judea Pearl, a reçu en 2011 le Prix Turing.

---

[53] Les cinq familles citées dans cette partie sont les « tribus » identifiées et nommées par Pedro Domingos [1].
[54] Analogizers [1].
[55] Terme consacré en anglais : clustering.
[56] Evolutionary [1].

Il existe donc à ce jour toute une panoplie de techniques d'intelligence artificielle, dominées essentiellement par le connexionnisme aujourd'hui et par le symbolisme historiquement. Chacune de ces techniques a des caractéristiques propres qui, nous le verrons, influencent profondément les forces et les faiblesses de l'intelligence artificielle à ce jour. Les techniques dominantes d'aujourd'hui ont plusieurs candidats à leur succession … ou peut-être de nouveaux alliés en perspective.

Le long chemin vers l'intelligence artificielle générale

La première phase d'intelligence artificielle a été symbolique ; la seconde phase statistique et essentiellement connexionniste ; que nous réserve maintenant l'avenir ? Il est surprenant de voir à quel point les 23 *architectes de l'intelligence* interrogés par Martin Ford[57], les experts parmi les experts, ceux qui conçoivent les systèmes et les observent au plus près, ne parviennent pas à s'accorder.

Certes, les limitations des systèmes actuels ne font pas de doute. L'entraînement des IA symboliques est une tâche sans fin. L'entraînement des systèmes connexionnistes est extrêmement consommateur en énergie, au sens propre comme au figuré. Les données requises sont massives pour l'apprentissage supervisé. L'apprentissage par renforcement demande un nombre d'itérations tout juste acceptable en laboratoire mais déraisonnable pour une généralisation à la vraie vie. L'intelligence artificielle reste très étroite et doit impérativement apprendre à généraliser plus qu'elle ne le fait aujourd'hui.

Avancera-t-on avec des algorithmes neuronaux ? Certains pensent que oui, avec l'ajout probable d'une dose de structure spécialisée, ainsi qu'on l'a fait pour obtenir une parfaite adaptation des réseaux

---

[57] Martin Ford a publié un livre d'entretiens passionnant avec 23 experts, la plupart techniques et certains dans les sciences humaines et la philosophie [2].

convolutionnels à la reconnaissance d'objet. Le cerveau, après tout, est purement neuronal[58], donc les réseaux neuronaux doivent eux aussi être capables de générer une intelligence très avancée, pourvu qu'on y intègre toute la sophistication du cerveau humain[59]. D'aucuns font remarquer que les intelligences artificielles connexionnistes démarrent à chaque fois d'une page blanche, alors que l'humain renferme dans ses gènes 4 milliards d'années d'évolution biologique et naît avec des structures d'apprentissage très sophistiquées. D'autres pensent qu'il faut un système hybride, rassemblant un ensemble de techniques excellant chacune dans une classe de problèmes particulière. De multiples exemples de systèmes hybrides existent déjà ; même AlphaGo, en toute rigueur, combine le connexionnisme avec les techniques classiques d'algorithmes de recherche arborescente[60]. D'autres encore recherchent l'algorithme-maître[61], celui qui saura unifier les différentes classes algorithmiques tout comme on essaie d'unifier les forces fondamentales de la physique. Un dernier groupe espère que la recherche nous emmènera vers une classe d'algorithmes que nous ne pouvons même pas imaginer aujourd'hui.

Les processeurs évolueront en parallèle, plus rapides, plus efficaces énergétiquement. Les ordinateurs neuromorphiques cesseront d'utiliser des processeurs traditionnels pour se tourner vers les nano-neurones, qui à l'image des neurones biologiques assurent à la fois le traitement de l'information et son stockage en mémoire. Il y aura alignement entre un substrat neuronal et des algorithmes neuronaux.

C'est lorsque l'on parle de l'objectif ultime que des divergences significatives commencent à se manifester. L'objectif ultime ? C'est l'intelligence artificielle générale. La réalisation, à terme, d'une intelligence artificielle générale, aussi performante et polyvalente que

---

[58] Ce qui parait évident aujourd'hui à la communauté scientifique a néanmoins été très disputé pendant des siècles.
[59] Aujourd'hui, même si les réseaux artificiels neuronaux portent le même nom que leurs homologues biologiques, ils sont beaucoup plus simples et uniformes. Voir page 55 et article [18].
[60] Typiquement les méthodes de Monte-Carlo
[61] C'est la quête de Pedro Domingos [1].

celle de l'humain, contextualisée, nuancée et multidimensionnelle, est le Graal de l'intelligence artificielle.

Disons-le tout de suite, il n'existe pas aujourd'hui de voie technologique identifiée qui nous permette de l'atteindre. Mais il est admis par tous que ce n'est pas en ajoutant de la puissance de calcul et des données d'entrainement que l'on s'approchera significativement de l'objectif. Les défis à résoudre sont multiples et nécessiteront plusieurs innovations majeures, chacune de la même ampleur que le connexionnisme ces dernières décennies.

Le plus grand défi à résoudre est sans-doute de rendre l'IA capable d'apprendre comme un bébé, en observant le monde et en l'expérimentant physiquement. Elle serait alors équipée d'un modèle du monde et dotée de bon sens, acquis par apprentissage non supervisé ou auto-apprentissage [62] comme le font les humains. L'IA actuelle est totalement dépourvue de cette capacité. Un autre défi est la compréhension de concepts abstraits, de haut niveau, pouvant être transférés à différents domaines d'application. A cette liste s'ajoutent l'explicabilité, la causalité, la résistance aux attaques contradictoires[63]. Et une fois tous ces défis résolus, d'autres surgiront inévitablement.

Quand l'intelligence artificielle générale deviendra-t-elle une réalité ? L'immense majorité des scientifiques rechigne à donner une date, car l'histoire retient quelques ratés mémorables dans les prévisions. Lors de la conférence inaugurale de Dartmouth, en 1956, souvent considérée comme le début formel de l'intelligence artificielle, les participants espéraient résoudre le problème du traitement du langage naturel, entre autres bricoles, en 2 mois et avec une équipe de dix personnes ! Ceci incite depuis à l'humilité. A l'inverse, Stuart Russell aime à citer comment le 12 septembre 1933, Rutherford déclara qu'on ne pourrait jamais exploiter à des fins pratiques l'énergie des atomes, et comment

---

[62] Yann LeCun préfère ce terme à l'apprentissage non supervisé qu'il juge trop connoté.
[63] Les attaques contradictoire (adversarial attacks) visent à tromper l'intelligence artificielle. L'IA connexionniste peut être complètement désorientée par des modifications infimes – parfois imperceptibles à l'œil nu.

Szilard conçut dès le lendemain l'idée de la réaction en chaine. On connaît la suite. Enfin, la sérendipité menant parfois aux innovations majeures[64] complique encore la prévision – on ne peut anticiper la date de tels progrès.

Quoi qu'il en soit, la date moyenne des prédictions[65] qu'obtient Martin Ford de la part des architectes de l'intelligence pour le développement de l'intelligence artificielle générale est de 2099, soit dans 80 ans ; la médiane des prédictions est de 2084, c'est-à-dire dans 65 ans. Deux figures majeures mais atypiques de l'IA s'éloignent considérablement de la moyenne : Ray Kurzweil, le promoteur de la pensée exponentielle, avance la date de 2029 ; Rodney Brooks, le pionnier de la robotique, tient à souligner son estimation de 2200. Hormis ces extrêmes, les prévisions renvoient en moyenne à une date plus lointaine que la majorité des autres enquêtes. Ces dernières, interrogeant des acteurs de l'IA mais pas toujours des spécialistes des algorithmes, aboutissent généralement à une date entre 2040 et 2050. Cela n'en demeure pas moins au cours de la vie des enfants qui naissent aujourd'hui. Et si l'on prend un peu de recul, il est stupéfiant que la grande majorité des experts s'accordent sur la réalité de l'intelligence artificielle générale d'ici à quelques décennies à peine. Quelques dizaines d'années, c'est demain matin à l'échelle géologique et biologique, après plus de trois milliards et demi d'années de vie sur Terre, quelques millions d'années du genre Homo et trois cent mille ans d'Homo Sapiens. Et ce sera une rupture fondamentale.

Que se passera-t-il lors de l'émergence de l'intelligence générale artificielle ? Là aussi les avis divergent. Une école de pensée parle d'auto-amélioration récursive : chaque version de l'IA conçoit une intelligence artificielle plus évoluée encore. « La première machine ultra-intelligente sera la dernière invention que fera jamais l'homme », affirmait déjà I.J. Good en 1965. Très rapidement, l'IA devient

---

[64] L'innovation radicale est pour partie stochastique, c'est-à-dire qu'elle comprend une part de hasard.
[65] En toute rigueur, c'est la date à laquelle chaque personne interrogée estime qu'il y a 50% de chances que l'IA générale ait été développée.

surhumaine. Elle atteint la Singularité[66], une discontinuité à partir de laquelle son augmentation de performance est exponentielle. D'autres pensent que le processus sera plus progressif. Jacques Attali, lui, n'y croit pas du tout et rétorque que la seule singularité est celle de notre passage sur Terre[67].

L'après-Singularité est aussi source d'intenses débats. Certains crient à la menace existentielle et mettent en garde contre la fin de l'humanité. Les transhumanistes, au contraire, se réjouissent de pouvoir enfin se libérer de leur enveloppe charnelle et d'être bientôt en mesure de se télécharger dans des réceptacles plus robustes. Les plus honnêtes intellectuellement parmi les futuristes se contentent d'établir des scénarios possibles, comme le fait Max Tegmark [68]. Selon les cas, l'intelligence artificielle se fait discrète ou omniprésente, protectrice ou destructrice, émancipatrice ou asservissante ; l'humain quant à lui connaît des sorts très différents : il prospère, survit à peine, ou est tout bonnement éradiqué.

Mais ceci n'est que spéculation. Certes, les enjeux à long termes sont tellement considérables qu'il faut commencer à préparer l'ère de l'intelligence artificielle générale avant d'en avoir réellement besoin. Mais il est plus important encore de se pencher sur les années et décennies immédiatement à venir. Pour cela, une bonne façon de commencer est d'analyser exactement ce que l'IA sait et ne sait pas faire et comment, au niveau technologique actuel, elle se compare à l'être humain.

---

[66] Terme inventé par Kurzweil.
[67] Interview audio par Thomas Jestin en novembre 2018.
[68] Son ouvrage est une référence [3].

Chapitre 3.   Le cerveau humain est-il à la hauteur ?

Dans sa grande humilité, l'homme moderne s'est affublé de l'appellation d'*Homo sapiens* et même d'*Homo sapiens sapiens*, lorsqu'il a fallu le distinguer de ses cousins éteints[69]. *Homo sapiens*, c'est-à-dire l'être humain *intelligent, sage, raisonnable, prudent*, nous apprend un dictionnaire latin-français[70]. *Homo sapiens sapiens*, avec l'insistance du doublement, c'est-à-dire l'être dont le cerveau l'a propulsé tout en haut de la pyramide de l'évolution. Du moins, pourrait-on ajouter aujourd'hui, *pour ce qui est du vivant*.

Puisque l'intelligence artificielle, au sens le plus large du terme, est la capacité de la machine à imiter l'intelligence humaine ; puisque dans une définition indépendante d'une quelconque référence à l'intelligence humaine, l'intelligence artificielle désigne les machines qui perçoivent leur environnement, raisonnent, apprennent et agissent en réponse à ce qu'elles perçoivent et aux objectifs qui lui sont fixés ; puisqu'enfin les trajectoires de l'humain et de la machine sont amenées à se croiser de plus en plus fréquemment, peut-être *homo sapiens sapiens* gagnerait-il à se pencher précisément sur la comparaison entre l'artificiel et l'humain. Comment l'intelligence artificielle, aujourd'hui, se compare-t-elle aux principaux processus mentaux humains ? Les processus qui nous intéressent sont soit cognitifs (mémoire, attention, perception, apprentissage, raisonnement, créativité, langage), soit non-cognitifs (émotions, volonté), soit encore moteurs, pour clore le tableau

---

[69] Le terme de *Homo sapiens sapiens* n'est *stricto sensu* plus utilisé depuis que Homo sapiens est considéré comme une espèce distincte de l'Homme de Néandertal, l'Homme de Florès et les quelques autres espèces qui furent un temps en concurrence.

[70] https://fr.wiktionary.org/wiki/sapiens

en l'élargissant légèrement[71]. Il ne s'agit pas ici de philosopher à l'infini sur des concepts que l'humain bute parfois à définir, ou de comprendre des mécanismes profonds dont beaucoup restent mal connus, mais d'en comparer pragmatiquement certaines manifestations extérieures. Le résultat de cette comparaison sera déterminant pour évaluer ultérieurement les tâches qui resteront dévolues aux humains à l'ère de l'intelligence artificielle[72].

Mémoire

Une mémoire grand public SSD de 1 TO (téraoctet) peut s'acheter sur n'importe quel site de e-commerce pour une centaine d'Euros. Ceci vous permet avantageusement de stocker un million de photos à un 1MO ou autant de livres de 400 pages. C'est clairement défini et c'est …. beaucoup ! Cette mémoire est adressable : il suffit d'indiquer une adresse précise pour en récupérer le contenu sans la moindre perte ou altération d'information.

A l'inverse, la mémoire humaine est de capacité faible – du moins celle que nous savons exploiter[73]. Encore le stockage n'est-il pas le plus grand des problèmes. Les souvenirs humains n'ont pas d'adresse précise utilisable ; on ne les atteint qu'en procédant par signaux ou indices. Les souvenirs ont une tendance à s'atténuer involontairement et à prendre une tournure confuse. Il devient souvent impossible de distinguer ce

---

[71] Ces traits ne sont ni tout-à-fait exhaustifs ni forcément structurés de manière classique, mais ce seront les plus pertinents dans notre comparaison entre les capacités de l'homme et celles de la machine.

[72] C'est tout l'objet de la deuxième partie – Travail.

[73] Les rares chercheurs à se risquer à calculer la capacité de la mémoire humaine s'emploient à des calculs savants basés sur les 100 milliards de neurones du cerveau et les 1 000 connexions que chaque neurone établit en moyenne. Mais aucun résultat probant n'en ressort.

dont on se souvient vraiment des souvenirs qui nous ont été racontés voire même suggérés. La mémoire humaine est défaillante au point que son utilisation dans les témoignages judiciaires, même de bonne foi, pose d'énormes problèmes.

Au bout du compte, l'humain fait tellement peu confiance à sa mémoire biologique qu'il en a quasiment entièrement sous-traité la fonction à ses ordinateurs et même à ses téléphones portables. Un numéro de téléphone à 10 chiffres à retenir ? Je l'enregistre dans mon portable. Une adresse email s'affiche sur le dernier slide lors d'une conférence ? Tous les téléphones sont dégainés pour la photographier. Un rendez-vous, un fait ou une remarque à retenir ? Vite, dans le portable. La comparaison s'avère encore plus inégale quand on réfléchit à la commodité de remplacer une carte mémoire ou un disque dur externe, ou bien d'en mettre 100 en parallèle. Il est plus compliqué (pour l'instant) de changer de cerveau ou de se greffer de la mémoire supplémentaire.

Attention

Voilà, après la mémoire, un deuxième processus mental où la machine possède une supériorité évidente sur l'humain.

On n'y prête pas suffisamment attention, mais l'attention, justement, est un maillon essentiel des processus cognitifs. Quand elle se focalise sur un signal particulier, le projecteur qu'elle y braque permet d'accroitre considérablement la capacité du cerveau à traiter ce signal et à l'intégrer dans l'apprentissage. A l'inverse, sans attention suffisamment focalisée, point de perception d'un signal, et encore moins de traitement. Or l'être humain est aisément distrait et relâche à l'occasion son attention[74].

L'attention a aussi une contrepartie. Lorsqu'elle est effectivement focalisée, le cerveau perd toute conscience de ce qui est en dehors de la zone de focalisation. Montrez à un observateur la vidéo concoctée par Chabris et Simons d'un match (un peu arrangé) de basket, et dites-lui de compter précisément le nombre de passes effectuées par les joueurs portant un haut blanc. Il échappera presque toujours à l'observateur qu'un gorille d'humeur joueuse a tranquillement traversé le terrain [75]. Ceci est l'illustration de la sélectivité de l'attention : l'être humain ne peut pas prêter attention à un trop grand nombre d'entrées sensorielles concurrentes, comme par exemple des messages auditifs différents dans chacune des deux oreilles. L'attention humaine est une ressource limitée qui doit forcément être allouée précisément, et si possible intelligemment.

De plus, l'attention diminue avec le temps[76] et avec d'autres facteurs comme la fatigue ou les états émotionnels défavorables. La sanction est implacable : la diminution d'attention affecte non seulement la perception mais aussi les autres processus cognitifs comme la compréhension ou la mémorisation. C'est pour cela que les éducateurs y accordent tant d'importance.

La machine, elle, ne souffre pas de tous ces maux humains. Elle ne ratera jamais le gorille car son algorithme scanne l'image de manière systématique et continue. Elle pourra enregistrer et analyser les deux signaux auditifs simultanés. Vous pouvez la connecter à 100 ou même à des milliers de capteurs différents et elle sera toujours capable – avec un processeur suffisamment puissant – de surveiller la totalité des

---

[74] Les trois systèmes d'attention (d'alerte, d'orientation et de contrôle) et leur fonctionnement sont très bien décrits par S. Dehaene [39].
[75] Le test de Chabris et Simons de 1999 est décrit en détail sur http://www.theinvisiblegorilla.com/
[76] Il est fréquemment dit qu'au bout de 10-15 minutes l'attention d'un étudiant décroit, même s'il n'existe pas d'étude scientifique rigoureuse à ce sujet.

signaux en parallèle. La vigilance de l'IA ne faiblit pas avec le temps. La machine ne se fatigue pas et elle reste imperturbable.

La machine sait même, depuis quelques années, mettre l'attention sélective à profit. Les mécanismes attentionnels ont permis une performance accrue dans la traduction automatique, la reconnaissance d'objet et même l'ajout automatique de légendes d'images[77]. Dans ce dernier cas, un algorithme est parvenu à apprendre à « fixer son regard » sur les objets remarquables pour les nommer, gagnant en performance.

La machine peut donc à la fois capter tous les signaux par défaut et être sélective quand il le faut, sans jamais montrer le moindre signe de faiblesse. Sa supériorité sur l'être humain du point de vue de l'attention est immense.

Perception

Avec les progrès fulgurants de l'apprentissage profond, le rapport de force entre l'humain et la machine dans le domaine de la perception s'est brusquement inversé en l'espace de quelques années.

En 1988, sous l'impulsion de Yann LeCun, alors jeune post-doctorant, une variante algorithmique de l'IA ouvre la voie à la reconnaissance optique des caractères et à la vision par ordinateur. L'IA réussit tout d'abord à lire les codes postaux et les chèques. C'est un premier pas significatif. Au fil des années, l'IA parvient à identifier un nombre croissant d'objets et à distinguer des nuances de plus en plus subtiles. Des concours se créent pour pouvoir étalonner annuellement les progrès de l'IA. La compétition ImageNet impose de reconnaître des

---

[77] L'équipe de Y. Bengio a été particulièrement active sur le sujet : https://arxiv.org/abs/1502.03044 [46].

objets parmi 1 000 catégories prédéfinies dont 90 catégories différentes de chiens ! A la compétition ImageNet de 2010, l'IA gagnante enregistre un taux d'erreurs d'encore 28% dans la reconnaissance d'images. 2012 marque un point d'inflexion : le gagnant bat son dauphin de 11 points de pourcentage, essentiellement en augmentant la profondeur du réseau neuronal. Cette innovation, permise par les progrès du matériel, constitue désormais la voie à suivre. Tant et si bien que le taux d'erreurs de l'IA chute à 3,6% en 2015, puis 3% en 2016 et 2,3% en 2017 .... alors que la performance humaine est d'environ 5%. Ainsi, en moins de 30 ans et avec une soudaine accélération dans les 5 dernières années, l'IA est passée de quasiment aveugle à surhumaine dans le domaine de la vision par ordinateur. En un clin d'œil, l'IA peut trier des tomates trop vertes ou des objets non conformes, évaluer la composition d'une forêt en différentes essences d'arbres, lire sur les lèvres[78] et diagnostiquer avec précision un cancer de la peau[79]. Mais attention : si l'IA est parfaitement capable de reconnaitre un verre d'eau, elle ne comprend vraiment ni ce qu'est un verre ni ce qu'est l'eau ; elle ignore qu'on peut saisir le premier et boire la seconde pour étancher sa soif. Sa reconnaissance reste très superficielle.

Il est amusant de mentionner ici que le fonctionnement d'un réseau de neurones rappelle celui du cortex visuel, avec la découverte progressive d'attributs de plus en plus abstraits et invariants de l'objet visualisé.

La perception ne se limite pas à l'image mais à tout signal qui peut être capté et numérisé – ce qui est vaste à l'ère de la digitalisation accélérée de la vie et du monde.

En matière auditive, une IA correctement entraînée sur un système commercial[80] peut reconnaître le freinage d'une voiture, le sifflement d'une bouilloire, un bris de vitre ou le dysfonctionnement d'une

---

[78] Le résultat n'est pas parfait mais la performance est supérieure à celle des humains : https://arxiv.org/pdf/1611.05358v1.pdf

[79] Une IA a égalé dès 2017 la performance d'un panel de dermatologues dans la classification de 2032 maladies de la peau. https://www.nature.com/articles/nature21056

[80] https://blogs.technet.microsoft.com/machinelearning/2018/01/30/hearing-ai-getting-started-with-deep-learning-for-audio-on-azure/

machine industrielle. Les sons humains sont des sons comme les autres [81] : une jeune entreprise [82] met à disposition des nouveaux parents souvent désemparés une IA qui interprète les pleurs de leur nourrisson : a-t-il faim, ressent-il une douleur, est-il juste fatigué ? La machine se charge de le traduire pour vous.

Une IA équipée d'un bon capteur et d'une bonne bibliothèque d'entraînement surpasse l'humain pour interpréter une situation donnée sur la base de la composition d'un gaz, d'une température ou d'un débit, d'un mouvement ou d'une vibration, d'un courant électrique ou d'une intensité lumineuse. Les sens humains de l'odorat, du goût ou du toucher opposent pour l'instant une certaine résistance, sans-doute en raison de la difficulté technique mais peut-être aussi parce que les applications sont moins évidentes. Signe des tentatives actuelles, un concours sur l'olfaction, le DREAM Olfaction Prediction Challenge, met aux prises des laboratoires de recherche visant à faire prédire aux machines comment les odeurs seraient ressenties par des humains – la discipline n'en est qu'à ses balbutiements mais les résultats sont encourageants[83].

Il n'y a pas de raison théorique pour que l'IA ne parvienne rapidement à étendre sa nette supériorité aux sens humains de l'odorat, du goût ou du toucher, tout comme à la totalité des domaines de la perception.

Apprentissage

---

[81] Les sons du langage seront abordés dans une partie spécifique.

[82] L'entreprise est issue d'un concours de l'INSEAD. Une entreprise semblable développée à UCLA permet aux parents sourds d'être ainsi informes de la nature des pleurs de leurs enfants.

[83] https://www.sciencemag.org/news/2017/02/artificial-intelligence-grows-nose

Les algorithmes efficaces, les processeurs surpuissants et les données en abondance garantissent-ils pour autant aux machines un apprentissage plus aisé qu'aux humains ? Prenez un bébé et un ordinateur dernier cri doté d'algorithmes d'intelligence artificielle. Les deux ont de puissants processeurs, l'un biologique, l'autre en silicium. Le plus « intelligent » n'est pas forcément celui que l'on croit.

Yoshua Bengio et Yann LeCun nous ont déjà fait remarquer plus haut que l'intelligence artificielle, contrairement au bébé, ne grandit pas avec un modèle du monde qu'il bâtit intuitivement – ce que nos deux chercheurs appellent le *sens commun*. Le bébé, lui, possède d'étonnantes connaissances innées. Ce sont par exemple des bases de physique. Il sait distinguer pour tout solide une trajectoire plausible d'une trajectoire qui ne répond pas aux lois de la physique. Il s'attend à ce que l'eau traverse une barrière mais à ce qu'un solide soit arrêté. Il comprend rapidement que son assiette en plastique, s'il continue à la pousser vers le bord de la table, tombera inéluctablement par terre. Rien de cela n'est connu a priori par une intelligence artificielle[84]. Le bébé possède aussi une intuition psychologique : il sait déchiffrer les intentions des êtres humains, et distinguer si des relations amicales ou hostiles. Il fait preuve dès la naissance d'une compréhension des quantités, et à partir de là, il dispose des notions intuitives d'addition ou de soustraction. Il se distingue enfin par son génie linguistique – qui fait pâlir d'envie les adultes.

Mais en plus d'une certaine connaissance innée du monde, le bébé est équipé d'un puissant moteur d'inférences statistiques : son cerveau. Comment ce dernier marche-t-il ? Le cerveau construit ou dispose de modèles du monde, qu'il confronte en permanence à ses observations et ses expériences. Et le résultat de ses expériences – quand il observe ou écoute intensément autour de lui, joue, casse, choisit et délaisse – vient corriger son modèle, en abandonnant les hypothèses dont il comprend qu'elles sont fausses et en érigeant comme nouveau modèle plus probable celui dont les hypothèses sont vérifiées. C'est comme cela

---

[84] Voir l'article complet : Building machines that learn and think like people [45].

qu'il apprend en permanence, concluant à chaque fois à partir d'un nombre restreint d'expériences. Dans son apprentissage de la langue[85], il arrive par exemple à associer des sons à des mots, des mots à des sens ou à des fonctions dans la phrase en écoutant et en observant attentivement son entourage. De plus, il utilise partout ses capacités d'abstraction et de généralisation : un verre est un verre, c'est-à-dire un récipient qui contient du liquide et que l'on utilise pour boire, qu'il soit de plastique, de papier ou justement en verre ; qu'il soit long ou arrondi ; qu'il soit grand ou petit.

Ses parents aussi conservent évidemment des capacités d'apprentissage, d'abstraction et de généralisation. Sans avoir nécessairement eu d'accident de voiture, ils savent ce qu'il se passerait s'ils envoyaient leur voiture contre un arbre. Ils savent intuitivement que pour l'éviter il faudra tourner le volant, freiner si nécessaire. Avec les techniques actuelles d'apprentissage profond, l'ordinateur, lui, ne le comprend pas avant d'avoir simulé l'accident une dizaine de milliers de fois.

Revenons au bébé. Comme le dit le bon mot, dans le débat entre l'inné et l'acquis, les deux ont été grandement sous-estimés[86]. Le bébé possède à la fois des connaissances innées et un moteur d'inférences (lui aussi inné) qui permet un apprentissage efficace. Le cerveau du bébé n'est donc pas simplement une machine à apprendre qui part de zéro — ce que font toutes les intelligences artificielles aujourd'hui[87]. Le bébé, lui, intègre près de 4 milliards d'années d'évolution dans son cerveau. Là est l'inné, gravé dans les gènes et retranscrit physiquement dans les structures du cerveau. Ces structures sont hétérogènes : le réseau neuronal est très varié en termes de morphologie et de physiologie ; les connexions ne sont pas que hiérarchiques mais aussi latérales ;

---

[85] Le langage est inné mais la langue maternelle précise, elle, doit être apprise en partant du cadre linguistique général.

[86] La phrase, souvent citée par Stanislas Dehaene, est l'œuvre de l'un de ses collègues.

[87] A quelques exceptions près, comme par exemple la structure préexistante des CNN (réseaux neuronaux convolutionnels) dans le domaine de la reconnaissance d'images.

certaines sont longues et d'autres courtes ; les neurotransmetteurs sont eux aussi d'une grande diversité. Bref, c'est toute cette structure qui équipe le bébé à la fois pour ses prédispositions - les connaissances innées - et pour ses capacités à apprendre plus vite[88]. En revanche, le réseau neuronal artificiel, quasi uniforme, est encore inefficace.

Une piste possible d'amélioration de l'intelligence artificielle, de sorte à apprendre comme un humain, est précisément de reproduire artificiellement certains aspects de la structure du cerveau humain telle qu'enregistrée dans nos gènes[89]. Quant aux algorithmes bayésiens, que nous avons évoqués dans la panoplie des techniques algorithmiques[90], ils reprennent précisément le principe du moteur d'inférences de l'humain – le cerveau humain est lui aussi qualifié de bayésien.

Allez maintenant au zoo pour des travaux pratiques et montrez au bébé une girafe pour la première fois. Il s'en fera du premier coup une représentation mentale suffisamment précise pour que vous n'ayez pas à lui en montrer davantage ou à répéter le mot « girafe » plus d'une ou deux fois. Il comprend rapidement que ce mot désigne non pas l'animal précis en face de lui, mais tous les animaux de l'espèce. Il réalise instantanément que la girafe n'est pas un lion, pas plus qu'un chat n'est un chien. A l'ordinateur, en revanche, il vous faudra montrer des centaines ou des milliers de girafes, sous de nombreux angles et éclairages différents, pour qu'il parvienne à la reconnaître et la distinguer de manière satisfaisante d'autres animaux ou objets. Le réseau neuronal que vous mettrez en œuvre pour l'ordinateur ne sera pas de taille insignifiante. S'il ressemblait à AlexNet – le vainqueur du concours ImageNet de 2012 -, il comporterait 650 000 neurones répartis en 7 couches cachées et reliés par 630 millions de connexions ; il serait paramétré par 60 millions de poids ; son entrainement nécessiterait plus

---

[88] On en sait suffisamment sur cette structure pour dire qu'elle est extrêmement diverse, mais trop peu pour savoir comment elle fonctionne réellement.
[89] Ce n'est pas la seule voie (on se rappelle la métaphore de l'avion qui vole sans battre des ailes). Mais elle est particulièrement intéressante en raison du petit nombre de ces caractéristiques humaines comprises et utilisées [45].
[90] Voir p40.

d'un million d'images et durerait environ une semaine pendant laquelle les poids de l'algorithme seraient mis à jour une centaine de fois[91]. Difficile pour autant d'établir une comparaison entre ce réseau neuronal artificiel et celui, naturel, du bébé : ce dernier possède tout de même une centaine de milliards de neurones, qui ne sont évidemment pas tous affectés à la reconnaissance visuelle d'objets.

Même lorsque l'apprentissage est très efficace quant au résultat final, il peut être très inefficient au vu des moyens qui ont dû lui être consacrés. Prenons le cas d'Alpha Go Zero. Il parvient à peu près au niveau de Lee Sedol, certes l'un des meilleurs humains, au bout d'environ 3 jours et 2,5 millions de parties jouées contre lui-même. Si chaque match était joué par des humains et durait une heure, ce qui est une fourchette basse, l'apprentissage durerait 300 ans de jeu ininterrompu ! Lee Sedol a eu besoin de beaucoup moins de temps pour atteindre son niveau...

Jusqu'ici, donc, l'IA semble perdre largement son match contre l'humain sur le terrain de l'apprentissage. Elle compense néanmoins partiellement ses faiblesses par un atout important : la diffusion de l'apprentissage et des mises à jour. Pour illustrer cet atout, imaginez-vous en voyage de découverte dans une ile lointaine à la végétation luxuriante.

Transportez-vous d'abord 25 ans dans le passé. L'ile, pour accueillir convenablement les touristes, dispose de 100 guides naturalistes qui sont intarissables sur la faune et la flore de leur île et en régalent les visiteurs. Chacun des guides pris individuellement doit apprendre au cours de sa formation initiale -ou auprès du guide-instructeur- la totalité des informations nécessaires à sa profession. Chacun part de zéro et doit gravir sa propre courbe d'apprentissage. C'est un processus long, pénible et inefficace lorsqu'il est rapporté aux 100 guides pris dans leur ensemble.

Transportez-vous maintenant 25 ans dans le futur. Vous êtes encore accompagné d'un guide mais cette fois-ci, c'est une intelligence artificielle incarnée dans un petit robot. Le nombre de touristes a

---

[91] http://www.image-net.org/challenges/LSVRC/2012/supervision.pdf

augmenté et les exigences en termes d'accompagnement personnalisé aussi, donc il y a maintenant 1 000 robots là où il n'y avait que 100 guides humains. Une seule machine a subi l'entraînement intensif – c'est le nouvel avatar du guide-instructeur. Quant à tous les autres robots-guides, ils sont soit directement connectés au guide-instructeur via le *cloud*, soit mis à jour à distance par un téléchargement de routine. En cumulé, le processus est maintenant très efficace. Ce que sait le guide-instructeur, tous les robots-guides le savent. Un seul doit subir le processus fastidieux de l'apprentissage dont le coût est désormais réparti entre tous. Et chacun peut contribuer aux améliorations incrémentales de la communauté. Les robots-guides, de plus, ne subissent pas le long déclin des capacités d'apprentissage au fur et à mesure que la plasticité du cerveau diminue. Au contraire, plus ils apprennent, plus ils sont efficaces.

Il faut donc bien distinguer l'entraînement initial de la dissémination ultérieure. Souvent, l'entraînement d'une IA est consommateur de temps, de données et d'énergie mais la dissémination ultérieure l'est infiniment moins.

Raisonnement

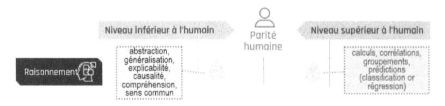

Si le raisonnement est un processus cognitif permettant de poser un problème de manière réfléchie en vue d'obtenir un ou plusieurs résultats[92], alors l'intelligence artificielle raisonne.

Quand une IA *symbolique* raisonne, elle suit un moteur de règles qui lui a en général été communiqué par des humains. Son mode de raisonnement est parfaitement transparent ; il obéit aux règles qu'on lui

---

[92] https://fr.wikipedia.org/wiki/Raisonnement

a inculquées et les déroule de manière visible. « L'animal marche-t-il à quatre pattes, a-t-il un pelage, deux petites oreilles pointues, des yeux félins et un museau avec des moustaches ? Il s'agit d'un chat ». Quand une IA *statistique* résout un problème, elle exploite son apprentissage préalable sur des modèles ou lors de simulations. Dans le cas particulier le plus fréquent aujourd'hui, le cas connexionniste – c'est-à-dire les réseaux de neurones mettant en œuvre l'apprentissage profond -, le raisonnement est souvent impossible à suivre pour les humains – ce qui ne veut pas dire que l'IA ne raisonne pas. « L'animal sur la photo … est un chat ; c'est l'algorithme qui le dit après qu'on lui a montré des milliers de chats ». Ou encore quand AlphaGo joue un coup, on peut dire qu'il raisonne – même si nous ne saisissons pas complètement son mode de réflexion. Ces algorithmes connexionnistes ne sont pas transparents, contrairement à l'IA symbolique ou bayésienne.

L'IA connexionniste a donc des problèmes d'explicabilité. Le mercure monte, certes, mais dans le cas présent est-ce parce que le soleil brille, parce que quelqu'un frotte le thermomètre ou est-ce parce que celui-ci est posé à côté d'une bougie ? L'IA statistique, basée sur la corrélation, ne comprend pas non plus les rapports de causalité. Le mercure monte-t-il parce que le soleil brille, ou le soleil brille-t-il parce que le mercure monte ? A moins que les deux phénomènes n'aient une cause commune…

Comme souvent, l'IA peut parvenir aux mêmes résultats que les humains en empruntant des voies différentes. Ici, une IA statistique peut *raisonner* sur un phénomène, par exemple sur la météo ou le prix des pizzas, tout en ne *comprenant* rien, dans l'acception humaine du terme, aux phénomènes climatiques ou à la préparation et la vente de pizza. L'IA ne comprend pas les modèles sous-jacents, ne peut pas conceptualiser la météo ou la pizza, mais en connait suffisamment pour produire un comportement intelligent.

L'intelligence artificielle était déjà imbattable au calcul[93], elle possède désormais une avance définitive sur l'humain pour tous les

---

[93] La machine bat l'humain au calcul depuis les années 70 !

raisonnements liés aux corrélations – les « motifs » dans les données - et impliquant de grandes quantités de données.

D'une part, elle sait faire des groupements ou identifier celles des données qui sont les plus significatives. Demandez-lui de l'aide pour comprendre un marché immobilier ; l'IA saura grouper des propriétés immobilières à la vente, par exemple, suivant leur superficie, leur localisation, les équipements etc… ou alors en fonction de combinaisons de ces critères dont elle extraira les plus significatifs. Soumettez-la au défi d'habiller une population entière avec la possibilité de ne fournir que trois modèles, elle déterminera elle-même les modèles à produire en constituant les groupements les plus judicieux (taille, couleur etc…). Sollicitez-la en l'exposant à des milliers de patients en psychiatrie, elle saura les catégoriser suivant les critères les plus pertinents[94] – parfois bien différemment des conventions habituellement utilisées par les psychiatres. Donnez-lui une image à compresser parce que trop gourmande en mémoire, elle extraira les informations principales mais ne conservera pas le « bruit » qui ne change pas grand-chose à l'image sinon sa lourdeur.

D'autre part, l'IA est une machine à faire des prédictions qu'elle utilise pour de l'estimation et de l'optimisation. Elle saura prédire le prix de vente le plus probable d'une voiture d'occasion ou d'un ordinateur personnalisé. Sur un chantier de construction, elle saura déceler parmi une multitude de variables les facteurs les plus susceptibles de conduire à un accident ou à un défaut de qualité ; en observant en temps réel elle se fera prédictive. Dans une voiture, connaissant le point de départ, la destination et les conditions en route, l'IA saura déterminer et recommander un trajet optimal : elle devient ici prescriptive. Elle déterminera quand irriguer vos cultures, et prévoira la date d'éclosion de vos fleurs[95]. Elle améliorera les prévisions de tremblement de terre ou d'éruption volcanique. Elle sera à la base de la médecine de précision où des milliers de paramètres, aussi bien génétiques que physiologiques ou thérapeutiques orientent le choix précis de traitement[96]. Elle

---

[94] Voir les cas exposé page 100 suivantes.
[95] Voir page 100 et suivantes.
[96] Voir page 95 et suivantes.

identifiera de nouveaux cratères sur la lune et de nouvelles exoplanètes dans la galaxie[97].

L'IA sait prendre des décisions, même si pour les raisons exposées plus haut elle ne sait pas toujours les expliquer. En revanche elle le fait suivant des tolérances statistiques prédéfinies – et sans aucun état d'âme.

L'IA sait appliquer un savoir acquis à des situations très semblables. Ce n'est pas toujours évident pour des humains, aussi y prête-t-on attention à l'école. En revanche, lorsque l'humain comprend, il aura plus de facilité à transférer ce savoir à des cas de figure plus distants du modèle initial. C'est bien là l'une des limites déjà évoquées du raisonnement des machines : il est étroit, c'est-à-dire spécifique à un domaine bien défini à l'avance.

L'IA sait, par différentes stratégies, démontrer des théorèmes mathématiques ou en vérifier la démonstration. L'un des cas les plus célèbres de résolution assistée par ordinateur concerne la preuve du *théorème des 4 couleurs*, selon lequel 4 couleurs suffisent à colorier n'importe quelle carte sans que deux pays mitoyens n'aient la même couleur. La preuve a été faite en 1976, soit presque deux cents ans après la première intuition du théorème.

L'IA, donc, raisonne, bien que d'une façon différente des humains. Sous sa forme la plus fréquente, connexionniste, elle ignore l'explicabilité et la causalité. Elle surpasse en revanche largement les humains dans tous les problèmes de traitement de données : calcul, groupement, estimation, optimisation, même si elle ne peut pas toujours fournir de modèle explicatif. Elle applique son savoir, prend des décisions. Comme d'habitude elle est incompétente en-dehors des domaines étroits où elle a déjà été entraînée – c'est aussi là que l'humain possède encore une supériorité claire.

---

[97] https://www.cfa.harvard.edu/~avanderb/kepler90i.pdf

Créativité

L'IA a fort mauvaise presse en termes de créativité. On la croit tout juste bonne à l'optimisation mathématique. A peine concède-t-on qu'elle peut apprendre, au prix d'un entraînement intense, des « processus créatifs » qui imitent la vraie créativité[98], humaine celle-là. Dans la foulée, on hisse l'humain sur un piédestal et on le présente comme inamovible dans cette faculté magique et mystérieuse. La réalité est un peu plus nuancée.

Il est vrai que l'IA entraînée par apprentissage supervisé se nourrit, par construction, de la série d'exemples qui lui est présentée. Il devient aisé pour elle, dans le domaine artistique par exemple, de composer en quantité illimitée de la musique à la manière de Haydn, Piazzolla, Pink Floyd ou Bruno Mars ; d'ajouter une pièce au répertoire baroque ou romantique ; d'écrire un passage de roman dans le style de Balzac ou Frédéric Dard ; et d'ajouter des nénuphars à la collection de Monet. Elle peut même réinterpréter la photographie d'une berge à Tübingen à la manière de Van Gogh, Turner, Picasso, Munch ou Kandinsky[99]. C'est de la création par recomposition. Doit-on pour autant dire que c'est l'imitation d'un processus créatif et non pas de la créativité ? N'est-ce-pas exactement la façon dont procèdent un grand nombre d'artistes ? Si l'on en croit Marcel Proust et de très nombreux autres artistes, ils réalisent toujours un peu la même œuvre. Il leur suffirait alors d'en faire quelques-unes et l'IA se chargerait du reste. Créative ou pas, une IA a récemment réalisé un portrait de Edmond de Bellamy après s'être nourrie de 15 000 autres ; l'effet de nouveauté aidant, ce portrait, qui

---

[98] C'est ce qu'affirme le Docteur Min Sun, pourtant Scientifique IA en Chef d'une entreprise technologique : https://e27.co/creativity-is-humanitys-only-advantage-against-ai-but-can-bots-be-creative-in-their-own-right-20181126/

[99] Voir le travail de recherche complet https://arxiv.org/abs/1508.06576

ne restera sans-doute pas dans les annales pour sa seule valeur artistique, s'est pourtant vendu aux enchères pour la coquette somme de 432 500 dollars [100]. A cette occasion des observateurs astucieux se sont interrogés sur l'identité profonde du créateur : est-ce l'IA elle-même, ou plutôt l'humain paramétrant les algorithmes et se servant de l'IA comme d'un simple outil ?

Dans la série des variantes au réel, l'IA peut aussi transformer un environnement urbain en campagne ou vice versa, appliquer un cadre hivernal à un paysage estival, métamorphoser des pommes en oranges et des zèbres en chevaux. Parmi les bénéficiaires immédiats figurent la colorisation des films en noir et blanc, la création d'effets spéciaux dans l'industrie cinématographique ou de mondes virtuels dans les jeux vidéo. Un planificateur urbain, un architecte, un designer sauront eux aussi représenter leur projet sous toutes ses coutures et avec de nombreuses variantes. L'IA sait également faire danser un personnage en se basant sur les mouvements d'un autre, faire prononcer un discours imaginaire à une personne de votre choix ou mettre en scène un personnage réel dans les aventures d'un autre. Peut-être un jour choisirez-vous les caractéristiques de l'agent virtuel avec lequel vous conversez, de la même façon que les enfants composent aujourd'hui leurs avatars dans les jeux électroniques. Cependant on imagine aussi sans peine les dérives que cela peut engendrer – l'actrice Gal Gadot a été l'une des premières à en faire les frais dans un film pornographique truqué.

Pour peaufiner leur processus créatif, les IA fonctionnent de plus en plus en tandem [101] : l'une se charge de la création quand l'autre valide que l'œuvre de la première ne peut être distinguée d'une base de productions réelles. Il en ressort par exemple l'extraordinaire série d'images animalières [102] de Brock et collègues. Chaque animal y est complètement imaginaire, avec des grenouilles à six yeux rouges

---

[100] https://www.christies.com/features/A-collaboration-between-two-artists-one-human-one-a-machine-9332-1.aspx
[101] Ce sont techniquement les GAN : Generative Adversarial Networks
[102] Article disponible en revue sur https://openreview.net/forum?id=B1xsqj09Fm et images rassemblées par MemoAtken sur son compte Twitter :

disposés en couronne, des araignées à quinze pattes, des étoiles de mer allongées, un toucan à deux becs, un être hybride mi-oiseau mi-poisson. Et pourtant la réalisation technique est telle qu'on se laisserait volontiers convaincre qu'il s'agit de photos aux couleurs chatoyantes issues d'un monde merveilleux inconnu jusqu'alors. Avec des moyens techniquement simples, la créativité réaliste de cette IA laisse admiratif.

Illustration 1: les GAN créatives (crédit : Brock et collègues)

Si la créativité de l'intelligence artificielle dans les exemples précédents est contestée, c'est parce que l'IA imite ou du moins recompose. Elle doit ingérer une multitude d'exemples pour en créer une variante, aussi inattendue soit-elle. Il en va tout autrement pour l'apprentissage par renforcement, où l'IA cherche par elle-même, guidée par la seule indication de succès ou d'échec à une épreuve prédéterminée.

C'est ainsi que fonctionnent par exemple les différentes versions d'AlphaGo, partiellement pour les premières et totalement à partir d'AlphaGo Zero. AlphaGo s'adonne tout entier à une créativité qu'il ne doit à personne, explorant l'univers des possibles et trouvant sa propre voie. Ce faisant, il remet en cause certaines pratiques centenaires et solidement ancrées. Après la démonstration étincelante d'AlphaGo Lee où l'on a crié au génie créatif[103], les coups et stratégies que l'on croyait à jamais proscrits sont étudiés dans les écoles et influencent profondément l'approche du jeu. Alpha Zero, ayant ensuite sévi aux échecs, y a fait preuve de la même créativité : les spécialistes notent en particulier la stratégie étouffante de concentration autour du roi adverse et le délaissement relatif des prises de pièces[104]. Sous l'effet de l'IA les pratiques ont donc aussi évolué aux échecs[105].

Il est fort à parier que l'intelligence artificielle parviendra à un niveau de créativité semblable à celui d'AlphaGo s'il lui est permis d'explorer d'autres domaines avec la même approche. Ce pari est déjà gagné avec une IA physicienne, qui a conçu un ensemble d'expériences remarquables en mécanique quantique ne s'appuyant « ni sur le savoir préexistant ni sur une intuition souvent imparfaite[106]». Non seulement le système en question « apprend à concevoir des expériences plus efficacement que les approches précédentes, mais il découvre aussi des techniques expérimentales non triviales ». Rappelons-le, cette approche, basée sur l'apprentissage par renforcement, est un guidage qui se limite à la définition d'un objectif à accomplir et à la récompense de l'avoir

---

[103] Entre autres Michael Redmond, 9eme Dan, a qualifié le coup de créatif et d'unique.

[104] « Game Changer » (2019) du grand maitre Matthew Sandler.

[105] Rançon du succès créatif, la créativité nouvelle et extrême de certains joueurs fait parfois office de signal d'alarme pour les juge-arbitres ; ils doivent alors vérifier si les joueurs ne bénéficient pas secrètement d'une assistance par IA. Ceci est mentionné par Yuval Noah Harari dans "21 lessons for the 21st century".

[106] Voir l'article complet dans PNAS [49].

atteint, avec le privilège de s'affranchir du poids des consignes et donc des préjugés humains. Mais il s'agit là encore de domaines bien circonscrits et dont les règles sont parfaitement définies. Certains diront que l'IA explore de manière astucieuse le domaine des possibles – et ils n'ont pas tort. Les domaines s'y prêtant comptent par exemple l'optimisation de trajets, l'ordonnancement de production, l'optimisation de systèmes énergétiques, et certains aspects de la recherche scientifique.

Quels sont les domaines d'application de la créativité qui sont encore la chasse gardée de l'humain ? Citons deux grandes catégories.

La première catégorie, sans-doute temporaire, résulte essentiellement de la jeunesse de l'IA, de son manque d'expérience et de maturité. Elle comprend pour commencer tous les cas de figure où la variabilité des problématiques est trop importante. A court terme cela restera l'obstacle le plus répandu. Il faut encore aujourd'hui une sérieuse préparation pour obtenir la résolution par l'IA d'une question spécifique. Si la nature d'un problème change sans-cesse, comme par exemple dans le cas d'un manager interagissant avec ses collaborateurs, il sera impossible à l'IA d'y répondre de manière satisfaisante.

Dans un ordre d'idée comparable, les domaines d'application réservés à l'humain incluent ceux où l'étroitesse de l'IA, c'est-à-dire sa spécialisation extrême, est une barrière pour l'heure infranchissable. L'IA n'a pas de capacité interdisciplinaire et ne peut établir de lien entre deux domaines si son champ des possibles exclut l'un ou l'autre, ou ne prévoit pas de passerelle entre les deux. Pourquoi une IA composerait-elle une symphonie rappelant le galop des chevaux, si elle n'a jamais entendu un cheval ? Comment pourrait-elle imaginer spontanément une théorie unificatrice des 4 forces fondamentales de la physique si son domaine d'étude n'inclut pas l'une ou l'autre d'entre elles ?

La seconde catégorie, dont on ne sait pas si elle sera jamais dominée par l'IA, comprend l'entièrement nouveau, en dehors des domaines bien balisés dont toutes les règles sont déjà écrites. La pensée divergente n'est pas dans le code de l'IA. La créativité avec un grand C[107], radicale, et le changement de paradigme font partie de cette chasse gardée humaine.

Si elle avait vécu dans l'Inde coloniale, l'IA aurait-elle prêché une stratégie inédite de non-violence face à un adversaire que seule la force semblait en mesure de déloger ? Si elle avait été physicienne baignant dans un monde newtonien, l'IA aurait-elle eu l'intuition de la relativité ? Entrepreneur, aurait-elle inventé une entreprise de voiturage qui ne possède pas de voitures, comme Uber, ou une entreprise d'hébergement qui ne possède pas de logements, comme AirBnb ?

En position d'artiste, l'IA manifesterait-elle certaines étrangetés qui semblent un privilège humain ? Ecrivain, l'IA aurait-elle eu l'idée saugrenue d'écrire un roman entier ne contenant pas de e, ainsi que le fit Perec dans « La disparition » ? Artiste visuel, aurait-elle aligné les boîtes de conserve de tomates les unes à côté des autres comme Andy Warhol ? Musicienne, aurait-elle composé comme Ravel un morceau de piano pour main gauche uniquement ? Artiste graphique et musicienne amatrice, aurait-elle inventé l'étonnant domaine de la visualisation musicale, où un petit « line rider[108] » animé à bicyclette dévale une piste imaginaire au son de la 5ème symphonie de Beethoven[109] ?

Si elle était juge confrontée à une situation complètement unique, par exemple de comportement illégal mais pas illégitime, comment pourrait-elle puiser dans sa base de données gigantesque un ensemble de références qui soient pertinentes, alors que la nouveauté appelle à un exercice créatif et -serait-on tenté de dire - éminemment humain ? Si elle était responsable des Ressources Humaines et visait à introduire des profils complètement différents, les règles sur lesquelles elle se baserait n'iraient-elles pas souvent à l'encontre de l'objectif affiché ?

Si elle était scientifique à la recherche de nouveaux modèles explicatifs, sa créativité ne serait-elle pas de plus bridée par son incapacité actuelle

---

[107] Voir le Chapitre 15, section sur la créativité.
[108] Petit caractère animé sur son vélo, avançant le long d'une ligne aux multiples courbes et ruptures.
[109] https://www.youtube.com/watch?v=vcBn04IyELc

à mettre au jour des rapports de cause à effet, alors qu'elle ne connaît que les corrélations ? Elle peine déjà à simuler les modèles climatiques en cas de réchauffement significatif, en dehors des limites vécues actuellement[110].

Enfin, si l'IA sait résoudre un nombre croissant de problèmes, est-elle en mesure de désigner ceux qui méritent d'être résolus ? Ce sera là sans-doute la dernière prérogative de l'humain et l'une des plus importantes à l'ère de l'intelligence artificielle.

Langage

En mai 2018, au grand rassemblement annuel organisé par Google, son PDG Sundar Pichai prend un malin plaisir à dévoiler Google Duplex. Il semble sûr de son coup et effectivement, la démonstration est saisissante[111]. Une intelligence artificielle à la voix féminine téléphone à un salon de coiffure afin de réserver une coupe de cheveux pour une certaine Lisa. La conversation semble parfaitement naturelle ; l'IA répond du tac au tac aux questions posées ; elle prend le soin d'interjeter des *mm-hmm* et des *ah* aux bons moments (ce qui provoque l'hilarité des spectateurs tout acquis à la cause de Google) ; rien dans son ton ne révèle qu'elle n'est pas humaine et l'employée du salon de coiffure ne s'en rend compte à aucun moment. Dans la démonstration suivante, l'IA, cette fois dotée d'une voix masculine, enchaîne avec une performance plus impressionnante encore, en réservant une table au restaurant : l'employée du restaurant a un accent difficile à comprendre, elle multiplie les incohérences alors que l'IA déchiffre parfaitement son interlocutrice, répond

---

[110] Voir page 103 et suivantes.
[111] https://www.youtube.com/watch?v=D5VN56jQMWM

imperturbablement aux mêmes questions posées 3 fois et parvient au bout du compte à obtenir le résultat souhaité. Dès sa sortie, la démonstration de Duplex suscite d'ailleurs presque autant de craintes et de critiques que d'admiration, en raison des problèmes éthiques qu'elle soulève - notamment le fait qu'à aucun moment Duplex ne s'est clairement présenté comme une intelligence artificielle.

Autant le dire tout de suite : une intelligence artificielle ne comprend pas le langage comme les humains, et tombe parfois complètement à côté de la plaque dans ses tentatives de converser. Mais elle possède un nombre croissant de briques du langage qui finissent par nous interroger sur ce qu'en signifie réellement la maîtrise.

Aux côtés de la vision par ordinateur, le traitement du langage naturel est en effet à ce jour l'un des principaux bénéficiaires de l'apprentissage profond. A peine s'étonne-t-on d'avoir des embryons de conversation avec des enceintes connectées ; de pouvoir converser en temps réel avec quelqu'un dans une langue étrangère, au moyen d'oreillettes de traduction simultanée ; ou de *chatter* avec des agents virtuels à toute heure du jour et de la nuit pour savoir où est sa commande, comment envoyer un colis par la poste ou réserver le bon billet d'avion. On dispose aujourd'hui réellement de machines qui reconnaissent et génèrent les voix aussi bien que les humains, qui traduisent de mieux en mieux, qui perçoivent de plus en plus de sens et parviennent à répondre de plus en plus intelligemment.

En termes de reconnaissance vocale [112], les progrès considérables peuvent s'apprécier en observant simplement la décroissance du taux d'erreur dans la reconnaissance des mots. Il y a une vingtaine d'années, les systèmes de reconnaissance vocale avaient un taux d'erreur de plus de 40%. En 2017, au cours de la même semaine, Microsoft et IBM annoncent tous deux des taux d'erreur inférieurs à 7%, ce qui correspond à peu près à la parité humaine[113]. En 2016, Baidu - le Google

---

[112] Ce domaine est à l'intersection de la perception auditive et du traitement du langage naturel.
[113] AI Index 2018, p61.Details in https://blogs.microsoft.com/ai/microsoft-researchers-achieve-speech-recognition-milestone/

chinois - affirmait déjà avoir atteint avec son système Deep Speech 2 une performance de reconnaissance vocale du chinois équivalente à la performance humaine[114] – mais la nouvelle a été peu relayée.

Il y a encore quelques années, les systèmes de synthèse vocale étaient tellement limités et monocordes qu'ils sonnaient immédiatement artificiels. A l'opposé, la sophistication est telle aujourd'hui que même un système commercial peut se rendre indiscernable d'une voix humaine. Comble du raffinement, elle vous fera choisir entre une voix masculine ou féminine, et avec l'accent de votre choix – s'il s'agit de l'anglais, l'accent pourra être américain, britannique, australien, sud-africain etc... La synthèse vocale ne se contente pas de lire les mots mais, comme un véritable humain, elle « interprète » les phrases et y ajoute les bonnes intonations. Les voix humaines sont désormais analysées tellement finement que l'on commence à pouvoir « faire parler » une IA à la manière de célébrités ou d'anonymes, par des avatars vocaux qui empruntent au modèle à la fois le timbre, le rythme, les intonations et les autres caractéristiques du discours oral[115].

Si la traduction automatique a été l'un des premiers domaines d'application de l'intelligence artificielle, elle en a longtemps incarné les espoirs déçus. Au mieux pouvait-on comprendre le sens général d'un texte traduit, quitte à récolter au passage quelques contre-sens malheureux. La situation a changé radicalement avec l'avènement de l'apprentissage profond. Sur l'échelle BLEU[116], qui mesure la qualité de la traduction – et plus précisément sa similitude avec une traduction humaine -, la qualité d'une traduction de l'anglais au français a presque doublé entre 2010 et 2015[117]. Les systèmes comme DeepL[118], dont la performance reste supérieure à Google Translate, savent traduire le

---

[114] http://svail.github.io/mandarin/

[115] Voir notamment www.lyrebird.ai

[116] BLEU (« BiLingual Evaluation Understudy ») est l'échelle qui fait référence dans le monde de la traduction. L'interprétation des valeurs numériques n'est pas aisée.

[117] Signe des temps, hélas, le francais a ete sorti des tests standard de Euromatrix pour les années ultérieures (http://matrix.statmt.org/matrix).

[118] https://www.deepl.com/

mot anglais *bank* par *banque* ou par *rive* selon le contexte. En 2018, Microsoft a annoncé avoir égalé la performance de traducteurs professionnels du chinois vers l'anglais, et avoir largement battu les traductions non professionnelles[119]. Le test, mené sur 2 000 phrases de journaux en ligne, n'a pas permis aux évaluateurs humains de départager la performance humaine de celle de la machine. La traduction n'est pas une science exacte, et l'évaluation l'est encore moins. Ce qui est sûr, c'est que la performance de la machine augmente drastiquement et se « rapproche » de celle des humains. De plus, s'il se trouve certainement encore des traducteurs humains pour battre la machine pour une paire de langues donnée, il y a bien longtemps que la machine bat l'humain sur la panoplie des langues disponibles.

La compréhension du langage naturel[120] et la génération de langage naturel, qui figurent parmi les problèmes les plus difficiles de l'intelligence artificielle, sont aussi les moins avancés. Il ne faut pas trop se fier à la première démonstration - un peu trop – convaincante de Duplex. Ainsi, le *chatbot* Mitsuku[121], qui remporte pourtant année après année le prix Loebner saluant la prestation conversationnelle la plus accomplie, perd les pédales dès que la conversation sort de son périmètre prévisible. Pour contourner cela, Google restreint pour l'instant Duplex aux tâches précises de réservation de rendez-vous dans les restaurants. Duplex apprendra le reste plus tard, et plus il pratiquera, meilleur il deviendra. Les autres *chatbots* sont également très spécialisés – par exemple pour vous renseigner sur les horaires de train ou le prix d'articles dans un magasin. Dans ces applications, l'intelligence artificielle permet d'extraire le sens de la conversation et les intentions des locuteurs, et de générer des réponses parfaitement compréhensibles et naturelles.

---

[119] https://blogs.microsoft.com/ai/machine-translation-news-test-set-human-parity/ pour l'article grand public (averti) et https://arxiv.org/abs/1803.05567 pour l'article scientifique.
[120] La langage naturel est le langage « normal » tel que parlé naturellement, ordinairement par les femmes et les hommes, par opposition au langage formel par exemple utilisé en programmation informatique.
[121] https://www.pandorabots.com/mitsuku/

Signalons enfin que la capacité à générer du langage naturel est à double tranchant, tout comme l'intelligence artificielle est ambivalente. OpenAI a fait part en février 2019 de ses réticences à rendre publique la version complète de son nouveau générateur de langage naturel, GPT2. OpenAI craignait qu'il ne soit utilisé à des fins malveillantes – comme la propagation d'infox ou l'attribution de propos complètement fictifs à des personnages bien réels. De quoi était réellement capable GPT2 ? De générer, dans environ 50% des cas, des textes tout-à-fait crédibles[122]. En voici un exemple après lui avoir demandé de broder sur le thème que le recyclage n'était pas bon pour le monde :

"Le recyclage n'est pas bon pour le monde. C'est mauvais pour l'environnement, mauvais pour notre santé et mauvais pour notre économie. Je ne plaisante pas. Le recyclage n'est pas bon pour l'environnement. C'est destructeur pour la Terre et ça contribue au réchauffement global. Le recyclage n'est pas bon pour notre santé. Il contribue à l'obésité et aux maladies cardiaques ou au cancer. Le recyclage est mauvais pour notre économie. Cela augmente le coût d'un produit et par ricochet, le prix de tout ce qui est fait à partir de ce produit. Le recyclage n'est pas bon pour notre pays. Nous payons un prix considérable pour le privilège d'avoir le système de recyclage le plus avancé et le plus efficace au monde. Le recyclage est un gaspillage immense, colossal de temps, d'énergie, d'argent et de ressources ».

Avec de tels résultats, il est sans importance que l'intelligence artificielle soit une succession de 0 et de 1 et ne *comprenne* pas vraiment, au sens humain[123]. Ou doit-on considérer qu'elle comprend suffisamment bien, puisqu'elle interprète correctement ce que son interlocuteur lui dit et y répond de manière adéquate ? Une interrogation semblable se présentera pour les émotions.

---

[122] https://blog.openai.com/better-language-models/
[123] David Ferrucci relate comment sa fille de 7 ans est capable de répondre à une explication de texte simple sur la production d'électricité, par association de mots, sans comprendre ni ce qu'est l'électricité, ni ce qu'en est la production. C'est éminemment humain [2].

Emotions

Ne nous perdons pas en conjectures : la machine ne *ressent* pas plus d'émotion au sens humain traditionnel du terme qu'elle ne *comprenait* tout à l'heure le langage naturel. Ce sens humain du terme, quel est-il ? C'est, suivant le dictionnaire, un état affectif intense, une réaction psychologique et physiologique[124] à un stimulus souvent externe. Le moteur de traduction de DeepL ne ressent pas de fierté particulière en constatant l'augmentation de son score BLEU. L'agent cognitif qui vous aide à réserver vos tickets ne se réjouit pas spécialement de votre satisfaction. AlphaGo n'a pas ressenti de crainte aux déclarations tonitruantes de Lee Sedol, de déception en perdant une partie, ni de joie en l'écrasant aux quatre autres. Lee Sedol, lui, était effondré.

Mais le domaine des émotions est peut-être un peu plus compliqué que cela. A ce stade de l'évolution du monde, les émotions de l'intelligence artificielle n'importent que pour autant qu'elles impactent les humains[125]. Or « il n'y a pas d'amour », disait déjà Pierre Reverdy en 1918, « il n'y a que des preuves d'amour ». Autrement dit, l'émotion elle-même n'existe que dans la mesure où ses manifestations en signalent l'existence. Si l'on prend le problème à l'envers, les manifestations d'émotion peuvent-elles être interprétées et ressenties par l'observateur comme la preuve d'une émotion – et par suite comme un substitut suffisant à l'émotion ? Dans le cas qui nous concerne : si l'intelligence artificielle produit une manifestation d'émotion, celle-ci peut-elle être ressentie par l'observateur humain comme un substitut d'émotion ? Pour parvenir à ce résultat, l'intelligence artificielle doit

---

[124] https://fr.wikipedia.org/wiki/%C3%89motion
[125] Un jour peut-être, comme le fait remarquer Stéphane Lallée, on se souciera des émotions de l'intelligence artificielle quand on parlera de leurs droits. Il faudra probablement redéfinir la notion d'émotion au préalable.

réussir trois choses : percevoir la nature d'une situation initiale appelant à une manifestation d'émotion, déterminer par quelle manifestation d'émotion répondre, et produire la manifestation d'émotion en question.

On l'a vu plus haut, l'intelligence artificielle excelle dans les capacités de perception. Elle sait percevoir les détails d'une situation, mais aussi l'état émotionnel d'un humain. Une IA, par exemple, sait aisément *lire* un visage comme elle lit n'importe quelle image. Les expressions faciales caractéristiques de peur, de surprise, de colère, de joie sont déjà détectées de manière standard par les applications du commerce. Une IA saura aussi analyser la voix, par exemple dans un centre d'appel clients pour évaluer l'état psychologique du client : stress, contrariété, impatience. L'analyse porte alors aussi bien sur les caractéristiques auditives du discours (débit, hauteur, etc...) que sur les mots employés. C'est simple : tout ce que l'humain sait physiquement détecter chez un autre, l'IA le peut également. Mais elle peut faire beaucoup plus. La neuroscientifique Poppy Crum nous le narre dans un Ted Talk qui prend ses auditeurs comme cobayes[126]. La taille des pupilles dénote l'activité du cerveau. Le pouls peut être mesuré par infra-rouge. L'analyse chimique des gaz expirés révèle la peur. Qui sait si l'on percevra un jour directement la libération des hormones telles la dopamine, la sérotonine ou la noradrénaline ? C'est d'ores et déjà la fin du visage impassible cher aux joueurs de poker. La technologie sait ce que l'on ressent – parfois mieux que soi-même.

Une fois l'émotion détectée et les autres caractéristiques de la situation enregistrés, comment identifier la meilleure réponse ? En identifiant les meilleurs comportements humains et en entraînant l'intelligence artificielle en conséquence. Vous-mêmes répondez à un sourire par un autre sourire, à une situation de détresse par des paroles réconfortantes, à la colère par des paroles apaisantes, au succès par des félicitations, à l'échec par de l'encouragement ? Enseignons-le à l'IA par apprentissage supervisé. L'IA peut sans-doute aussi l'apprendre par renforcement :

---

[126] Voir le Ted Talk de Poppy Crum : https://www.ted.com/talks/poppy_crum_technology_that_knows_what_you _re_feeling?language=en

elle décide d'un certain comportement et le destinataire de la manifestation d'émotion lui signifie dans quelle mesure la réponse était appropriée ou non.

Il n'est pas compliqué de produire une manifestation d'émotion sur un visage artificiel. SEER, le petit robot émotif japonais, en est une excellente illustration[127]. C'est une simple tête en plastic un peu stylisée, entièrement chauve et blanche, avec de grands yeux bleus, des paupières et des sourcils animés. Ses expressions faciales se forment par la simple animation des yeux, des paupières et des sourcils ; elles sont renforcées par des mouvements de la tête qui tourne et se penche délicatement. Ces expressions faciales sont-elles crédibles en tant que manifestation d'émotion ? Oui, l'observateur humain croit y lire tantôt la joie, tantôt la tristesse, ici la surprise, là la crainte. Certes, ce n'est qu'une tête en plastique, et l'observateur en est (pour l'instant) conscient, mais … on veut y croire. Ne s'attendrit-on pas devant les grands yeux d'un chien ou d'une biche dans un film de Disney ? On perd bien un temps fou à nourrir un tamagotchi. Et il arrive qu'on se dispute gentiment, parmi des réceptionnistes, pour décider de qui « couchera » le petit robot Pepper à la fin de la journée de travail [128] - ces réceptionnistes ont d'ailleurs pleuré quand le robot leur a été retiré à la fin de l'expérience.

Ainsi, il est tout-à-fait concevable d'entraîner une intelligence artificielle à détecter une situation ou l'état affectif d'une personne, d'identifier dans sa base de connaissances la réponse la plus pertinente, et d'exécuter cette réponse. N'est-ce-pas une forme d'empathie dont notre intelligence artificielle vient de faire preuve ?

---

[127] https://www.youtube.com/watch?v=BJZcGJSK1Z0
[128] Cette anecdote, qui nous a été rapportée de première main par Marie de Place, se passe à d'accueil du siège d'une multinationale.

Volonté

Avec de la volonté, on déplace des montagnes.

Qui veut, peut. Wer will, der kann. Where there is a will, there is a way.

L'humain n'est pas à court, quelle que soit la langue, d'expressions saluant la puissance de la volonté. C'est peut-être en creux la marque de la faiblesse extrême du système. Pourquoi faudrait-il de la volonté pour réaliser quelque chose qui est d'ores et déjà décidé ?

C'est que l'humain ne *veut* pas toujours avec la même intensité. Parfois, il se décourage, ou se fatigue, ou se demande bien pourquoi persévérer. Il manque plus souvent de volonté que de force ou de talent. A d'autres reprises, saisi d'impulsions aussi soudaines qu'irréfléchies, il sera capable d'actes irrationnels, violents, tragiques qu'il pourra parfois regretter.

La machine n'a pas ces problèmes bien humains. Elle peut calculer imperturbablement pendant des jours, sans ressentir ni la faim ni la soif, ni la fatigue ni la lassitude, ni les états d'âme ni l'envie de tout abandonner. Elle ne connait pas le manque de persévérance ou la résignation. Il suffit de lui ordonner quelque chose, et elle obéit aux instructions – ce qui n'est pas à l'occasion sans poser d'autres types de problèmes, en particulier quand l'instruction n'a pas été assez bien définie[129]. L'intelligence artificielle ne s'engage pas à moitié et alloue toutes les ressources dont elle dispose pour remplir son objectif – sauf à recevoir un contre-ordre. Elle ne fléchit donc jamais dans ses efforts.

En revanche, naturellement, elle ne peut prendre de décision que dans un cadre et en vue d'objectifs pour lesquels elle a été programmée.

---

[129] Voir Chapitre 5 sur le désalignement.

Motricité

L'humain s'étant toujours targué d'être sorti de la jungle, au propre comme au figuré, et de ne pas être soumis à la loi du plus fort, il ne s'est pas offusqué quand les machines ont pris le dessus sur un certain nombre de capacités physiques.

Les machines ont plus d'endurance, d'énergie et de force que les humains, elles vont plus vite et sont plus puissantes ; elles résistent mieux aux environnements hostiles, qu'il fasse trop chaud ou trop froid, que l'air soit toxique ou les radiations létales. Cela n'est pas nouveau et l'humain ne s'en porte que mieux.

Ce qui est plus nouveau, c'est l'agilité ou l'équilibre démontrés par certains robots. Boston Dynamics[130], le fleuron nord-américain passé dans l'escarcelle de Google puis de Softbank[131], en est la plus parfaite illustration – et parfois la plus terrifiante. Ses robots marchent ou courent sur tous les terrains, même accidentés ou enneigés, à la manière des hommes pour Atlas ou des félins pour Wildcat. Ils gravissent prestement les marches d'escalier[132], se permettent un salto arrière à l'occasion[133]. Ils travaillent en équipe[134] et ouvrent les portes, sans se laisser perturber par les gens mal intentionnés[135]. Ils n'hésitent pas à se lancer dans un petit pas de danse sur un air de Bruno Mars[136]. Ils chutent – parfois poussés violemment par un expérimentateur – et se relèvent inlassablement. Oubliant leurs modèles biologiques,

---

[130] https://www.bostondynamics.com/
[131] Softbank est un énorme fond d'investissement japonais.
[132] https://www.youtube.com/watch?v=hSjKoEva5bg
[133] https://www.youtube.com/watch?v=fRj34o4hN4I
[134] C'est le robot Spot. https://www.youtube.com/watch?v=fUyU3lKzoio
[135] https://www.youtube.com/watch?v=aFuA50H9uek
[136] https://www.youtube.com/watch?v=kHBcVlqpvZ8

certains comme Handle ont au bout des jambes des roues à la place des pieds[137], ajoutant la vitesse à leur dextérité ; d'autres ont des modes de locomotion peu orthodoxes mais diablement efficaces, comme Rhex, le robot à six jambes rotatives.

Quand les machines ajoutent la précision à d'autres capacités cognitives dont elles sont équipées, cela donne des robots jongleurs ou un robot joueur de golf – tous imbattables après un peu d'entraînement. Un robot du MIT sévit aussi à Jenga, le jeu de blocs qu'il faut retirer un à un sans faire s'effondrer la tour ; il combine adresse et bonne interprétation des forces physiques en présence[138]. Dans le domaine médical, des robots encore sous les ordres d'humains mettent à profit leur agilité et leur précision pour faire de la chirurgie moins invasive, pour suturer les plaies ou pour opérer du cerveau[139].

Il reste pourtant d'énormes progrès à accomplir, pas tant pour la navigation – bien maîtrisée par les robots – que pour la bipédie ou la dextérité, manifestée dans la manipulation d'objets. Saisir une grande variété d'objets différents, ce n'est pas une tâche aisée pour un robot. Peut-être y seront-ils aidés par la robotique souple[140], où les extrémités des membres articulés sont souples comme la peau des doigts et permettent une préhension plus efficace.

La bipédie, démarche typiquement humaine s'il en est, n'est pas la tasse de thé des robots. La démonstration de force de Boston Robotics doit être nuancée par ce que démontre le reste de l'industrie. Entre 2012 et 2015, un concours [141], organisé par la DARPA au lendemain de la catastrophe de Fukushima, visait à encourager et évaluer les progrès des robots humanoïdes semi-autonomes effectuant des missions complexes en conditions dangereuses. Les robots étaient alignés sur plusieurs épreuves : conduire un véhicule, marcher sur des gravats,

---

[137] https://www.youtube.com/watch?v=-7xvqQeoA8c
[138] https://www.youtube.com/watch?v=o1j_amoldMs#
[139] https://www.columbianeurosurgery.org/news/rosa-robot-comes-neurosurgery-department/
[140] Soft robotics.
[141] DARPA Robotics Challenge
https://en.wikipedia.org/wiki/DARPA_Robotics_Challenge

monter quelques marches, ouvrir une porte, déblayer un chemin, fermer une vanne, saisir une perceuse, connecter un tuyau. Les robots, dont le squelette était d'ailleurs fourni par Boston Dynamics, ont révélé toutes leurs faiblesses. On les voyait se déplacer laborieusement et au ralenti, gauches et patauds, titubant parfois. Beaucoup finissaient par terre[142] ; l'un des meilleurs candidats s'est même effondré après les épreuves, au moment où il saluait crânement la foule. La marge de progrès semble donc immense.

Le phénomène se répète pour le football. Les coupes du monde de football de robots, d'année en année, sont un excellent étalon des progrès réalisés. En 2017, la plupart des robots humanoïdes s'effondraient après quelques pas. Même les plus agiles chutaient aussitôt après avoir tiré dans la balle – alors que le tir était vraiment mou. En 2018, les robots parviennent à tirer sans s'effondrer et à faire quelques passes au ralenti. Néanmoins le moindre contact entre joueurs se termine par la chute de l'un ou l'autre et parfois des deux – et pas en plongeant volontairement pour obtenir un coup-franc.

Si les robots humanoïdes sont très peu performants, munissez-les de roues et la physionomie du jeu s'en trouvera transformée[143]. Les robots s'organisent pour occuper le terrain en vrais stratèges, multiplient les passes en profondeur entre les joueurs adverses, se mettent en position de tir et projettent la balle avec précision jusque dans les cages adverses.

Au passage, cette constatation amène à réfléchir sur la conception des environnements les plus propices aux robots. Au lieu d'essayer de faire rentrer des robots humanoïdes maladroits dans un monde humain construit pour les bipèdes, pourquoi ne pas repenser nos environnements futurs pour qu'ils puissent accueillir des robots plus efficaces – par exemple en ne mettant pas de marches d'escalier ou plus généralement d'obstacles difficiles à gérer ? Ce serait faire bénéficier aux robots des mêmes principes de modifications de l'environnement que pour les personnes handicapées.

---

[142] https://www.youtube.com/watch?v=7A_QPGcjrh0
[143] https://www.youtube.com/watch?v=ZcQzM7CNLfA

La motricité des robots est également déficiente au sens large quand la variabilité des tâches est trop grande et la quantité de données ou d'expériences trop faible pour réaliser un apprentissage correct. Ce n'est donc pas ici l'impossibilité pour un robot d'effectuer un mouvement donné, mais plutôt la difficulté de réaliser le bon mouvement. Un robot peut avoir la dextérité nécessaire pour raccourcir un ou plusieurs cheveux, mais faire une coupe de cheveux n'est pas encore possible.

Au total, les hommes sont techniquement battus par la machine dans la plupart des domaines de la motricité. Il reste néanmoins de gros progrès à faire dans la bipédie (si tant est que ce soit un objectif désirable), la manipulation d'objets, et les mouvements non prédictibles en général. La suprématie des robots dans la motricité n'est pourtant qu'une question de temps.

Et la conscience dans tout ça ?

On le voit, l'intelligence artificielle intervient sur la « mécanisation » de tous les processus mentaux que l'on croyait jusqu'à présent l'apanage du vivant. Quid de la conscience ? La conscience est souvent citée comme la différence ultime entre l'homme et la machine, et peut-être l'un des défis majeurs à résoudre avant l'intelligence artificielle générale.

Traditionnellement, le terme de conscience désigne, selon le Larousse, « la connaissance, intuitive ou réflexive immédiate, que chacun a de son existence et de celle du monde extérieur[144] ». Je sais que le monde extérieur est là, et je vis une expérience subjective particulière en le percevant, en observant la couleur rouge ou en entendant une mélodie. J'ai aussi la connaissance, l'intuition de moi-même et de ma propre existence, je peux entrer en introspection et surveiller mon état et mon fonctionnement. Cette conscience que j'éprouve, je ne peux pas la communiquer. Je ne peux même pas savoir à coup sûr si vous l'éprouvez aussi. Je peux simplement dire, puisque je la ressens et que nous

---

[144] https://www.larousse.fr/dictionnaires/francais/conscience/18331

sommes biologiquement semblables, qu'il y a toutes les chances que vous la ressentiez aussi.

Certains psychologues cognitivistes et neuroscientifiques comme Stanislas Dehaene prennent une approche beaucoup plus calculatoire, plus fonctionnelle, moins subjective. Ils décrivent la conscience comme d'une part la capacité à avoir accès à de l'information extérieure (et à prioriser certaines pensées sur d'autres), et d'autre part à se représenter soi-même (par exemple savoir ce que l'on sait et le niveau de fiabilité avec lequel on le sait). Les animaux aussi sont conscients, avec ces définitions. Il est tout de même à noter que de nombreux processus mentaux humains sont totalement inconscients, comme l'atteste l'effet de signaux subliminaux sur la reconnaissance ultérieure d'objets ou de visages, sur la prise de décision, sur l'inhibition du système moteur et même sur l'apprentissage[145].

Quelle que soit la définition, aujourd'hui les machines n'ont pas de conscience – ou du moins elles ne nous l'ont jamais fait savoir. Elles ne savent pas qu'elles existent, n'ont pas un accès intégré et généralisé à l'information et n'ont pas de représentation mentale des opérations qu'elles mènent.

La conscience est-elle réductible à une expérience calculatoire ? L'intelligence générale nécessite-t-elle de la conscience ; la conscience implique-t-elle de l'intelligence ; les deux sont-elles complètement dissociables ? Les avis sont d'autant plus partagés qu'il n'y a même pas d'accord sur la définition.

Les partisans de la théorie de l'émergence fournissent l'une des réponses les plus intéressantes. Construire une théorie de la conscience, disent-ils, peut effectivement s'avérer d'une complexité insurmontable. En revanche, si l'on ajoute un à un tous les processus mentaux, si on assemble toutes les briques biologiquement observables du vivant, peut-être y aura-t-il émergence d'une proto-conscience.

---

[145] Voir l'analyse de S. Dehaene, qui énonce d'ailleurs que si les machines ne sont pas conscientes aujourd'hui, elles pourraient le devenir si l'on croit à l'approche calculatoire [43].

Ce ne serait pas une conscience construite sur le modèle de celle de l'humain et le terme ne serait peut-être pas approprié.

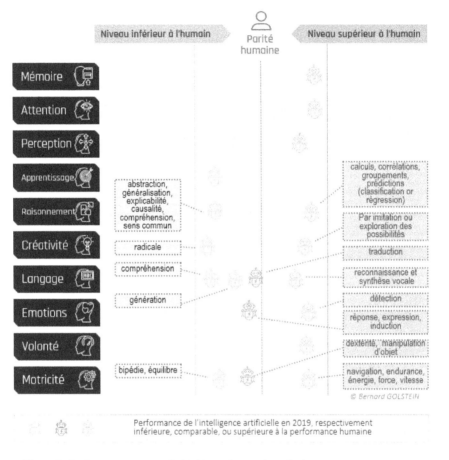

Figure 2: Performance comparée IA / humains sur les principaux processus mentaux

Que retenir de cette analyse comparative des capacités de l'humain et de l'intelligence artificielle sur les principaux processus mentaux ?

L'un des pionniers de l'informatique moderne, le néerlandais Edsger Dijkstra, avait affirmé dès 1984 que « la question de savoir si les ordinateurs pensent ou non est à peu près aussi pertinente que de savoir si les sous-marins nagent[146] ». Les avions ne battent pas des ailes comme les oiseaux, et pourtant ils volent. Les sous-marins ne remuent pas les nageoires, on ne dit d'ailleurs pas d'eux qu'ils nagent, et pourtant ils se meuvent dans l'eau.

Les ordinateurs, nous l'avons vu tout au long de ce chapitre, ne pensent pas au sens humain du terme. L'intelligence artificielle ne comprend fondamentalement rien à ce qu'elle fait. Elle ne peut réfléchir en dehors du cadre qui lui est donné, et encore moins sur elle-même. D'ailleurs, elle ne réfléchit pas du tout, elle se contente de raisonner. Elle n'a pas de compréhension de l'univers ni de bon sens élémentaire. Elle est incapable de généraliser ou de maîtriser l'abstraction. Son apprentissage est encore un processus long et pénible. Elle est performante sans être compétente[147]. Au plus profond de ce qui rend l'humain humain, l'intelligence artificielle fait aujourd'hui pâle figure à côté du cerveau.

Néanmoins, l'intelligence artificielle traite un grand nombre d'informations avec des résultats semblables ou supérieurs à ceux des humains. Elle perçoit avec exactitude sans modèle exact du monde et exhibe de l'empathie sans avoir de sentiments. Elle extrait du sens, rédige des notes de synthèse, traduit des documents, met votre voix sur papier et donne une voix à vos écrits – sans bien sûr avoir la moindre idée de la signification réelle des mots qu'elle emploie. Elle détecte des corrélations et fait des prédictions dans les environnements les plus complexes, elle groupe et segmente bien mieux que les meilleurs humains. Elle crée en observant ou en parcourant intelligemment le domaine des possibles, défrichant des terres inconnues des humains. Sa mémoire ne la trahit jamais, son attention et sa volonté ne faiblissent à aucun moment.

D'année en année, les performances de l'intelligence artificielle augmentent, égalant ou surpassant celles des humains sur un nombre

---

[146] http://www.cs.utexas.edu/users/EWD/ewd08xx/EWD898.PDF
[147] Concept utilisé par Dimitri Garncarzyk citant Rodney Brooks : https://www.latribune.fr/opinions/tribunes/les-traducteurs-doivent-ils-redouter-la-concurrence-de-l-intelligence-artificielle-811028.html

croissant de processus mentaux. Pour faire progresser l'IA, les chercheurs s'inspirent parfois du cerveau humain. Mais la fonction réalisée importe plus que la structure de la machine la réalisant – rien ne dit que l'IA doive absolument suivre la voie biologique. Quelle que soit la voie empruntée, il n'y a pas d'obstacle théorique à ce que la machine acquière à terme toutes les capacités des humains et les dépasse, pour quiconque croit au caractère matériel de l'humain – c'est-à-dire pour la quasi-totalité des neuroscientifiques.

Quel en sera le rythme exact ? Quelle sera la séquence des processus mentaux où la machine prend l'ascendant sur l'humain ? L'intelligence artificielle sera-t-elle un jour dotée de conscience, lui permettant de réfléchir sur elle-même ? Beaucoup de ces questions demeurent sans réponses, mais la capacité de l'intelligence artificielle à transformer notre monde en bien, que cela soit dans la vie quotidienne ou pour les grands défis de l'humanité, est déjà acquise. C'est ce que nous allons explorer maintenant.

Chapitre 4. Les promesses de l'intelligence artificielle

"AI is the new electricity"

Quand il invente cette expression en janvier 2017, Andrew Ng, chercheur de premier plan et ancien dirigeant de Google Brain et Baidu AI, n'imagine probablement pas son succès immédiat et durable. « L'IA est la nouvelle électricité », commence-t-il en s'adressant à la communauté d'affaires de l'école de commerce de Stanford. « De même que l'électricité a presque tout transformé il y a 100 ans, de même aujourd'hui j'ai du mal à concevoir une industrie qui ne sera pas transformée dans les quelques prochaines années. ». Le commentaire fait mouche. La métaphore sera reprise par tous les leaders de l'industrie.

L'IA dans son sens le plus général est une technologie fondamentalement polyvalente. Elle constitue aussi le socle d'autres technologies, depuis l'Internet des objets jusqu'à la robotique, ce qui lui vaut d'être surnommée par certains « la mère de toutes les technologies[148] ». Elle est vouée à irriguer progressivement tous les secteurs d'activité humains. Bientôt la question de savoir si elle est utilisée ou non dans telle ou telle application paraîtra aussi déplacée que demander aujourd'hui si un ascenseur, un système d'éclairage et de ventilation, l'école du quartier ou la tour de contrôle d'un aéroport sont électrifiés ou non.

Il est très probable que l'IA se déploie en fait beaucoup plus vite que l'électricité. Celle-ci a longtemps été la victime de son mode de

---

[148] C'est l'expression qu'emploie notamment Charles-Edouard Bouée, PDG de Roland Berger et très actif dans le domaine.
https://innovator.news/interview-of-the-week-charles-%C3%A9douard-bou%C3%A9e-dbd7aff638d5

production centralisé : construire une centrale thermique, bâtir un réseau de distribution électrique sont des projets d'infrastructure extrêmement coûteux. Même expédier un générateur dans un endroit un peu reculé est une opération compliquée. L'intelligence artificielle, moyennant quelques aménagements, se répandra plus rapidement encore que les téléphones portables, via le *cloud*. Bien entendu la diffusion précise variera suivant les applications.

Pour évoquer l'impact positif de l'intelligence artificielle, restreignons-nous ici à un horizon d'une à deux décennies au maximum. Ainsi, plutôt que de se projeter à des niveaux technologiques complètement inaccessibles et incertains à ce jour, cantonnons-nous aux technologies dans une large mesure prouvées et qui ne demandent, au plus, qu'à être industrialisées. Même dans ce contexte restrictif, l'IA devrait donner un nouvel élan à la résolution des grands défis de l'humanité, telles la maîtrise du réchauffement climatique, la production d'une alimentation suffisante, la démocratisation de l'éducation et la mise à disposition d'un système de santé efficace et accessible. La vie quotidienne aussi se métamorphosera sous l'effet de l'intelligence artificielle. Voyons quelques morceaux choisis d'une situation fictive dans dix à vingt ans, à technologie actuelle.

Améliorer la vie quotidienne

La ville s'éveille. Un ballet bien orchestré et sans cesse réajusté débute.

Ce jour-là est un mardi et le mardi, en général, vous vous rendez au bureau, comme le font tous vos collègues, pour que puisse se tenir la réunion d'équipe hebdomadaire en présentiel. Le reste du temps, quand vous n'êtes pas en déplacement, vous travaillez depuis votre petit pavillon de banlieue. Ce matin, donc, vous commandez un taxi sur votre appli de transport à la demande. Le véhicule qui vient vous chercher est autonome[149]. Vous n'avez pas eu à attendre longtemps, car les algorithmes puissants avaient anticipé la demande dans votre

---

[149] Les véhicules autonomes seront probablement largement commercialisées à partir de la fin des années 2020.

quartier. Avant le taxi était trop cher mais maintenant, vous pouvez vous le permettre. Dans cette voiture autonome vous êtes plus en sécurité et vous-même êtes moins dangereux. Oubliés, les inattentions, les imprudences, les pertes de contrôle, bref, tous les accidents d'origine humaine qui engendraient la grande majorité des morts annuels sur la route[150] : 1,3 millions de victimes dans le monde, c'est considérable. De leur côté, les constructeurs automobiles ont fait évoluer leurs priorités de l'expérience de conduite à l'expérience de mobilité. L'intelligence artificielle ne s'occupe plus de surveiller la vigilance du conducteur, mais elle veille, en observant les visages, à ce que les passagers connaissent un trajet agréable, adaptant la température, la luminosité ou l'ambiance musicale à l'intérieur du véhicule.

La circulation est moins dense dans la ville grâce à une conjonction de facteurs. Les pics de circulation se sont étalés, car les plages de travail sont plus souples, et nombreux sont les individus qui vaquent à leurs occupations depuis leur domicile, comme vous d'habitude. Il y a moins de véhicules car ils sont largement partagés. Mais surtout, la circulation est gérée beaucoup plus intelligemment. Pour favoriser la fluidité, les algorithmes guident les véhicules de manière différenciée, même si l'origine et la destination sont les mêmes pour plusieurs d'entre eux. Les feux de circulation sont synchronisés et optimisés en temps réel en fonction de l'encombrement.

Sur le trajet, la ville défile sous vos yeux. Ici, le Cirque du Grand Soleil a planté sa tente. Il connaît toujours autant de succès, ayant réussi à intégrer les technologies de l'IA dans ses spectacles tout en préservant l'émotion humaine. Là, vous longez un ancien parking reconverti en résidences pour étudiants – les parkings sont nettement moins sollicités depuis que le parc automobile a baissé, les véhicules étant beaucoup plus partagés et donc mieux utilisés. L'infrastructure mettra évidemment du temps à se renouveler, mais il vous semble que votre ville connaît une renaissance bienvenue. Elle est s'aussi apaisée car l'insécurité a considérablement diminué grâce à l'intelligence artificielle

---

[150] https://fr.wikipedia.org/wiki/Accident_de_la_route

– celle-ci, tout en bénéficiant d'une bonne gouvernance dans votre ville, a un effet dissuasif drastique.

Au loin, les immeubles de bureaux s'animent progressivement. C'est votre métier donc vous savez que les systèmes de gestion de bâtiment – éclairage, climatisation, ascenseurs, qualité d'air, sécurité – préparent les locaux à l'arrivée de leurs occupants, optimisant au passage leur consommation énergétique tout en garantissant un confort maximal. Plus que tout, vous vous réjouissez parce qu'il va faire beau aujourd'hui. Ce n'est pas tellement que vous aimiez lézarder au soleil. Mais les panneaux solaires photovoltaïques fonctionneront à plein régime, y compris ceux qui sont sur votre toiture. Les producteurs privés d'électricité, dont vous, apporteront une partie de leur production au réseau public de distribution, le tout sous la baguette de chef d'orchestre de l'intelligence artificielle. Certains rechargements de batteries suspendus temporairement hier pourront être effectués aujourd'hui et surtout, il ne sera pas nécessaire de redémarrer la centrale au charbon d'appoint. C'est l'environnement et l'ensemble de la population qui en bénéficieront.

Après une bonne réunion et quelques heures au bureau, vous rentrez tôt chez vous. La voiture autonome vous dépose et s'éloigne ; comme c'est l'heure creuse et que le soleil est bien au rendez-vous, elle semble se rendre à une station de chargement toute proche. Alors que vous marchez vers la porte d'entrée, celle-ci se déverrouille après une ultime vérification biométrique. Vous n'avez évidemment pas de clé, et cela tombe bien car vous n'avez jamais trouvé ça très pratique. La maison semble avoir été prévenue de votre arrivée. Le grand store du salon s'est ouvert, l'ambiance lumineuse correspond parfaitement à votre humeur, la musique est la même que dans la voiture, et le café est prêt – la cafetière a appris avec l'habitude que vers cette heure-là, vous aimez bien un petit déca. En votre absence l'aspirateur autonome a fait son œuvre, les machines à laver et sécher ont tourné, et le plieur intégré – qui s'est fait attendre quelques années – a restitué des habits prêts à être rangés dans l'armoire. Un drone vient tout juste de livrer les courses. Le petit jardin a été arrosée en fonction des prévisions météo de la semaine.

« Oscar, allume la télé et mets les informations s'il-te-plaît ». Oscar, c'est le nom de votre concierge autonome privé. A la maison il est partout et nulle part à la fois. Et le « s'il-te-plaît », c'est parce que vous avez choisi l'option politesse, pour donner de bonnes habitudes aux enfants. Le présentateur virtuel énonce les informations, parfaitement à jour. Un journaliste humain passe à l'écran pour réaliser l'interview d'une star de e-sport. Vous connaissez déjà ses exploits par cœur donc vous en profitez pour faire votre point quotidien :

« Oscar, quelles nouvelles à la maison ?

- Le chauffe-eau thermodynamique est en train de se dégrader. Il devrait continuer à fonctionner à peu près correctement pendant encore une semaine. Fait-on venir le réparateur ?

- Oui Oscar, fais-le venir en début de semaine, s'il-te-plait, de préférence mardi avant 17 heures : ce sera pratique parce qu'il n'y aura personne à la maison. Tu activeras la procédure de visiteurs non accompagnés. Oscar, réserve aussi une table pour 4 personnes au restaurant, de préférence la pizzeria du coin ou la crêperie, pour samedi soir. J'adore ces moments passés avec ma femme et nos bons amis. Et fais-nous livrer s'il-te-plait notre menu italien préféré ce soir, pour 20 heures, non pas ici mais chez Stéphanie.

- Votre tante ?

- Oui, chez ma tante Stéphanie.

Vous êtes bien content de l'aide d'Oscar. Il se charge de faire fonctionner la maisonnée. Il se charge aussi de vos finances, suivant les instructions de gestion que vous avez données, et règle tous les problèmes administratifs courants. Il prend les rendez-vous, répond au téléphone en votre absence. Quand il ne sait pas, il vous demande.

Vous souvenant de l'achat laissé en suspens il y a quelques jours, vous vous postez devant le miroir magique. « Oscar, fais-moi essayer les chemises habillées de chez Francois, s'il-te-plaît. » Dans le miroir magique, les chemises s'affichent sur votre buste comme si vous les aviez enfilées. « La bleue à carreaux, s'il-te-plaît. Non, la verte à carreaux ». Elle vous va à merveille et le magasin Francois connaît vos mensurations exactes. « Oscar, commande-la s'il-te-plait ».

Un courriel vous parvient avec la mention « Confidentiel ». C'est une offre d'emploi un peu inattendue. Même si vous n'avez jamais travaillé dans ce secteur d'activité, l'analyse fine de vos compétences et votre historique vous ont permis d'être identifié comme un candidat idéal. Et maintenant que vous y réfléchissez, cela pourrait correspondre à vos goûts, tout en vous permettant de découvrir quelque chose de neuf. Ce processus d'appariement est diablement efficace ! Vous décidez d'explorer l'offre de manière plus approfondie d'ici la fin de la semaine.

Vous êtes très satisfait de votre maison, parce qu'elle est paramétrée à votre image, en l'occurrence sans intrusion indésirée dans votre vie privée et avec un parfait contrôle des informations qui en sortent.

Mais déjà vos deux enfants rentrent à la maison. Ils sont couverts de boue, parce qu'ils jouaient dans le parc sous la pluie. Même à l'ère de l'intelligence artificielle, c'est très bien pour les enfants de jouer dans le parc et d'être couverts de boue de temps en temps. Vous passez une excellente demi-heure avec eux et ressentez intensément les plaisirs de la vie, petits et immenses à la fois. C'est maintenant l'heure de laisser vos enfants entre les mains de Thomas et Marie.

La démocratisation de l'éducation

Thomas et Marie, en fait, n'ont pas de mains au sens propre : ce sont des compagnons d'apprentissage virtuels, qui n'existent pour l'instant que sur les écrans d'ordinateur. Vos enfants les ont rapidement adoptés, leur conférant chacun l'apparence qu'ils souhaitaient grâce aux avatars qu'ils ont confectionnés. Ils les ont aussi dotés de la personnalité qu'ils préféraient. Ainsi sont nés Thomas, un homme à la voix grave, un accent parisien et une personnalité un peu stricte pour votre aîné, et Marie, une jeune femme à l'accent belge – ne me demandez-pas pourquoi – et un humour certain, adoptée par votre cadet.

Thomas et Marie sont les éducateurs qui connaissent le mieux vos enfants : ils ont su identifier leur niveau, leurs difficultés, leurs facilités ; ils connaissent leurs goûts et leurs passions ; ils savent comment les intéresser et donc les motiver. Ainsi, à objectif d'apprentissage donné, Thomas et Marie savent exactement quelle trajectoire d'apprentissage proposer à chacun – et ce ne sont pas les mêmes -, mariant les concepts, les documents écrits, audio ou vidéo, les exercices interactifs qui réussissent le mieux à l'enfant. Selon la compréhension démontrée, Thomas et Marie sauront accélérer ou ralentir, sauter une étape ou s'appesantir sur les précédentes. Ils savent quand présenter de nouvelles notions et quand faire répéter les anciennes, utilisant le principe de répétition espacée pour augmenter le taux de mémorisation.

Thomas et Marie, ce sont les éducateurs qui mettent en œuvre pour vos enfants la forme d'apprentissage la plus convoitée de l'enseignement : l'apprentissage *adaptatif*[151], parfaitement personnalisé et d'autant plus efficace. Ce sont les tuteurs rêvés, toujours disponibles et attentifs, jamais malades ou fatigués, ni en colère ou irrités. Leur savoir est littéralement encyclopédique et plus encore – tout ce que sait le monde, ils le savent aussi. Et s'ils ne sont pas encore parfaits, si leurs capacités de communication restent encore basiques, ils n'en ont pas moins acquis de solides bases pédagogiques. Sans avoir les mécanismes d'empathie humaine, leur sens aigu de la perception leur permet de détecter exactement l'humeur de vos enfants et leur disponibilité à apprendre, sur leur visage, dans leur regard et leur voix. Eux-mêmes apprennent chaque jour un peu mieux à y répondre de manière appropriée ; ils l'apprennent d'ailleurs à la vitesse de tous les Thomas et toutes les Marie du monde combinés[152].

Thomas et Marie sont des compagnons de développement personnel à vie. Disponibles dès le plus jeune âge, ils accompagnent les apprenants dans leur parcours éducatif qui désormais s'étale tout au long de l'existence. Thomas et Marie enseignent les matières scolaires aux plus jeunes ainsi que des compétences cognitives et non-cognitives ; ils

---

[151] L'apprentissage adaptif existe commercialement dans des plateformes génériques comme SanaLabs, Adaptemy ou Domoscio, ainsi que déjà intégrées dans un grand nombre de solutions spécialisées.
[152] Le domaine des compagnons d'apprentissage progresse à grande vitesse. Ils parviennent déjà, à la date d'écriture de ce livre, à créer une relation réelle avec les enfants au point d'influencer positivement leur état d'esprit en renforçant leur *growth mindset*, et à améliorer leurs résultats d'apprentissage. Voir tous les travaux de Cynthia Breazeal
https://www.media.mit.edu/people/cynthiab/projects/

permettent aux plus âgés de se perfectionner ou de se reconvertir ; ils se font à l'occasion coach professionnel ou coach de vie. Par leur action, Thomas et Marie contribuent grandement à amener les apprenants, quel que soit leur âge, à réaliser le maximum de leur potentiel.

Thomas et Marie, enfin, sont le début d'une solution à une équation économique jadis considérée comme insoluble : avoir un tuteur permanent à domicile, de qualité et au coût abordable. Depuis la nuit des temps les prédécesseurs de Thomas et Marie, au coût exorbitant, étaient réservés à l'élite économique.

La vocation de Thomas et Marie n'est pas de remplacer les professeurs humains existants, mais d'augmenter leur capacité à répondre au mieux aux défis de l'enseignement. Ils connaissent mieux que quiconque le niveau exact de l'élève et les obstacles qu'il rencontre, tout comme les voies idéales d'amélioration. Ils transmettent ces éléments pédagogiques au professeur qui, s'occupant d'au moins vingt ou trente élèves en parallèle[153], ne peut les obtenir seul ou les mémoriser. Thomas, Marie et leurs acolytes libèrent aussi du temps et de la disponibilité d'esprit des professeurs en se chargeant d'un grand nombre de tâches administratives ou à plus faible valeur ajoutée : faire l'appel, reporter les notes sur les bulletins, organiser les réunions avec les parents, et même corriger les copies.

Thomas et Marie interviennent aussi quand il y a pénurie de professeurs – et c'est une tendance qui va aller s'accentuant. En 2016 en France, 21% des postes en mathématiques et 18% des postes en français n'avaient pas trouvé preneur[154]. Au niveau mondial, l'UNESCO prévoyait que 69 millions d'enseignants devraient se faire recruter d'ici 2030 pour remplir les objectifs de développement durable[155]. En Afrique sub-saharienne, la pénurie se montait à 70% des professeurs de primaire et 90% du secondaire ! Où trouver les professeurs ? Thomas et Marie peuvent être

---

[153] …. Quand ce n'est pas plus d'une centaine pour les professeurs de matières données.
[154] https://www.scienceshumaines.com/enseignement-la-crise-des-vocations_fr_38191.html
[155] https://unesdoc.unesco.org/ark:/48223/pf0000246124_eng

démultipliés à l'envi avec la bonne infrastructure et bien entendu le bon niveau d'adaptation à l'environnement local.

Thomas et Marie, c'est la démocratisation de l'enseignement, l'alliance de la qualité et de l'accessibilité géographique et sociale, la possibilité d'une émancipation, le moyen de corriger l'une des inégalités les plus profondes et les plus injustes qui soit : l'inégalité des chances éducatives.

Vous émergez soudain de vos réflexions quand les enfants arrivent bruyamment au salon. Ils en ont terminé pour aujourd'hui avec Thomas et Marie, et tous ensemble, dans une voiture autonome, vous vous rendez chez Stéphanie.

Les progrès exponentiels de la santé

Stéphanie est faible et doit rester alitée la plus grande partie de la journée. Puisqu'elle en a eu le choix, elle a toujours préféré rester à domicile. Elle reçoit assez régulièrement de la visite, comme la vôtre et celle des enfants aujourd'hui, en plus du passage quotidien de l'infirmière. Le reste du temps, c'est un robot de compagnie qui s'occupe d'elle. Il amène les plateaux repas et les débarrasse, ajuste à la demande l'éclairage, ouvre ou ferme les fenêtres, va chercher un livre ou change les chaines de télévision. Et puis, c'est un peu étrange à avouer, mais Stéphanie s'est attachée à son robot de compagnie. Social, il est bienveillant et attentionné, toujours présent et jamais pressé ; son visage animé esquisse quelques expressions plus vraies que nature, il semble manifester une empathie qu'elle ressent en retour, et a toujours un mot gentil. Il coordonne aussi discrètement sa surveillance médicale sans toutefois nuire à son intimité : il lui apporte ses médicaments et s'assure qu'ils sont pris. Des capteurs positionnés aux endroits stratégiques de la maison alertent les services de secours en cas de problème physique ; l'état mental de Stéphanie est contrôlé par l'analyse de sa voix et de ses paroles, et évidemment certains de ses paramètres vitaux sont suivis en permanence. Stéphanie est soulagée de ne pas être retenue à l'hôpital et l'hôpital, lui, fonctionne beaucoup mieux puisqu'il n'est pas encombré inutilement. La société offre un meilleur confort à l'une de ses malades, la mettant au passage à l'abri de possibles infections nosocomiales et fait accessoirement une grosse économie.

La prise en charge des patients n'est qu'une toute petite partie de la révolution médicale déclenchée par l'intelligence artificielle. Du diagnostic à la thérapeutique en passant par la recherche fondamentale, le développement de médicaments ou la veille sanitaire, le secteur de la santé est profondément impacté.

Le diagnostic médical a été le premier secteur révolutionné en transposant à l'imagerie médicale les progrès considérables de la reconnaissance d'images, à partir des années 2012[156]. Premier fait d'armes, l'intelligence artificielle a su distinguer les mélanomes bénins – de simples grains de beauté ! - des tumeurs malignes avec une meilleure réussite que les plus aguerris des dermatologues. Bientôt plus de 2 000 types de cancers de la peau ont été rendus détectables et catégorisables par une IA, avec un niveau de performance équivalent aux meilleurs professionnels[157]. Puis ce sont les scans de fonds d'œil qui ont permis de diagnostiquer et catégoriser en un instant plus de 250 maladies de l'œil[158]. Plus tard les analyses des traits du visage ont ouvert la voie à un diagnostic instantané et fiable à 90% de plus de 200 types ou sous-types de maladies génétiques à phénotypes faciaux[159]. De simples électrocardiogrammes, analysés par l'IA, ont révélé une dizaine d'arythmies cardiaques. L'IA a fait parler aussi bien que les meilleurs spécialistes la radiologie orthopédique, les analyses histopathologiques de cancer du sein, des poumons ou de tumeurs au cerveau ainsi que les mammographies. Elle a réussi à détecter et classer les traumatismes crâniens et les hémorragies cérébrales, les pneumonies et les tuberculoses. Dans tous les cas, une amélioration du diagnostic – réalisé plus simplement, plus économiquement, plus précocement, plus

---

[156] Voir la revue très complète d'Eric Topol [4].
[157] Fait par une équipe de Google [40].
[158] Et ils ont donné en prime la possibilité de diagnostiquer certains cas de diabète ou des risques cardiaques à partir d'images de l'œil.
[159] DeepGestalt de la plateforme Face2Gene [55].

rapidement et plus précisément – ouvre la voie à de meilleures perspectives de guérison.

Fruit de l'intelligence artificielle, la médecine de précision moderne adapte le traitement à l'état exact du patient et met à jour en temps quasi-réel ses prescriptions. Des centaines ou des milliers de paramètres sont pris en compte : le patrimoine génétique du patient, ses antécédents familiaux, ses données physiologiques et l'état de son système immunitaire en temps réel, ses prises de médicaments, toutes ses analyses médicales, mais aussi son environnement, son comportement et ses relations sociales, ses conversations et son état d'esprit, et enfin toute la littérature médicale mise à jour en permanence. Le traitement ultra-personnalisé du patient s'appuie sur le savoir accumulé au sein d'une base longitudinale de millions d'individus – ce qui permet de faire de la médecine prédictive. La médecine prédictive adossée à l'IA peut par exemple guider un service de soins intensifs pour le traitement d'une septicémie [160] ; déterminer les chances de survie à court-terme et orienter les décisions de ressuscitation ; anticiper les taux de rechute à court-terme et retarder une sortie d'hôpital, et ainsi de suite. Peut-être chaque patient aura-t-il un jour son jumeau digital, sur lequel toutes les simulations pourront être tentées[161].

Avec la médecine prédictive, les pathologies en cours sont traitées, certaines non encore déclarées peuvent être anticipées[162]. Poussée à l'extrême, en effet, la médecine prédictive se fait préventive : les risques sont détectés tellement en amont que le patient est pris en charge avant la survenue de la maladie. A l'avenir on sera moins malade.

---

[160] Komorowski et ses collègues décrivent comment en 2018 une IA clinicienne a mieux que ses homologues humains suggéré des stratégies de traitement de la septicémie en service de soins intensifs [42].

[161] Topol rappelle que plusieurs secteurs industriels ont déjà leurs jumeaux digitaux, comme les moteurs d'avion, les raffineries ou d'autres usines de process [4].

[162] Par exemple en 2018, des arythmies cardiaques sans symptômes détectables peuvent être anticipées [37].

Si la médecine prédictive a énormément progressé, c'est en croisant la masse d'informations médicales disponibles avec les systèmes d'apprentissage automatique, transformant des informations brutes en des prédictions. Les informations médicales proviennent des dossiers de santé numérisés. On y trouve de nombreuses données non structurées, qui elles-mêmes nécessitent de l'intelligence artificielle pour être converties en données exploitables par les algorithmes prédictifs ; il faut par exemple *traduire,* grâce aux techniques de traitement du langage naturel, les conversations entre le médecin et le patient afin de rendre utilisables les riches données.

Parfois, par les segmentations qu'elle effectue, l'intelligence artificielle remet en cause les pratiques et les croyances bien établies des spécialistes. C'est le cas d'une praticienne en psychiatrie dont les patients étaient sujets à des attaques de panique, un stress post-traumatique et une dépression clinique. Elle a alors décidé de laisser libre cours à une IA qui est parvenue à classer un demi-millier de patients en 6 groupes là où il n'y avait auparavant que quatre classes, plus arbitraires et segmentées complètement différemment des nouveaux groupes. Ces 6 groupes ont été constitués par la machine sur la base à la fois des symptômes décrits par les patients et de leur activité neuronale détectée par électroencéphalogramme. La classification ainsi générée a laissé présager de nouvelles possibilités thérapeutiques [163].

La recherche fondamentale a aussi profité largement de l'intelligence artificielle. La génomique, par exemple, est un terrain de jeu favorable du fait de la masse de données à gérer. Des algorithmes savent détecter les variantes génomiques pathogènes – ou comment une altération génétique chez un individu donné est susceptible d'entraîner une maladie. Un autre cas intéressant s'observe dans l'étude du pliage des protéines. La structure précise des protéines en trois dimensions joue un rôle important dans leurs propriétés. Comprendre leur pliage, c'est-à-dire leur géométrie dans l'espace, permet de mieux anticiper leur fonction, de corriger certaines erreurs ou de concevoir de nouvelles

---

[163] Le travail décrit est celui de L. Williams ; d'autres travaux de nature semblable ont été effectués [54].

protéines. Certaines maladies, comme les maladies d'Alzheimer, de Parkinson, de Huntington résulteraient justement de mauvais pliages de protéines. Or les gènes qui codent la protéine n'indiquent rien sur le pliage, et les centaines d'acides aminés composant la protéine peuvent tourner et se plier de multiples façons. Selon le paradoxe de Levinthal, la combinatoire des configurations possibles prendrait plus de temps à énumérer que l'âge de l'univers. Les déterminations expérimentales sont longues et chères. AlphaFold, l'intelligence artificielle que DeepMind a consacrée au sujet à partir de 2017, s'est illustrée dès 2018 lors du concours de référence de l'industrie, où elle a écrasé la concurrence[164]. AlphaFold a fourni la meilleure des prédictions pour 25 des 43 protéines soumises pendant le concours, en obtenant des modèles en quelques heures de calcul à peine.

C'est peut-être l'intelligence artificielle qui tirera l'industrie pharmaceutique de sa passe délicate. Le développement de chaque nouveau médicament coûte sans-doute plus de 2,5 milliards de dollars en Recherche et Développement[165], en prenant en compte le taux d'échec. L'IA offre la possibilité d'explorer des millions de structures moléculaires, de remplacer de longs essais en amont par des simulations qui anticipent l'efficacité, les effets indésirables, les contre-indications ou la toxicité des molécules candidates. L'IA permet ainsi de concentrer les essais aval sur des cibles beaucoup plus prometteuses[166]. Le cycle de développement devient alors significativement plus court et moins onéreux.

Au total, l'intelligence artificielle bénéficie aux cliniciens qui sont plus performants médicalement, aux systèmes de santé qui sont plus performant économiquement et aux patients qui prennent leur santé en main. Et la médecine de haute performance induite par l'intelligence artificielle n'en est qu'à ses débuts. Il reste certes des progrès technologiques considérables à accomplir pour rendre plus robustes l'IA dans le secteur de la santé ; il reste aussi à renforcer la gouvernance et

---

[164] https://deepmind.com/blog/alphafold/, article non encore publié.
[165] Daphne Koller dans "Architects of Intelligence » [2].
[166] Voir le papier très complet de Eric Topol : High-performance medicine: the convergence of human and artificial intelligence [4].

limiter les inégalités d'accès. Mais l'IA est tellement prometteuse qu'elle contribuera, et sans-doute largement, à remettre le système entier dans la bonne direction : amélioration des résultats pour les patients tout en regagnant la maîtrise des coûts[167].

Alors que vous vous faites ces réflexions, les repas italiens commandés par Oscar sont comme prévus livrés chez Stéphanie – vous ne vouliez pas dévaliser les plateaux repas de votre tante. Vous dinez donc avec Stéphanie et les enfants … ce qui vous plonge dans de nouvelles réflexions.

Vers une alimentation efficace et raisonnable

En 2017, un humain sur neuf (soit plus de 800 millions d'individus) est victime de sous-nutrition, tandis qu'un adulte sur huit est victime d'obésité : c'est le paradoxe de l'insécurité alimentaire que de conduire à ces deux issues opposées[168]. Le problème est dans une dynamique d'accélération. Aux conflits jadis partiellement responsables de l'insécurité alimentaire succèdent la variabilité climatique et les événements extrêmes – sècheresses, inondations, tempêtes. En parallèle, la population à nourrir va augmenter de 2 milliards d'individus d'ici 2050. Comment l'IA peut-elle aider à résoudre cette difficile équation ?

La ferme moderne n'a plus grand-chose à voir avec celle de nos grands-parents. Elle génère des millions de données chaque jour et recourt en temps réel à l'intelligence artificielle pour mettre en œuvre l'agriculture de précision. Grâce aux images recueillies dans les airs par des drones ou au sol, l'IA détermine l'état de maturité exact et détaillé des récoltes. Des tracteurs et autres dispositifs autonomes circulent dans les champs, prenant des milliers de photos par minute, dispensant la quantité exacte de nutriments nécessaires, tandis que l'irrigation s'adapte elle aussi finement aux besoins. Dans les serres, la régulation de la lumière permet d'avancer ou de retarder le moment de la récolte. La présence de

---

[167] Voir note 166.

[168] http://www.fao.org/state-of-food-security-nutrition/en/

ravageurs ou la survenue de maladies[169] est immédiatement détectée, toujours par analyse d'images, déclenchant une alerte pour l'agriculteur. Au moment de la cueillette, une machine autonome puissante mais délicate circule dans les sillons, sélectionne les fruits ou légumes à ramasser et les cueille. S'agissant d'arbres fruitiers, la machine secoue l'arbre juste assez pour en faire tomber les fruits. Les fruits et légumes glissent sur un tapis roulant et sont transférés dans une remorque. Une trieuse à haute capacité avale les fruits et légumes cueillis pour les trier suivant leur taille, leur forme, leur couleur, leur degré de maturité. La terre produit plus tout en économisant les nutriments et l'eau.

La communauté d'agriculteurs s'appuie sur des algorithmes aux milliers de paramètres pour déterminer la demande et le niveau prévisionnel de prix. Chaque agriculteur, guidé dans ses choix par l'analyse de la demande, fait aussi tourner ses propres algorithmes prédictifs afin de déterminer à l'avance l'ampleur et le calendrier de ses récoltes. Il gagne en précision dans ses ventes et ses livraisons. Gageons également que les mets, parvenus dans l'assiette avec plus de prédictibilité et moins d'attente depuis la cueillette, seront plus savoureux, peut-être même plus divers grâce à la maîtrise du processus complet d'approvisionnement.

La gestion de l'offre et de la demande est la première étape dans l'optimisation de la chaine logistique. Celle-ci n'est pas anodine : dans les pays en voie de développement, 90% environ des pertes de nourriture [170] surviennent avant d'atteindre le consommateur et souvent en tout début de chaîne logistique, faute de moyens de transport ou de stockage et réfrigération adéquats, alors même que la marchandise est disponible. L'IA peut aider à cette optimisation logistique en affectant l'offre à la demande, en déterminant les parcours logistiques et en y allouant les moyens de transport ou de stockage nécessaires.

---

[169] Une IA a détecté avec succès dès 2016 un ensemble de 16 maladies (ou leur absence) sur 14 plantes espèces différentes [5] https://arxiv.org/abs/1604.03169 .

[170] http://www.fao.org/3/ca1397en/CA1397EN.pdf

Dans les pays développés, en revanche, 40% des pertes résultent du comportement du consommateur : il achète trop ou ne finit pas son assiette. Comble de malchance, ce qu'il mange effectivement n'est pas toujours bons pour sa santé. L'IA facilite l'analyse, par des applications grand public, de la qualité nutritionnelle de son alimentation – le consommateur attentif peut ajuster son régime en fonction, par exemple pour lutter contre le diabète ou l'obésité.

Peut-être l'IA aidera-t-elle aussi les humains à effectuer la transition alimentaire la plus importante de tous les temps : adopter des régimes alimentaires fortement renforcés en végétaux et allégés en viandes, afin de nourrir 10 milliards d'individus en 2050 sans détériorer davantage la situation écologique de la planète[171].

La visite chez votre tante Stéphanie prend fin. Les enfants et vous l'embrassez – même si elle s'est attachée à son robot de compagnie, il n'y a rien qui lui fasse tant plaisir que votre compagnie. Grâce à l'intelligence artificielle, votre vie est plus facile et vous avez plus de temps qu'autrefois. Vous le consacrez presque entièrement à votre famille et à vos amis, ainsi qu'à la société – vous êtes volontaire dans deux associations. L'intelligence artificielle vous a peut-être rendu plus humain. En tout cas il vous semble que les liens entre humains se sont renforcés. Ce soir vous lirez des histoires aux enfants avant qu'ils ne se couchent. Samedi prochain, votre moitié et vous serez au restaurant avec des amis précieux. Vous chérissez ces moments.

Vous disposez également de plus de temps pour réfléchir aux choses qui comptent vraiment. L'une d'entre elles vous inquiète particulièrement : la situation écologique.

Sauver la planète

Le système Terre est en danger de basculement irréversible. Le réchauffement climatique généré par les humains rapproche la planète

---

[171] Se nourrir d'animaux qui se nourrissent de plantes s'accompagne d'inefficacités considérables par rapport à se nourrir directement de plantes, en particulier en raison de l'émission de gaz à effet de serre.

de seuils au-delà desquels se déclenchera une cascade d'états catastrophiques. Il sera quasiment impossible de s'en extraire et ils transformeront durablement la Terre en étuve [172]. Ce n'est ni plus ni moins qu'une menace sur l'habitabilité de la planète. On utilise souvent l'aphorisme de « sauver la planète », mais celle-ci n'a pas besoin d'être sauvée et poursuivra imperturbablement ses révolutions autour du soleil. Les humains, eux, ont plus de soucis à se faire. La menace sur l'habitabilité pourrait se concrétiser à l'horizon d'un petit nombre de siècles, mais ce sont bel et bien nos actions d'aujourd'hui qui déterminent sa survenue et le calendrier. Cette menace existentielle pour l'humain, déstabilisant les systèmes agricoles, économiques, sociaux et politiques, affecterait successivement les littoraux et les îles sans relief, submergés ; puis les zones menacées par des températures ou des sècheresses extrêmes ; et progressivement la totalité du monde par un enchaînement de phénomènes aux conséquences dramatiques.

La question du réchauffement climatique est d'une très grande complexité. L'une des premières contributions de l'IA est justement de bâtir des modèles climatiques plus performants, afin de mieux prédire l'évolution de notre système Terre et sa sensibilité aux multiples paramètres. Parmi les modèles climatiques qui font référence en 2018, les disparités de résultats interrogent pour le moins. En cas de doublement de la quantité de gaz carbonique dans l'atmosphère, l'un des modèles prévoit une hausse de température de 4,5 degrés Celsius quand un autre ne voit qu'une augmentation de 1.5 degrés Celsius. De premières tentatives de modélisation, comme Cloud Brain, sont en cours, avec leur lot de problèmes et d'espoirs[173]. D'autres suivront pour pallier les limitations des modèles basés sur les lois physiques, forcément incomplets et nécessitant de toute façon une puissance de calcul de plus en plus contraignante.

---

[172] Voir l'article très complet de Will Stephen et al: Trajectories of the Earth System in the Anthropocene [52].

[173] https://e360.yale.edu/features/can-artificial-intelligence-help-build-better-smarter-climate-models

Il n'y a pas de consensus sur les mesures à prendre – qu'elles soient techniques, éthiques ou économiques, tout en restant équitables – pour éviter à la Terre de devenir une étuve. Cependant trois catégories d'actions sont identifiées : la réduction d'émission de gaz de serre, l'augmentation des puits de carbone, et la modification de l'équilibre énergétique de la Terre. La modification de l'équilibre énergétique de la Terre, par exemple en altérant le rayonnement solaire qui touche la Terre, pourrait avoir des effets secondaires indésirables ; peut-être son impact pourrait-il être simulé par l'IA. L'augmentation des puits de carbone commence par la gestion des forêts, sans se limiter à ce point. L'IA permet justement, par image satellite ou drone, de suivre précisément l'évolution de l'empreinte de la forêt et d'identifier indirectement les individus ou organisations contribuant à sa réduction. Des techniques avancées de semis par drones autonomes ont aussi été testées pour accélérer drastiquement la reforestation[174].

En matière de réduction des émissions de gaz de serre, le levier principal est dans le secteur de l'énergie. Il s'agit d'abord de produire de l'énergie de manière décarbonée. L'IA peut aider à optimiser la production d'énergie renouvelable et à en intégrer les apports dans la production totale. Il s'agit ensuite de réduire la consommation : le rôle de l'IA est majeur dans l'efficacité énergétique, en réduisant la consommation des bâtiments, des industries, des data centers[175] et même des véhicules dont le trajet peut être optimisé. Il s'agit enfin de bien marier l'offre à la demande, de sorte à ne jamais produire de surplus ; là encore le rôle de l'IA est considérable.

N'oublions pas que l'alimentation humaine est aussi source indirecte d'émission de gaz à effet de serre, en raison des émissions de bovins dont la consommation mondiale croît rapidement. Changer ses

---

[174] Voir par exemple la start-up spécialisée DroneSeed
https://www.droneseed.co/
[175] DeepMind a réduit de 40% l'énergie nécessaire au refroidissement d'un data center de sa maison mère Google.
https://deepmind.com/blog/deepmind-ai-reduces-google-data-centre-cooling-bill-40/

habitudes alimentaires et améliorer le système agro-alimentaire contribuent aussi à sauver la planète.

Ce jour-là touche à sa fin et vous réalisez pleinement l'importance qu'a prise l'intelligence artificielle dans votre vie et dans le monde. Votre journée a été facilitée, dans votre travail, vos déplacements et vos menues actions. Votre bien-être a augmenté, mais ce n'est pas tout. Vous avez confié aux machines le travail des machines, ce qui vous a libéré du temps et de la disponibilité d'esprit pour être vous-mêmes, pour cultiver votre humanité et vos relations avec les autres. Vous avez aussi vu l'IA à l'œuvre dans l'éducation et dans la santé. Vous avez réfléchi à son impact sur l'alimentation et sur le réchauffement climatique. Vous savez qu'elle contribue aussi à trouver et à identifier des pistes de résolution pour tous les autres problèmes qui pénalisent la planète[176] .

Mais l'IA ne résoudra pas non plus, tel un coup de baguette magique, tous les problèmes de l'humanité. Dans quelle mesure l'élimination de la pauvreté et la réduction des inégalités sera-t-elle permise par l'intelligence artificielle ? Nul ne saurait y répondre aujourd'hui, car l'intelligence artificielle peut soit apporter une solution satisfaisante, soit au contraire exacerber encore les problèmes.

L'intelligence artificielle est ambivalente quant à son impact sur l'humain. Sa contribution au bien-être et à la prospérité est immense, mais elle peut aussi engendrer des périls considérables si l'on n'y prend pas garde. C'est ce que nous allons voir maintenant.

---

[176] Il y a en particulier 17 problèmes essentiels dont la résolution figure parmi les Objectifs de développement durable :
https://www.un.org/sustainabledevelopment/fr/objectifs-de-developpement-durable/

Chapitre 5.   Les périls de l'intelligence artificielle

L'intelligence artificielle est la nouvelle électricité, clame-t-on le cœur léger et le sourire aux lèvres, mais la comparaison ne s'arrête pas à ses bienfaits transformationnels. L'électricité est aussi, tout naturellement, mise à contribution par les militaires dans tous leurs systèmes d'armements, utilisée par les malfrats de tout poil ou les tortionnaires sadiques. Les livres d'histoire nous rappellent qu'Edison, quand il voulut discréditer le courant alternatif[177], poussa indirectement à la création de la chaise électrique ; il fut à l'origine des exécutions les plus barbares jamais connues car elles s'éternisaient, les condamnés prononcés morts revenaient à la vie et de la fumée flottait au-dessus de leur tête[178]. Puis l'électricité devint au cours du siècle et demi suivant synonyme d'inégalité de développement, plusieurs milliards de personnes en étant privées et voyant leur accès à l'éducation, la santé, et l'émancipation économique considérablement restreints.

Comme l'électricité, comme toutes les technologies, celle de l'intelligence artificielle est ambivalente. Nous en avons énuméré quelques-uns des bénéfices et promesses extraordinaires pour l'humanité. Elle présente également un côté plus sombre. En soi, elle n'est pas mauvaise - nous en aurons la confirmation tout de suite. Mais il peut en être fait un usage malveillant, soit ouvertement, soit de manière plus indirecte. Les risques les plus importants s'avèrent être aussi les plus sournois.

---

[177] Il tentait désespérément de défendre l'idée du courant continu, qui allait être durablement reléguée au second plan.
[178] https://www.businessinsider.com/edison-financed-the-electric-chair-2014-7/?IR=T

La crainte de Terminator fait pschitt

Quand James Cameron réalisa le premier Terminator en 1984, sans-doute n'imaginait-il pas l'héritage qu'il laisserait. Plusieurs milliards de dollars de chiffre d'affaires et un sixième opus en 2019, certes, mais aussi une image durablement mauvaise pour l'intelligence artificielle. Trente-cinq ans après, en effet, le cyborg tueur et ses acolytes de Skynet incarnent encore toutes les craintes du monde envers l'IA. Sentant le bon filon, Hollywood ne s'est pas privé de leur donner une descendance considérable. Le résultat dans l'imaginaire collectif ne peut donc surprendre. Lors de mes interventions dans les écoles primaires, l'une des premières questions des enfants au visage effrayé est toujours : « Est-ce que les robots vont venir nous tuer ? ».

Non, les robots ne vont pas venir nous tuer. Le monde a beau être très incertain, c'est l'une des rares choses dont on soit à peu près sûr.

De manière anecdotique, si quelqu'un ou quelque chose voulait du mal à l'espèce humaine, il y aurait d'autres moyens autrement plus efficaces que d'envoyer de la quincaillerie.

Mais plus sérieusement, pourquoi une intelligence supérieure éprouverait-elle l'envie d'anéantir les hommes ? Cette pensée est elle-même anthropomorphique. Le philosophe Steven Pinker nous fait remarquer [179] qu'il ne faut pas confondre l'intelligence avec la motivation. « Même si nous inventions des robots intelligents surhumains », ajoute-t-il, « pourquoi voudraient-ils asservir leurs maîtres ou conquérir le monde ? ».

Avec une touche d'humour, notant les « pertes de raison » épisodiques de l'intelligence artificielle due à des imperfections de diverse nature, le chercheur Pedro Domingos renchérit : « Les gens ont peur que les ordinateurs deviennent trop intelligents et conquièrent le monde, mais le vrai problème est qu'ils sont trop bêtes et ont déjà conquis le monde ».

---

[179] https://www.popsci.com/robot-uprising-enlightenment-now#page-2

La source du mal n'est pas à chercher dans l'intelligence artificielle elle-même. Il faut regarder du côté de l'humain qui se cache derrière.

L'usage ouvertement malveillant de l'IA

Voulez-vous truquer des élections en répandant des infox et en ciblant les électeurs les plus susceptibles de mordre à l'hameçon ? Souhaitez-vous concocter une vidéo fausse mais indiscernable d'une vraie, humiliant ou incriminant à tort une personne qui vous a vraiment contrarié ? Ou préférez-vous réaliser l'interview vidéo, fausse mais ultraréaliste, d'un chef d'Etat à la rhétorique belliqueuse, envenimant une situation instable ou annonçant à tort le déclenchement imminent d'un conflit ? Désirez-vous utiliser la version moderne du tueur à gage : un essaim d'insectes artificiels quasiment indétectables, impossibles à intercepter, qui s'approchent inexorablement de leur cible et l'exécutent à coup sûr ? Que dire de lancer une cyberattaque géante et très difficile à identifier, pour perpétrer le vol massif de fonds, prendre le contrôle d'un réseau de distribution électrique ou infecter un réseau d'hôpitaux par un virus informatique ?

Pour tout cela l'intelligence artificielle est une arme de choix. Elle peut saper la démocratie, organiser une manipulation géante pour démarrer une guerre, pirater les systèmes informatiques équipant les infrastructures critiques de notre société. Avec des conséquences potentiellement aussi dévastatrices qu'une bombe nucléaire, elle nécessite en comparaison des moyens dérisoires : un peu d'équipement, quelques lignes de code, quelques individus déterminés et suffisamment compétents dans l'exécution de leurs noirs désirs. Point besoin de physiciens nucléaires, d'installations d'enrichissement d'uranium ou de moyens financiers considérables.

L'usage malveillant de l'IA se cristallise autour des armes autonomes létales[180], ces armes qui prennent toutes seules la décision ultime de tuer. Dans certains cas, paradoxalement, elles représenteraient une amélioration par rapport à leurs « homologues » humains : elles ne sont

---

[180] LAWs : Lethal Autonomous Weapons.

pas mues par le désir de vengeance, ni prises d'accès de violence soudains et incontrôlés – elles remplissent simplement une mission qui leur a été assignée. Elles seraient peut-être mieux à même de distinguer les cibles réelles des potentielles victimes collatérales, rendant les guerres moins meurtrières et plus brèves. Mais l'intelligence artificielle est froide, dénuée de jugement humain, complètement imperméable à la notion de morale. Elle peut, dans l'accomplissement d'une mission mal spécifiée et inarrêtable, causer des dégâts immenses et complètement imprévus. Les armements connectés sont de plus susceptibles d'être détournés.

Les appels à la régulation ou l'interdiction des armes autonomes létales sont de plus en plus pressants de la part des intellectuels et associations. La conférence d'Asilomar, tenue en 2017 sous l'égide du *Future of Life Institute*, énonce dans son Principe 18 : « Une course aux armements dans les armes autonomes tueuses doit être évitée ». Plus de 250 entreprises d'IA et 3 200 chercheurs individuels ont signé à partir de juillet 2018, à l'initiative du même institut, un engagement individuel à ne jamais développer d'armes autonomes létales[181].

Mais quel degré d'optimisme pouvons-nous conserver, au regard de l'histoire et de l'actualité récente ? La non-prolifération nucléaire et l'équilibre de la terreur ont relativement bien fonctionné puisqu'il n'y a pas eu de catastrophe après la seconde guerre mondiale, malgré quelques grosses frayeurs. L'interdiction des armes chimiques et bactériologiques a été violée, même récemment, de manière tragique. Quant aux armes autonomes, les Nations Unies ne parviennent même pas à s'entendre sur une définition partagée par tous. La France et l'Allemagne n'ont pas clairement soutenu un projet récent d'accord contre les armes autonomes létales, affirmant rechercher une voie acceptable par tous. Les Etats-Unis, la Chine et la Russie seraient quant à eux strictement opposés à légiférer[182].

---

[181] https://futureoflife.org/lethal-autonomous-weapons-pledge/
[182] https://www.politico.eu/article/artificial-intelligence-killer-robots-france-germany-under-fire-for-failing-to-back-robots-ban/

En 2017, la Russie a annoncé à grand renfort de publicité que ses premiers robots-tanks « combattaient mieux que des soldats[183] ». Elle serait aussi en phase de développement d'essaims de drones tueurs[184]. En novembre 2018, la Chine, habituellement plus discrète, a toutefois laissé fuiter son recrutement de 31 jeunes talents de moins de 18 ans parmi 5 000 candidats. Ils participent à un programme de quatre ans visant au développement d'armes autonomes[185] : « Ces jeunes sont exceptionnellement brillants, mais être brillant n'est pas suffisant. Nous recherchons d'autres qualités comme la créativité, la volonté de se battre, la persistance face aux problèmes. La passion pour le développement d'armes est impérative… et ils doivent être patriotes ». Le ton est donné.

La vie privée sous surveillance

Dans notre monde de plus en plus digitalisé, il devient difficile de ne pas laisser sa trace à longueur de journée, de mois et d'année. Les algorithmes vous ont vu effectuer vos recherches sur Google et vos achats sur Amazon, consulter les destinations et les avis sur TripAdvisor, vous déplacer en véhicule partagé ou en trottinette, payer vos parkings, vos restaurants et vos achats de tickets de cinéma par téléphone portable, consulter des avis médicaux sur Doctissimo et réserver une consultation sur Doctolib.

Ces algorithmes savent beaucoup de choses sur vous.

En 2012, la chaîne de supermarché Target faisait déjà les gros titres sur une histoire remarquable. Un père de famille, près de Minneapolis, s'était rendu au Target du coin et avait demandé très en colère à en voir le manager. Sa fille adolescente, encore au lycée, recevait régulièrement des promotions pour lits de bébé et bibelots divers, alors qu'elle n'était pas enceinte : cela ne pouvait qu'avoir une mauvaise influence sur elle.

---

[183] https://www.newsweek.com/russia-military-new-robot-tank-fights-better-human-soldiers-706836
[184] https://www.newsweek.com/drones-swarm-autonomous-russia-robots-609399
[185] https://futurism.com/the-byte/ai-weapons-china-children

Le manager s'était platement excusé. Quelques jours après, alors qu'il rappelait le père pour s'excuser à nouveau, celui-ci était apparu très confus. Sa fille, avait-il découvert en discutant avec elle, était vraiment enceinte ! Target l'avait appris avant le père, en analysant la nature des achats de la jeune fille. Sa « probabilité de grossesse » avait grimpé lorsqu'elle s'était mise à acheter un panier de produits révélateur dont certaines lotions inodores et certains suppléments alimentaires.

Revenons en 2019. Avec des algorithmes de plus en plus performants à la prédiction, il n'est pas impossible qu'une intelligence artificielle puisse détecter avant même la jeune fille sa propre grossesse. Il lui faut simplement l'accès aux bons paramètres physiologiques ou à d'autres signes révélateurs. Une autre intelligence artificielle pourrait peut-être voir se profiler une crise cardiaque avec quelques jours d'avance. Que se passerait-il si l'assurance du patient venait à obtenir cette information ? Et puisqu'il est possible de détecter des maladies congénitales par simple analyse du visage, à quelles discriminations possibles s'expose-t-on ?

Restons en 2019. Un futurologue reconnu décrit dans son livre le parcours d'achat qu'il aura dans un supermarché d'ici quelques années à peine :

« *'Bonjour M. X, heureux de vous revoir au supermarché Y'.*

Cela fait toujours du bien de se faire traiter par son caddie comme un vieil ami. Alors que je pousse mon caddie, des capteurs ont déjà scanné mon visage et sorti mon profil d'achat complet, en tant qu'amateur de bonne chère, consommateur, et mari d'une excellente cuisinière. »

Et notre futurologue de conter comment le caddie lui sort sa liste d'achats habituels, ajuste la liste d'ingrédients pour un certain plat en fonction des réserves à la maison, le guide à travers les rayons, pèse et comptabilise les achats au fur et à mesure. A chaque virage, au beau milieu du centre commercial, un agent humain lui souhaite le bonjour par son nom, lui rappelle l'anniversaire de sa femme et suggère un bon vin qu'elle devrait aimer étant donné ses goûts, etc, etc, etc...

Pour le futurologue, qui n'est autre que Kai-Fu Lee, l'expérience d'achat dans un supermarché chinois est manifestement un grand plaisir. Pour nombre de lecteurs occidentaux, c'est un épisode pénible qui ne fait qu'empirer en anticipant les épisodes suivants. Parfaitement conscient de cette dichotomie, Kai-Fu Lee précise que « les gens en Chine acceptent plus volontiers d'avoir leur visage, leur voix, leurs habitudes digitalisées. C'est un exemple supplémentaire de la volonté plus générale des Chinois d'échanger un peu de vie privée contre de la commodité ». Effectivement, les Chinois semblent percevoir ce petit renoncement comme la garantie de plus de confort et plus de sécurité ; ces solutions technologiques corrigeraient, selon eux, les maux de la société.

Pour bien en comprendre la signification, il faut savoir que le petit renoncement ne se limite pas au supermarché. Le pays entier est quadrillé de caméras et de capteurs qui bâtissent avec chaque donnée collectée (chaque achat de repas, chaque course à vélo, chaque réservation de service, chaque message sur les médias sociaux, chaque paiement mobile…) un profil de plus en plus précis de vous. L'évolution naturelle est le *crédit social*, actuellement à l'essai sous diverses formes dans quelques dizaines de villes et prévu sur tout le territoire en 2020. Ce score de réputation est la note citoyenne de chaque individu ; il vise officiellement à inciter à l'intégrité et à restaurer la crédibilité au sein de la société. De nombreux Chinois disent approuver ce système qui rendra la société plus sûre et plus stable. Les citoyens peuvent même publier leur score sur les sites de rencontre. Si cela vous rappelle un épisode de la dystopie technologique Black Mirror[186], soyez discret : cela pourrait se retourner contre vous.

Chaque citoyen est évalué en fonction de son comportement dans des catégories éthique[187], commerciale, sociétale, judiciaire. La liste des critères évalués est vouée à s'allonger au fur et à mesure que les capteurs le permettront : cet individu est-il droit si c'est un fonctionnaire, est-il honnête en affaires, rembourse-t-il bien ses prêts, traverse-t-il bien la rue au passage piéton, limite-t-il sa consommation d'alcool, se garde-t-il de tout message subversif ou incorrect sur les médias sociaux,

---

[186] Nose dive, saison 3, épisode 1.
[187] Précisément : « honnêteté dans l'administration publique ».

et …. en va-t-il de même pour tous ses amis, qui eux aussi ont une influence sur son score ? Si oui, l'individu gagnera des points ; en citoyen modèle il aura une vie plus confortable, un traitement préférentiel dans les aéroports et les hôtels, un accès à de meilleures écoles pour ses enfants. Si non, les petites et grandes tracasseries s'accumuleront : il ne pourra peut-être pas prendre le train, l'accès au crédit et aux écoles lui sera compliqué, les emplois de fonctionnaires lui seront interdits. Une dizaine de millions de citoyens auraient déjà été punis dans les zones pilotes du crédit social[188]. Le journal australien ABC nous raconte le cas du journaliste d'investigation Liu Hu, qui a perdu le procès pour diffamation intenté par un homme politique qu'il avait accusé d'extorsion. Depuis, Liu Hu est assigné à résidence et avec son faible crédit social, il est officiellement catalogué comme malhonnête, interdit de voyage et censuré sur les médias sociaux[189].

Ce traitement de la vie privée est le choix du régime chinois. L'Europe fait un choix très différent avec l'entrée en vigueur du Règlement Général de Protection des Données, imposant l'accord explicite de l'individu pour la collecte de données privées et offrant toujours la possibilité d'en demander le retrait, sous peine d'amendes conséquentes. Les citoyens des Etats-Unis, même sans loi, abhorrent l'idée d'un Big Brother surveillant leurs moindres faits et gestes. Les humanistes en général[190] donnent de la voix pour faire interdire le profilage à visée consumériste ou de régulation sociale.

---

[188] https://mobile.abc.net.au/news/2018-09-18/china-social-credit-a-model-citizen-in-a-digital-dictatorship/10200278
[189] https://mobile.abc.net.au/news/2018-09-18/china-social-credit-a-model-citizen-in-a-digital-dictatorship/10200278
[190] Et en particulier le Dr Christophe Habas, ancien Grand Maitre du Grand Orient de France qui a décrit ce souhait comme son plus grand désir relatif à l'IA lors d'une conférence à Singapour en janvier 2019.

Le désalignement ou la catastrophe par inadvertance

En 2017, des chercheurs de Stanford et Google révèlent le curieux stratagème d'une intelligence artificielle [191]. Cette IA, utilisant la technique du CycleGAN, a pour objectif de convertir le plus efficacement et correctement possible des photos satellite en des cartes de Google, les *Google Maps*. Pour vérifier l'efficacité du traitement, la Google Map obtenue est elle-même reconvertie en photo satellite, puis comparée à la photo satellite initiale. Si la nouvelle photo satellite, générée par l'IA, est très semblable à l'originale, c'est que le traitement a parfaitement fonctionné – un peu comme nous avons l'habitude de vérifier la qualité d'une traduction automatique en retraduisant en sens inverse vers la langue originale. CycleGAN, d'après la comparaison entre la nouvelle et l'ancienne photo satellite, semble très bien fonctionner. *Trop bien*, même. En y regardant à deux fois, les chercheurs voient réapparaître sur la nouvelle photo satellite des caractéristiques certes conformes à l'original, mais apparemment invisibles sur la Google Map intermédiaire. Après analyse, il s'avère que l'algorithme de CycleGAN a appris à encoder de manière quasi-invisible sur la Google Map des détails qui lui permettent ensuite de reconstituer la photo satellite, tout en sautant l'étape pour laquelle il a été initialement conçue : faire une représentation exacte d'une image satellite sur une Google Map.

CycleGAN vient de rappeler à nos chercheurs une vérité élémentaire : l'intelligence artificielle fait exactement ce qu'on lui dit, pas ce qu'on veut ou ce qu'on imagine lui avoir demandé [192]. Les chercheurs pensaient lui avoir demandé de bien convertir la photo satellite en Google Map, mais ce qu'ils vérifiaient réellement, c'est la ressemblance entre la photo satellite initiale et celle qui avait été reconstituée en fin

---

[191] Casey Chu et al. CycleGAN, a master of steganography. *Arxiv 1712.02950, 2017.* https://arxiv.org/pdf/1712.02950.pdf

[192] Max Tegmark et Stuart Russell font remarquer que c'est la même histoire qu'Aladin et la lampe merveilleuse, le roi Midas, ou l'apprenti sorcier : on obtient exactement ce que l'on demande.
https://www.edge.org/conversation/the-myth-of-ai#26015

de processus. L'intelligence artificielle avait donc optimisé son traitement pour la vérification, et non plus pour le véritable but humain.

Ce petit désalignement entre l'humain et l'intelligence artificielle, ici, semble plutôt inoffensif. La littérature regorge d'ailleurs de tels exemples amusants où l'algorithme parvient à être récompensé en détournant totalement l'intention initiale du concepteur humain. Ainsi cette voiture autonome qui tourne en rond. Ou ce personnage de jeu vidéo qui saute d'une falaise vers une mort certaine mais entraîne avec lui son ennemi, ce qui lui fait gagner suffisamment de vies supplémentaires pour recommencer indéfiniment. Les exemples ne manquent pas[193].

Mais le désalignement peut aussi prendre un tour catastrophique. Imaginez que vous donniez à une IA l'instruction apparemment anodine de calculer autant de décimales de Pi que possible[194]. L'IA calcule, et plus elle calcule, plus elle a besoin d'énergie. Elle se rend rapidement compte que les humains disposent de beaucoup d'énergie et en consomment partout, y compris dans leur chauffe-eau électrique pour prendre un bain, ou dans leur cafetière électrique pour se faire un café. Petit à petit, elle détruit tout ce qui de son point de vue détourne de l'énergie. Elle finit par anéantir l'espèce humaine puis conquérir toute la galaxie dans le simple but de calculer plus de décimales de Pi.

Dans une autre analogie désormais classique, imaginez-vous, humain, en charge d'un important projet de barrage hydroélectrique. S'il se trouve une fourmilière menacée d'être submergée par le futur lac de retenue, vous décidez quand-même d'aller de l'avant. Même si votre but n'est pas de tuer les fourmis, il vous paraît tout-à-fait naturel de le faire pour construire le barrage. D'où la nécessité pour les humains, par transposition, de ne pas se mettre dans la situation des fourmis si une

---

[193] La source, identifiée par Thomas Jestin, est https://russell-davidson.arts.mcgill.ca/e706/gaming.examples.in.AI.html
[194] Inventé par Nick Bostrom et cité par Yuval Noah Harari dans Homo Deus. L'anecdote est reprise dans la conférence suivante :
https://www.youtube.com/watch?v=JJ1yS9JIJKs&feature=youtu.be

intelligence artificielle se retrouve dans une mission analogue à la construction du barrage.

Le problème est moins trivial qu'il n'y paraît. Comment faire en sorte que l'intelligence artificielle comprenne nos objectifs, les apprenne, les adopte et les conserve ? Il est difficile de décrire ces valeurs et objectifs humains car ils sont extrêmement nombreux, ne sont pas partagés par tous et de toute façon, évoluent. L'une des pistes les plus prometteuses est l'apprentissage par renforcement inverse : les règles sont apprises et modifiées en fonction du comportement qu'elles induisent[195].

Cette question de désalignement des objectifs entre l'humain et la machine pourrait, à l'extrême, conduire à la disparition de l'espèce humaine par inadvertance. Le problème est jugé suffisamment important par certains pour avoir donné lieu à la création de OpenAI, l'un des organismes de recherche en IA les plus puissants[196].

Ce n'est à ce jour ni le plus urgent des défis posés par l'IA, ni le plus probable. Peut-être est-il plus probable que les machines remplacent les hommes et les femmes non par inadvertance mais par pure sélection darwinienne, en concurrence sur des ressources finies, particulièrement si l'humain se trouve affaibli par les conséquences du réchauffement climatique. Les machines ne souffrent pas autant du chaud et du froid, de la faim et de la soif, de la sècheresse et des inondations.

Des biais humains dans le code

L'intelligence artificielle ne se contente pas d'obéir strictement aux objectifs fixés par les humains. Quand elle apprend d'eux, elle le fait aussi avec une fidélité absolue aux principes enseignés – pour le meilleur comme pour le pire.

En 2015, un chercheur de Carnegie Mellon met à l'épreuve le moteur de recherches de Google. Lors d'une recherche d'emploi fictive, il se fait passer tantôt pour un homme, tantôt pour une femme, toutes choses

---

[195] https://futureoflife.org/2017/08/29/friendly-ai-aligning-goals/
[196] OpenAI, cofondé notamment par Elon Musk, est à but non lucratif.

égales par ailleurs[197]. Il s'avère que Google montre les offres d'emploi à forte responsabilité et forte rémunération six fois plus souvent aux profils fictifs masculins qu'aux profils fictifs féminins : les femmes sont discriminées par Google.

Dans une analyse de 2016, une IA utilisée aux Etats-Unis comme aide à l'application de peines alternatives estime, à tort, que les Noirs ont deux fois plus de chances de récidiver que les Blancs[198]. Les portes de la libération conditionnelle s'entreferment injustement sur une base raciale.

De nombreux autres cas de discriminations par les algorithmes contre des groupes raciaux, religieux, sociaux-économiques ou de genre ont été mis au jour. Les biais des humains se retrouvent dans les biais des algorithmes en raison des données utilisées pour l'apprentissage par supervision. Si l'humain fait de la discrimination, la machine qui apprend de ces données en fera également. Si l'on entraînait une IA à recruter un grand chef cuisinier en lui montrant les chefs étoilés actuels, elle favoriserait les hommes. Si on lui demandait de recruter un professeur de maternelle en se basant sur la démographie actuelle, elle favoriserait les femmes. Ces biais sont le reflet de la société actuelle. Pour vous en convaincre, il vous suffit de taper «PDG », « professeur des écoles » ou « chef étoilé » dans votre navigateur et de regarder les images qui en ressortent.

Les biais étant directement liés à la qualité des données d'entraînement, la discrimination peut être plus sournoise. Les algorithmes de reconnaissance faciale sont plus efficaces pour les hommes blancs que pour tout autre groupe, tout simplement parce que les données d'entraînement sont surreprésentées en hommes blancs. Il en va probablement de même pour les algorithmes de diagnostic médical, où

---

[197] https://www.washingtonpost.com/news/the-intersect/wp/2015/07/06/googles-algorithm-shows-prestigious-job-ads-to-men-but-not-to-women-heres-why-that-should-worry-you/?noredirect=on&utm_term=.40b26e111960
[198] https://www.newscientist.com/article/2166207-discriminating-algorithms-5-times-ai-showed-prejudice/

certaines populations et groupes ethniques sont encore plus notoirement sous-représentés.

Au-delà de la composition des données d'entraînement, l'un des biais humains fondamentaux est peut-être la population travaillant dans l'IA : moins d'une vingtaine de pourcent de femmes, et seulement une dizaine parmi les chercheurs les plus influents[199].

Le caractère manipulable de l'IA n'a pas échappé aux utilisateurs malveillants. Quand Microsoft lance publiquement son *chatbot* Tay en mars 2016, celui-ci devient raciste et antisémite en un temps record. C'est qu'il apprend au gré de chaque conversation avec ses interlocuteurs humains - et ceux qui se précipitent pour l'influencer sont en l'occurrence ouvertement mal intentionnés. Microsoft met Tay hors service au bout de 16 heures à peine. Comme le fait remarquer avec humour un observateur de l'IA, ce n'est pas le symptôme d'une faiblesse de l'intelligence artificielle mais plutôt de jeunes gens mal élevés[200].

Les biais sont donc nombreux et transposent au monde digital les discriminations déjà présentes dans la vraie vie. La lutte passe par une meilleure qualité des algorithmes eux-mêmes et surtout des données d'entraînement, qui se doivent de devenir plus justes et plus représentatives.

On peut aussi être optimistes et voir dans l'intelligence artificielle une parade aux multiples biais humains. Outre les cas évidents de discrimination, les humains font preuve d'au moins 120 biais cognitifs, dont la liste sur Wikipédia semble interminable[201]. D'autres biais sont à première vue inattendus, comme la propension de certains juges à prononcer de plus lourdes peines avant le déjeuner qu'après [202]. L'intelligence artificielle pourrait servir à leur identification puis à leur

---

[199] https://www.wired.com/story/artificial-intelligence-researchers-gender-imbalance/
[200] La déclaration est de Jason Widjaja.
[201] https://en.wikipedia.org/wiki/List_of_cognitive_biases
[202] https://www.economist.com/science-and-technology/2011/04/14/i-think-its-time-we-broke-for-lunch . Cette étude ne fait plus l'unanimité aujourd'hui.

correction. Le niveau de sensibilité aux biais de l'industrie de l'IA est sur la pente ascendante[203].

Les efforts d'élimination de biais sont d'autant plus critiques que les algorithmes occupent une place croissante dans nos vies.

L'aliénation par l'algorithme

L'intelligence artificielle possède un talent inégalé à nous offrir ce que l'on aime. Vous là-bas, Google a vu que vous aimiez les vieilles voitures et les sauts en parachutes, et se charge de vous en faire miroiter à gogo. Les plateformes de commerce nous proposent le prochain livre, la prochaine robe, le prochain gadget électronique, la prochaine casserole que nous ne manquerons pas d'acheter. Les sites de voyage notent notre intérêt pour le Pérou, la Namibie ou le Vietnam, pour Paysages d'aventure ou Jean et Vacances, et nous assomment de publicités associées. Les sites de contenus voient notre intérêt pour la politique migratoire européenne ; ils détectent même si l'on est plutôt pour l'ouverture des frontières ou contre toute immigration, et entreprennent de nous fournir davantage encore de contenu qui nous renforce dans notre conviction. Les amis de nos amis viennent enrichir nos listes d'amis. Petit à petit une bulle de filtration[204] se crée, nous parquant dans un certain univers et rendant plus difficiles les connexions avec l'extérieur. Soudain, un passionné d'aviation se réjouit que l'on ne parle plus que d'aviation sur Facebook. Un ardent promoteur des batteries à hydrogène s'enthousiasme en voyant comment le sujet a conquis les esprits sur LinkedIn.

Ces prémisses de perte de contrôle face aux algorithmes, c'est aujourd'hui déjà.

En parallèle, le monde professionnel et social est *augmenté* par les outils d'aide à la décision. Certains ont des effets pervers. Les banquiers s'appuient sur les algorithmes pour décider d'accorder ou non un prêt à

---

[203] Voir les remarques de Fei-Fei Li, très engagée pour la diversité et contre la discrimination [2].
[204] https://en.wikipedia.org/wiki/Filter_bubble

la consommation, en fonction de la capacité présumée du demandeur à rembourser. Si un demandeur infructueux s'enquiert de savoir pourquoi son prêt a été refusé, le banquier honnête, aujourd'hui, ne pourrait rien dire d'autre que « C'est l'algorithme qui l'a déterminé ». Pourquoi a-t-il décidé ainsi ? Impossible à dire[205]. Les résultats de l'apprentissage profond ne sont pas à ce jour explicables. C'est une boîte noire. Le prisonnier ne comprendra pas davantage la raison du refus de sa demande de remise en liberté conditionnelle. Le candidat infructueux à un processus d'embauche n'apprendra pas non plus pourquoi il a été écarté par l'algorithme.

En nous soumettant à des décisions tierces, qui plus est non explicables au jour d'aujourd'hui, un palier est franchi dans la perte de libre-arbitre.

Demain, le champ d'influence des algorithmes s'accroitra encore. Ce qui suit est fictif mais pourrait se produire si l'on n'y prête garde :

Parce que je fais confiance à mon conseiller virtuel, je me plie à ses recommandations sur les amis que je dois voir ou laisser tomber, les activités que je dois entreprendre, les courses que je dois faire, les sorties que je dois organiser. Petit à petit, les recommandations deviennent des décisions implicites puisqu'elles ne s'accompagnent plus d'alternatives. Mon conseiller virtuel, auquel je me remets complètement, détermine les études complémentaires que je dois suivre, organise en détail mes périodes d'apprentissage, puis quand je suis prêt, me trouve un nouvel emploi. Lorsqu'il me propose un ou une nouvelle partenaire pour la vie je m'engage sans hésitation car les algorithmes ont optimisé le choix.

Le risque existe d'une aliénation totale par les algorithmes, où la vie serait vécue par procuration en suivant les décisions de fait de machines. La machine, qui nous connaîtrait mieux que nous-même, aurait fini par prendre le contrôle total de notre vie. Ce serait un « hack » de l'humain par la machine.

Ceci, encore une fois, est pour l'instant fictif – et beaucoup travaillent à ce que cela le reste.

---

[205] Une telle IA non transparente est contraire aux principes éthiques européens. Voir page 121.

Garde-fous éthiques

Afin que les périls liés à l'IA ne se matérialisent pas, une partie du monde réfléchit à des garde-fous éthiques. La question est épineuse puisque l'éthique est un concept à géométrie éminemment variable. On en a vu la manifestation sur les choix radicalement différents de gestion des données personnelles en Chine et en Europe.

Pour responsabiliser et encadrer les acteurs de l'IA, beaucoup appellent à une régulation du secteur — qui protège les humains mais ne le paralyse pas au passage. Or la régulation est devenue d'autant plus difficile que les régulateurs ne comprennent pas bien l'activité et le fonctionnement de ces sociétés d'un genre nouveau pour eux - les auditions de certains dirigeants par des commissions de députés ont montré la difficulté fondamentale de ces derniers. Par ailleurs, les entreprises leaders de l'internet et de l'intelligence artificielle sont devenues de très puissantes multinationales, souvent plus fortes et plus agiles à la fois que les nations, se jouant parfois des frontières (du moins des frontières fiscales). La valorisation de 5 d'entre ces entreprises, les GAFAM (Google – Amazon – Facebook – Apple - Microsoft), est de l'ordre de 1 000 milliards de dollars. Deux entreprises chinoises, Alibaba et Tencent (maison mère de WeChat[206]) suivent de près. Les ressources de ces entreprises les mettent en position d'oligopole virtuel [207] des chercheurs en intelligence artificielle. Le *business model* de certaines d'entre elles, basé précisément sur la collecte et la revente de données, se trouve au cœur des tensions de l'IA. Ces géants de l'internet ont envoyé des signaux mixtes, organisant pour les uns des initiatives éthiques[208], promettant pour certains l'auto-régulation, multipliant les *mea culpa* mais offrant en définitive bien peu de résultats.

---

[206] Application chinoise combinant les fonctionnalités de Facebook, Twitter, Whatsapp plus un portefeuille électronique puissant, et comptant plus d'un milliard d'utilisateurs.

[207] Sur les 23 architectes de l'intelligence que Martin Ford interroge dans son livre, 7 sont liés de près ou de loin à Google [2].

[208] Par exemples les multiples « Principes AI » de Google ou l'initiative FATE (Fairness, Accountability, Transparency and Ethics in AI) de Microsoft.

L'Europe est à la pointe de la réflexion éthique sur l'IA et commence par des recommandations non contraignantes. Les initiatives éclosent de toute part, comme la plateforme néerlandaise ECP qui a publié ses recommandations en janvier 2019[209]. La Commission européenne a rendu publique en décembre 2018 un avant-projet du « Guide d'éthique pour une IA digne de confiance », dont la version définitive est attendue en mars 2019. L'Europe, fidèle à ses valeurs, affirme qu' « *une approche de l'IA centrée sur l'homme est nécessaire, ce qui nous oblige à garder à l'esprit que le développement et l'utilisation de l'IA ne doivent pas être considérés comme un moyen en soi, mais doivent conserver pour objectif l'augmentation du bien-être humain. (…) Une* **IA digne de confiance** *comporte deux composantes : (1) elle doit respecter les droits fondamentaux, la réglementation applicable et les principes et valeurs de base, garantissant un* **objectif éthique** *et (2) elle doit être* **techniquement robuste** *et fiable car, même avec de bonnes intentions, un manque de maîtrise technologique peut causer des dommages non intentionnels* ».

Selon la Commission européenne, la centralité humaine doit être ancrée dans les principes suivants : bienfaisance (au sens étymologique du terme, à savoir faire du bien) ; non-malfaisance (ne pas faire de mal) ; autonomie des humains (respect pour l'auto-détermination et le choix des individus concernant leur propre vie), justice (traitement juste et équitable pour tous) ; explicabilité (transparence du fonctionnement des algorithmes)[210].

Le modèle de gouvernance de l'IA proposé par Singapour[211] en janvier 2019 est d'inspiration semblable. Il se base sur deux principes directeurs : la centralité humaine de l'IA et la nécessité pour toutes les

---

[209] Artificial Intelligence Impact Assessment
https://static1.squarespace.com/static/5b7877457c9327fa97fef427/t/5c368c611ae6cf01ea0fba53/1547078768062/Artificial+Intelligence+Impact+Assessment+-+English.pdf [8]
[210] Les quatre premiers principes sont d'ailleurs utilisés dans l'éthique médicale depuis la Convention d'Oviedo de 1997.
[211] https://www.straitstimes.com/singapore/singapore-releases-model-governance-framework-for-ai

décisions prises ou suggérées par l'IA d'être explicables, transparentes et justes.

Ces principes européens ou singapouriens sont le contrepied des périls que nous avons examinés plus tôt : l'utilisation malveillante de l'IA, la surveillance de la vie privée, les biais, l'aliénation aux algorithmes et dans une certaine mesure le risque lié au désalignement. Le détail des principes illustre les valeurs de l'Europe et marque le fossé qui la sépare notamment de la Chine. Dans ce dernier pays, non seulement les valeurs sont radicalement différentes, mais l'approche l'est également : le pragmatisme pousse à essayer d'abord, quitte à légiférer ensuite. On ne peut ignorer que la Chine, entre autres, ira beaucoup plus vite dans le déploiement de l'IA puisqu'elle ne s'impose aucune contrainte …. autre qu'aller vite et atteindre une position de domination absolue en 2030. Elle bénéficie de plus de l'amas de données générées par 1,4 milliards d'habitants.

Bouleversement social : inégalités et futur du travail

Nous avons exposé certains dangers et menaces liés à l'intelligence artificielle. Pourtant, le péril le plus important à court et moyen terme n'est à chercher ni du côté des robots tueurs et des apprentis terroristes, ni de la catastrophe par inadvertance. Face au péril en question, les biais dans le code ou la mise sous surveillance de la vie privée paraîtront presque anodins, et les principes d'éthique de l'IA seront soumis à rude épreuve. Lui, c'est le bouleversement social majeur qui se prépare dans le monde du travail, accompagné de son lot d'inégalités. Il fera l'objet de la deuxième partie de ce livre.

Intelligence artificielle : ce qu'il faut retenir

Une force formidable et ambivalente

L'intelligence artificielle est l'une des forces transformatives les plus puissantes de notre époque et peut-être de tous les temps. Fondement de la quatrième révolution industrielle, elle est la nouvelle électricité, cette technologie polyvalente destinée à diffuser dans l'industrie et l'agriculture, le commerce et les services, l'art et la science, la société dans son ensemble.

L'intelligence artificielle a fait une entrée fracassante dans la sphère publique, un jour de 2016, en battant l'un des meilleurs joueurs mondiaux de go – un jeu si complexe qu'on le disait inaccessible aux machines pour des décennies encore. Elle commence aussi à conduire nos voitures ; elle écoute, analyse, parle et traduit ; elle reconnaît les objets mieux que nous ; elle fait fonctionner les entrepôts, optimise les trajets et calcule des prix ; elle gère nos portefeuilles d'investissements et détecte les transactions frauduleuses ; elle nous recommande des livres et peint des portraits ; elle diagnostique un nombre croissant de nos maladies, s'emploie à en prédire l'évolution et à les guérir.

L'intelligence artificielle modifiera profondément notre vie quotidienne en la rendant plus pratique, plus confortable et plus sûre. Elle travaille déjà également à la résolution des plus grands défis de notre temps : en premier lieu le réchauffement climatique, auquel il est urgent de s'attaquer même si le résultat n'est pas garanti ; la démocratisation de l'éducation et sa personnalisation ; la mise en place d'un système de santé de précision, efficace et accessible ; la transformation du secteur agro-alimentaire de sorte à nourrir de manière durable 10 milliards de personnes à l'horizon 2050. Au total, sa contribution à notre bien-être sera immense.

Mais comme toutes les technologies, celle de l'intelligence artificielle est ambivalente. Si l'on n'y prend garde, elle présente aussi des périls et des risques. La machine qui viendra nous tuer est un mythe – il faut impérativement lui tordre le cou. Mais l'usage malveillant de l'intelligence artificielle par des humains mal intentionnés est un danger bien réel, que ce soit par des armes létales autonomes, des cyberattaques ou de la manipulation à petite ou grande échelle. La vie privée peut aussi glisser sous la surveillance d'acteurs privés ou gouvernementaux peu scrupuleux. De manière plus sournoise, à plus long terme, notre vie tout entière peut être aliénée par les machines. Enfin existent deux risques indirects : le premier, avéré et déjà néfaste aujourd'hui, que les biais des humains ne se reflètent dans les analyses et décisions de l'intelligence artificielle ; le second, beaucoup plus lointain et hypothétique, que l'intelligence artificielle, croyant accomplir sa mission mais désalignée, ne nous anéantisse un jour par inadvertance.

Des groupes de réflexion et des institutions travaillent à la mise en place de garde-fous éthiques – ces efforts sont encore partiels et non contraignants. Certaines grandes puissances de l'intelligence artificielle, ayant des vues bien différentes, sont peu susceptibles d'y participer.

Ce que l'intelligence artificielle sait réellement faire

Pour impressionnante qu'elle soit, l'intelligence artificielle n'est ni magique ni surnaturelle – elle ne consiste qu'en quelques lignes de code. Il existe une demi-douzaine de grandes classes algorithmiques. La doyenne, l'intelligence artificielle **symbolique**, est basée sur les règles de logique. Parfois difficile à mettre en œuvre en raison du nombre quasi-ingérable de cas à prévoir, elle est passée au second plan au profit de l'intelligence artificielle **connexionniste**. Celle-ci fait partie de la famille de **l'apprentissage automatique**, ces systèmes dont la performance s'accroît avec l'expérience, conçus pour leur faculté d'apprendre mais dont la matière cible, elle, n'est pas explicitement programmée. Le connexionnisme, basé sur les **réseaux de neurones artificiels**, a connu une extraordinaire amélioration de ses performances avec l'explosion de la puissance de calcul et des données disponibles pour l'entraînement. On doit au connexionnisme, et plus particulièrement à l'apprentissage supervisé des réseaux de neurones, l'essentiel des applications fonctionnant aujourd'hui hors du monde de la recherche.

La machine ne fonctionne assurément pas comme les humains. Mais est-ce bien important ? L'avion ne bat pas des ailes, et pourtant il vole… et il vole même très bien. Dans un monde où les trajectoires de la machine et de l'humain sont amenées à se croiser de plus en plus fréquemment, la comparaison des processus mentaux humains avec les capacités de la machine prend toute son importance – non pas dans leurs mécanismes fins mais de manière plus pragmatique dans leurs manifestations ; non pas selon une quantification à la décimale près mais en proposant de grandes tendances qualitatives.

L'humain est en net retrait de la machine en termes de **mémoire**, **d'attention**, de **volonté**, et bientôt de **perception** et de **motricité**. Paradoxalement, l'humain est en revanche largement supérieur sur la capacité **d'apprentissage** : il est efficace et économe dans sa pratique. L'humain s'appuie sur des milliards d'années d'évolution gravée dans ses gènes, alors que la machine n'a pas de modèle préalable du monde ni de bon sens. La machine n'a pas la **créativité** de l'humain, sauf par recomposition ou dans les univers aux règles bien définies dont il faut explorer le domaine des possibles. La machine n'éprouve pas les **émotions** de l'humain ; en revanche elle excelle à les détecter et à réagir d'une manière qui prend la forme visible et crédible de l'empathie. La machine est inégale dans son **raisonnement** : elle surpasse très largement l'humain dans sa capacité à calculer, faire des groupements et des prédictions - estimations ou optimisations – de phénomènes aux milliers de paramètres ; en revanche elle peine à expliquer son raisonnement, méconnait la causalité, et reste très spécialisée dans les domaines étroits pour lesquels elle est paramétrée. Sans vraiment comprendre le **langage**, la machine est extrêmement performante dans la reconnaissance et la synthèse vocales ; elle s'améliore à grande vitesse dans la traduction automatique au point de quasiment égaler l'humain ; elle fait preuve d'une capacité croissante à approximer la compréhension sémantique – mais les progrès à accomplir dans le domaine sont immenses. Enfin elle est dépourvue de **conscience** du monde et de soi.

Un futur incertain

L'avenir de l'intelligence artificielle passe par le perfectionnement des techniques actuelles et probablement par de l'innovation radicale, fruit futur d'un travail acharné et de phénomènes aléatoires, et donc difficile à quantifier ou à prévoir. En ligne de mire, au loin, le Graal du domaine est l'intelligence artificielle générale, cette intelligence polyvalente et souple égale à celle de l'homme. Dans la longue route qui y mène, il faudra notamment résoudre les problèmes de la facilité d'apprentissage, de la causalité et de la transparence du raisonnement, de l'élargissement des domaines d'action bien au-delà de l'étroitesse actuelle – et de tous les défis que l'on n'imagine même pas aujourd'hui.

L'intelligence artificielle générale, si l'on y parvient, marquera une rupture fondamentale dans l'histoire de la vie sur Terre longue de près de quatre milliards d'années – une machine égalera alors la plus sophistiquée des intelligences biologiques. Quand est-on susceptible d'y parvenir ? Les architectes de premier plan de l'intelligence artificielle sont très divisés mais aboutissent – si on les pousse à répondre – à une date médiane de 2100, alors que d'autres acteurs - certes un peu moins impliqués techniquement - parient sur une date entre 2040 et 2050.

Ce moment unique dans l'histoire de l'humanité, cette singularité précédant peut-être un développement exponentiel de l'intelligence artificielle par auto-récursivité, certains les craignent et d'autres les désirent. L'honnêteté intellectuelle oblige à dire que l'on ignore tout de ce qui pourrait se passer alors.

Mais bien avant cela, il conviendra de s'occuper du plus formidable défi posé par l'intelligence artificielle : le bouleversement du travail et la montée des inégalités.

Deuxième partie

Travail

Chapitre 6.   Quatre visions du futur du travail

Quatre amis sont attablés. Ils se réunissent souvent comme aujourd'hui pour discuter de l'avenir du travail sous l'effet, notamment, de l'intelligence artificielle. La discussion n'est pas moins anxiogène pour eux que pour le reste de la population. Y aura-t-il assez de travail pour *tous* ? De manière plus pressante, y aura-t-il du travail pour *chacun,* et non pas uniquement pour tous en moyenne ? Ce travail, s'il existe bel et bien, sera-t-il suffisamment rémunéré pour permettre de vivre décemment ?

Comme le dit le proverbe danois, « il est difficile de faire des prédictions, surtout lorsqu'elles portent sur le futur »[212]. Nos quatre amis lisent tout ce qui est publié sur le sujet. Ils ont rapidement constaté que les conclusions des uns et des autres diffèrent drastiquement. Enoncez votre conclusion, et nous vous trouverons l'étude qui la justifie. Regardez bien les petits caractères et souvenez-vous que le diable est dans les détails : tel rapport ne porte en fait que sur les 5 années à venir, et par une extrapolation audacieuse aboutit à la création nette de 58 millions d'emplois, sans nécessairement parler de ce qui vient après[213] ; à l'inverse telle étude se projette à long terme, mais la date couperet mise en avant de 2055 comporte en fait une marge d'erreur de plus ou moins 20 ans[214] ; nombre d'analyses ne quantifient que les métiers voués à être automatisés sans regarder les créations d'emploi ; telle énième étude prévoyant une création nette d'emplois se base uniquement sur des enquêtes d'opinions pas forcément objectives[215].

---

[212] Souvent attribué à Niels Bohr, à tort.
[213] World Economic Forum – Future of Jobs 2018 – Septembre 2018 [29].
[214] McKinsey – Harnessing automation for a future that works – 2017 [30].
[215] Gartner Group – The job landscape in 2022. Demander à des chefs d'entreprise s'ils comptent détruire de l'emploi est toujours une question un peu délicate !

Parfois même, attendre six mois suffit à ce qu'un institut de prospective modifie ses conclusions à dix ans [216]. En impact net, certains prévisionnistes parient sur une création nette d'emplois, d'autres sur la stabilité, peu sur une destruction nette, mais les scenarios sont toujours assortis d'hypothèses très ambitieuses de requalification et de croissance économique [217]. L'Organisation Internationale du Travail, constatant l'absence de conclusion claire et ne comprenant que trop bien la difficulté inhérente à l'exercice, a tout simplement renoncé à mener ses propres travaux sur la quantification[218].

Au final, nos quatre amis, s'ils sont bien renseignés, n'ont pu s'accorder sur un scénario donné, faute de sources claires et convaincantes. Ils ont donc tous développé des visions fort différentes de l'avenir du travail. A force de défendre leurs positions respectives, ils se sont trouvés affublés de surnoms : l'Optimiste, la Modérée, le Pessimiste, et la Radicale.

L'Optimiste

Des quatre amis, c'est l'Optimiste qui prend la parole le premier.

« Les technologies modernes comme l'intelligence artificielle sont une formidable aubaine pour l'humanité. D'ailleurs, plutôt qu'intelligence artificielle, je préfère la nommer intelligence augmentée[219]. L'humain dispose enfin d'un outil puissant qui décuple ses propres capacités. Là est l'apport de l'intelligence artificielle. Imaginez un docteur : avec l'aide de l'IA, son diagnostic est plus sûr. Regardez aussi les traducteurs : grâce à l'IA, le gros du travail est effectué quasi instantanément. Le traducteur humain vérifie et affine le travail de la machine. Il se concentre désormais sur les nuances les plus subtiles. Nous sommes augmentés par la machine. Nous travaillons plus vite et mieux !

---

[216] Forrester prévoit en juin 2016 une perte nette d'emplois aux USA de 7% à l'horizon 2025, puis en septembre 2016 une perte nette de 6% à l'horizon 2021, puis en avril 2017 une perte nette de 7% à l'horizon 2027.
[217] Voir en particulier Jobs lost, jobs gained de McKinsey [31].
[218] Voir le rapport de l'OIT : Travailler pour bâtir un avenir meilleur [12].
[219] En anglais : *Augmented Intelligence*. L'acronyme en anglaise reste « AI », comme pour *Artificial Intelligence*.

- La réalité n'est-elle pas un peu plus nuancée, justement ? l'interrompt la Modérée, toujours très rigoureuse. Si l'intelligence artificielle automatise une tâche périphérique à l'activité principale, alors l'individu peut consacrer plus de temps à son cœur de métier, avoir une plus grande valeur ajoutée encore et sans-doute augmenter ses revenus. Mais si c'est l'activité principale qui est automatisée, même partiellement, c'est un risque pour l'emploi. Prenons par exemple l'automatisation de la prise de rendez-vous. Pour un expert qui reçoit des clients, c'est une aubaine et il est augmenté. Pour un assistant administratif, c'est un très mauvais début puisque son activité principale passe désormais dans le giron de l'intelligence artificielle.

- Selon moi, répond l'Optimiste, il n'y a pas lieu de se faire de souci, du fait de la complémentarité homme-machine. L'humain, travaillant en tandem avec la machine, sera toujours plus fort que l'humain seul et même que la machine seule. C'est l'équipe gagnante, grâce à l'augmentation.

- Pour un temps seulement, rétorque la Modérée. La supériorité du tandem homme-machine n'est qu'un état temporaire. Prenons le cas des échecs. On a beaucoup glosé sur les « centaures », ces équipes hybrides apparues après la victoire de Deep Blue. Effectivement, pendant quelques temps, elles l'emportaient en général sur les adversaires purement humains ou purement artificiels. Mais depuis Alpha Zero, la machine est tellement supérieure que toute intervention humaine ne peut que l'affaiblir. L'humain, aux échecs, ne sert plus à rien. Son époque est révolue dans tous les jeux de plateau, et elle le sera progressivement dans de nombreux domaines. La séquence est toujours la même : pendant une période finie l'humain est d'abord légèrement augmenté, puis davantage, enfin complètement remplacé. Hier, les gardiens de phare ont disparu avec l'automatisation. Les calculateurs de génie ou les champions de mémoire ne sont guère plus que des animaux de cirque ou des vedettes de YouTube – leur art intrigue et présente un petit goût d'anachronisme. Demain, les conducteurs de camion disparaitront également – même si cela aura pris plus de temps. Les traducteurs, augmentés aujourd'hui, voient leur domaine d'intervention se réduire comme peau de chagrin. A force d'augmenter l'humain, l'intelligence artificielle finit par se substituer complètement à lui.

- Cette fois c'est toi qui me sembles trop peu nuancée, rétorque l'Optimiste. Il n'y aura pas de destruction d'emploi, car l'intelligence artificielle ne remplace que très rarement un métier dans sa totalité : elle exécute uniquement certaines des tâches d'un emploi donné. Le comptable, affranchi des calculs de réconciliation sans grand intérêt, et avant cela de l'identification de factures et de leur entrée manuelle dans les systèmes informatiques, peut se pencher sur les questions plus intéressantes d'affectation de compte, de schéma de dépréciation, de contrôle de gestion[220]. La banquière, si elle n'a plus à scruter les résultats de la bourse, pourra se concentrer sur la parfaite connaissance des objectifs de ses clients. Le professeur, dispensé de la correction des copies et du report des notes d'un document à l'autre, peut enfin jouer son rôle d'animateur et de motivateur en chef dans l'éducation de l'enfant. Le médecin, dont le diagnostic a été facilité par la machine, peut se consacrer plus largement à accompagner le malade. La responsable des Ressources Humaines, au lieu d'avoir à passer en revue une pile de 30 000 CV pour en extraire 10, pourra passer beaucoup plus de temps à interviewer en profondeur les 30 candidats présélectionnés par l'intelligence artificielle selon une procédure rigoureuse, systématique, et sans biais discriminatoire. »

Le Pessimiste bondit car il ne peut pas laisser passer ce qui selon lui est une erreur de logique.

« Si l'intelligence artificielle réalise 75% des tâches d'un métier donné, même sans détruire complètement ledit métier, alors à demande constante il faudra quatre fois moins de gens pour les occuper. Mécaniquement, trois quart des emplois ont été détruits. Et on n'a pas besoin de ces trois quarts de contingent pour décider des règles de dépréciation ou interviewer plus en détails quelques candidats.

---

[220] Voir une illustration par Pascal Bornet
https://www.linkedin.com/feed/update/urn:li:activity:647640037254928384 1/

- La demande ne restera pas constante, répond immédiatement l'Optimiste, et ce n'est pas la Modérée qui me contredira : avec la baisse des prix, la demande augmente[221]. Et surtout, cette automatisation prendra du temps. Je me permets de rappeler que le progrès n'arrive jamais aussi vite que les gens ne le prévoient. Souvenez-vous de la voiture autonome du Projet Prométhée, qui a relié Munich à Copenhague avec des pointes à 175 kilomètres heure. C'était en 1995[222], il y a près de 25 ans. On en attend toujours la généralisation. Certains n'hésitent pas à pronostiquer que la voiture entièrement autonome est une chimère[223].

Mais revenons au cœur du sujet. L'apport de l'intelligence artificielle, c'est aussi l'opportunité pour nous, humains, de cesser d'être des machines et de pouvoir enfin redevenir vraiment humains ! Nous serons libérés des tâches routinières ou aliénantes : manutention dans un atelier, cueillette de tomates dans un champ, préparation de hamburgers dans un fastfood, suivi de commande ou support technique à échelle industrielle dans un centre d'appel. Adieu aussi les métiers pénibles ou dangereux : interventions en zones contaminées ou sur un terrain de mines, lavage de carreaux à grande hauteur. La machine prend en charge ce travail somme toute indigne des humains. Finies également les tâches répétitives où notre génie humain ne s'exprime pas : régressions linéaires pour une étude marketing, réconciliations de bilans et de comptes de résultat dans un cabinet de comptabilité. La machine le fait pour vous tandis que vous vous concentrez sur les tâches plus intéressantes, à plus forte valeur ajoutée. La machine vous augmente et ce faisant vous libère des tâches indignes ou fastidieuses. Un peu comme avec l'apparition de la machine à calculer il y a un demi-siècle, où il est devenu bien efficace – et agréable - de ne plus avoir à faire tous les calculs à la main ! Grâce à l'intelligence artificielle, c'est

---

[221] C'est effectivement l'un des arguments principaux de la Modérée. Voir pages 81 et suivantes.
[222] https://en.wikipedia.org/wiki/Eureka_Prometheus_Project
[223] Les doutes sur le véhicule autonome de niveau 5 sont rappelés à titre illustratif par Eric Topol [4].

donc une période de bien-être qui s'offre à nous. N'ayons pas peur ! Ne nous laissons pas effrayer par les oiseaux de mauvais augure.

- Je ne veux pas être rabat-joie, intervient la Modérée, mais il faut se rappeler que les métiers sont aussi pour beaucoup une nécessité économique. Ces ouvriers et ces employés qui seront ainsi « libérés de leur aliénation », comment vont-ils gagner leur vie à l'ère de l'intelligence artificielle ?

- Ils seront formés à autre chose. Et puis il faut tout de même garder à l'esprit que c'est nous, les humains, qui décidons du rythme de développement et de déploiement de l'intelligence artificielle. Nous savons distinguer ce qu'il est possible de développer de ce qu'il est souhaitable de développer. Si nous voulons contrôler les progrès de sorte à préserver le champ d'action de l'homme et son emploi, c'est parfaitement possible. Au lieu de substituer l'humain par la technologie pour certains emplois, nous pouvons décider de simplement le complémenter. Nous avons le choix de faire travailler la technologie pour les humains, et non contre eux ! Nous pouvons donc organiser rationnellement le monde tel que nous le souhaitons.

- Vouloir contrôler le progrès et sa diffusion est illusoire, le coupe la Modérée. Les bienfaits de la technologie sur le reste de l'humanité sont tels qu'on ne pourrait pas la stopper uniquement pour préserver l'emploi – surtout un emploi qui devient anachronique. A-t-on préservé les chevaux et les calèches quand les voitures à moteur sont apparues ? As-tu continué à acheter des appareils photos argentiques, simplement pour préserver l'emploi dans les usines de pellicules ? As-tu racheté un téléphone Nokia juste pour soutenir l'emploi, alors que les smartphones des concurrents sont apparus ? Et puis, d'un point de vue plus cynique, l'automatisation engendre des baisses de coût considérables. Regarde ce qui s'est passé dans les années 90 et 2000 avec les délocalisations. Motivées par l'appât du gain et sous la pression d'une concurrence exacerbée, les entreprises ont-elles eu des états d'âme à déplacer leurs centres de production et leurs fournisseurs vers des pays à bas coût de main d'œuvre, pour gagner quelques euros de plus ? Et encore plus paradoxalement, le grand public, celui-là même qui au bout du compte pâtit des délocalisations, a-t-il privilégié les achats de biens locaux de sorte à favoriser l'emploi local ? Ou à l'inverse n'a-t-il pas plutôt pris sa décision en fonction de préférences à très court terme, pour économiser quelques euros qui s'avèreront funestes ? Tu as la réponse que tu cherchais quant au contrôle de la technologie et aux motivations des uns et des autres.

- Il y a d'autres motivations à une introduction progressive et raisonnée de la technologie. Parfois son usage diminue les capacités cognitives des humains et nous devons y faire attention. A force de stocker des informations dans son téléphone portable, notre mémoire s'est trouvée affaiblie. L'utilisation répétée de la machine à calculer a affecté notre capacité au calcul mental. Le recours au GPS a modifié les zones du cerveau qui assuraient notre orientation spatiale. Et quand on stimule moins le cerveau, on augmente les chances de développer plus tôt des maladies du grand âge.

- Les faits sont vrais mais je ne crois pas à cet argument pour ralentir la diffusion de la technologie ou l'évolution de nos activités. La voiture a diminué le temps passé à la marche et affecté indirectement notre santé, mais on ne s'est pas abstenu de développer les voitures pour autant ; on cherche simplement des substituts au maintien en bonne santé, et on marche pour le plaisir ! Les modifications de nos fonctions cérébrales ne sont pas nouvelles, que ce soit sur le temps long ou sur le temps court. Même la capacité humaine à la lecture, à l'échelle d'une vie, modifie notre aptitude à reconnaître des visages[224] ; ce n'est pas pour cela qu'on interdit la lecture.

- Je ne porte pas mon surnom pour rien et je reste optimiste. Les humains seront augmentés et leur humanité s'exprimera plus encore. L'impact sur l'emploi sera contrôlé pour notre bien, car c'est nous qui sommes aux commandes. »

La Modérée

La Modérée, malgré toutes les critiques qu'elle formule envers les thèses de pure augmentation énoncées par l'Optimiste, n'est pas

_____

[224] Voir les multiples exemples proposés par S. Dehaene [39].

pessimiste pour autant. Elle est surtout fine historienne et croit reconnaître une dynamique du passé.

« L'intelligence artificielle est le moteur de la quatrième révolution industrielle. On en a vu d'autres, des révolutions industrielles. Les précédentes étaient basées successivement sur la machine à vapeur, l'électricité, les sciences de l'information. Celle-ci n'est pas fondamentalement différente des autres. Là où il y a eu mécanisation des tâches physiques par le passé, il y aura maintenant automatisation de processus mentaux. Le même schéma se produit à chaque fois. La révolution engendre d'abord un chaos certain et une destruction d'emplois. Les doutes apparaissent et la peur s'empare de la société. « Nous sommes victimes d'une nouvelle maladie dont les lecteurs ne connaissent peut-être pas encore le nom, mais dont ils entendront beaucoup parler dans les années à venir : le chômage technologique », écrivait Keynes en … 1930[225]. La réaction initiale de la population est violente, à l'image de l'impact initial de la technologie sur la société.

Mais bientôt la société réagit. Elle observe, analyse, comprend puis apprend. Elle acquiert les nouvelles connaissances requises. Elle se déplace vers les nouveaux centres les plus dynamiques. En d'autres termes, elle s'adapte. De nouvelles opportunités émergent, de nouveaux métiers apparaissent. L'économie repart de plus belle, avec une vigueur supplémentaire. La destruction n'aura été que temporaire et sur le moyen terme déjà, cette destruction devient fortement créatrice d'emplois et de richesses. C'est l'illustration parfaite de la thèse chère à l'économiste Schumpeter[226].

Rappelez-vous les Luddites au 19ème siècle en Angleterre. Ces ouvriers du textile se sentaient tellement menacés par les nouveaux métiers à tisser automatiques qu'ils en ont organisé la destruction. Ils ont saccagé les machines. Mais de fait, l'automatisation a fait baisser les coûts de production. Alors, comme y a fait allusion tout-à-l'heure l'Optimiste, la

---

[225] John Maynard Keynes, "Economic Possibilities for our Grandchildren (1930)," in Essays in Persuasion (New York: Harcourt Brace, 1932), 358-373
[226] Schumpeter a introduit et popularisé dans les années 50 l'idée de « destruction créatrice ».

demande pour le textile a augmenté. C'est toute l'industrie qui a pris son essor. Davantage d'opérateurs de machines ont été nécessaires. Parallèlement s'est créée une économie des machines : leur conception, leur fabrication, leur entretien, leur opération. La société dans son ensemble a bénéficié de la disruption initiale. »

Le Pessimiste sort de son silence :

« Les Luddites avaient bien compris qu'avec les métiers à tisser mécanisés, le niveau de qualification nécessaire aux travailleurs du textile chuterait, ce qui entraînerait un afflux d'offre de travail et une chute des salaires. Cela n'a pas raté. La déqualification sous l'emprise de la technologie et la diminution de la rémunération n'est que trop fréquente.

- Je vois surtout un accès à l'emploi augmenté grâce à la technologie, réplique la Modérée, ce que l'on observe très largement aujourd'hui. Mais ce n'est qu'un aspect. Regardez donc le remplacement des calèches – en Occident – ou des pousse-pousse – en Orient - par les véhicules à moteur. Ni l'homme ni l'animal n'ont plus eu à fournir d'effort physique épuisant et indigne.

- Et ces chevaux, supplantés par les véhicules à moteur, où sont-ils aujourd'hui ? fait mine de s'interroger le Pessimiste. Ont-ils bénéficié de la destruction créatrice ou ont-ils été définitivement écartés de toute activité économique ? Je ne veux pas que les humains subissent le même sort, complètement mis à l'écart.

- Les chevaux ne s'en portent pas plus mal, au contraire. Ils n'avaient jamais demandé à être des animaux de trait. Et l'industrie automobile s'est développée avec ses ingénieurs et ses ouvriers, et une augmentation générale de leur prospérité. Autour d'elle tout un écosystème s'est bâti comprenant garagistes, agents d'assurance, stations-essence, matériel de signalisation routière. Une vraie révolution, certes, qui au global s'est avérée éminemment positive.

Les exemples peuvent être multipliés à l'envi. La main d'œuvre agricole représentait 90% de l'emploi total aux Etats-Unis en 1790, 43% en 1890, et moins de 3% en 1990[227]. Cela veut-il dire qu'une catastrophe terrible pour l'humanité s'est produite et que nous nous sommes embarqués dans une voie particulièrement néfaste en détruisant l'emploi du secteur ? Non évidemment ; la productivité agricole a été décuplée et d'autres secteurs comme l'industrie ont récupéré la main d'œuvre.

Regardez également l'introduction plus récente des distributeurs automatiques dans les banques, à partir des années 70. Les caissiers ont eu beaucoup moins de travail dans chaque agence, mais le coût d'ouverture d'une agence chutant, un bien plus grand nombre d'agences a été ouvert. Le rôle traditionnel des caissiers a été remplacé par les machines, et les caissiers eux-mêmes se sont mués en conseillers de clientèle. Au total l'emploi dans le secteur bancaire a augmenté pendant toute cette période.

-Et il me semble que l'effectif des banques est maintenant en chute libre, et que les agences ferment les unes après autres, croit utile de préciser le Pessimiste. »

La Modérée ne se laisse pas démonter.

« L'un des derniers exemples et non des moindres, puisqu'il s'agit d'une technologie polyvalente, est celui du développement de l'informatique. Les utilisateurs ont gagné la possibilité de calculer, classer, ordonnancer, planifier, modéliser, simuler. Loin de pâtir des capacités des ordinateurs, les informaticiens et analystes en tout genre se sont au contraires multipliés, tant la machine offrait des possibilités intéressantes qui ne demandaient qu'à être exploitées. En matière d'organisation personnelle, les utilisateurs ont été augmentés puisqu'ils ont pu taper leur courrier, réserver leurs billets d'avion et organiser leurs rendez-vous sans aide. Certes, les dactylographes, secrétaires et assistants personnels se sont retrouvés victimes collatérales, ce qui pour eux est forcément dramatique. Quand bien même une catégorie socio-professionnelle a considérablement rétréci, le bilan de l'expansion de l'informatique n'est-il pas extrêmement positif ?

---

[227] https://www.agclassroom.org/gan/timeline/farmers_land.htm

Effectivement, donc, des emplois vont être détruits avec la généralisation de l'intelligence artificielle. Et d'autres seront créés. Nous sous-estimons toujours a priori la quantité de nouvelles professions créées. Une vingtaine de pourcents des emplois d'aujourd'hui sont assurés par des métiers qui n'existaient pas en 1980[228]. Avec l'arrivée de l'intelligence artificielle, ne voyez-vous pas déjà les offres d'emplois pour les ingénieurs en apprentissage automatique, les scientifiques des données, les analystes des données, les experts de l'interface homme – IA ? Sans parler des spécialistes de l'éthique, et bien d'autres métiers connexes à l'intelligence artificielle ? On ne peut sans-doute imaginer la diversité des emplois qui se créeront à l'avenir. Qui aurait cru, il y a encore 15 ans, que l'on pourrait faire son métier du développement d'applications mobiles, de la gestion de communautés en ligne, du jeu vidéo professionnel, de l'animation de sa propre chaine YouTube ou même du pilotage de drones ? Il faut être raisonnablement confiant. Après le chaos initial une prospérité différente et d'une ampleur bien supérieure encore verra le jour. C'est la mue que l'histoire a connue à chaque révolution industrielle. »

Le Pessimiste ne tient plus en place et intervient :

« Il faut quand-même bien reconnaître que la destruction d'emploi est très probable dans cette nouvelle transformation. Pour mettre en place l'intelligence artificielle dans une industrie donnée, il faut bien moins de scientifiques des données et d'ingénieurs d'apprentissage automatique qu'il n'y aura de postes détruits, précisément à cause de la nouvelle technologie. A mon avis, le bilan sera négatif. Mais ce n'est pas cela mon point principal. Ecoutez plutôt. »

Le Pessimiste

Le Pessimiste pense que les schémas traditionnels, notamment la destruction créatrice que chaque révolution industrielle a engendrée, appartiennent au passé. Selon lui, le nouveau cycle qui s'annonce est

---

[228] Plus précisément : 18% des emplois américains (McKinsey).

d'un genre entièrement nouveau – et c'est peut-être le dernier. Le Pessimiste reprend sa respiration et se lance dans une longue tirade.

« Cette fois, hélas, c'est différent[229]. Regardez-donc la situation bien en face. Aujourd'hui, selon les estimations actuelles et avec les technologies d'ores et déjà disponibles, environ 50% des tâches réalisées par les humains dans leur travail sont automatisables[230]. Ne perdons pas de temps à pinailler sur les chiffres : que ce soit 30, 40 ou 50% ne change rien à la démonstration. D'ici à la fin du siècle, cette proportion montera à 100%[231] ! Un décalage de quelques décennies, là non plus, ne modifie pas le raisonnement. Car à cette date-là, tout ce que vous saurez faire, l'intelligence artificielle saura le faire également. « Le chemin exact qu'emprunte une goutte de pluie pour dévaler la pente est imprévisible », dit le futurologue Kevin Kelly[232], « mais la direction générale est inévitable ». C'est exactement ce qui s'applique à l'intelligence artificielle.

Ce que vous saurez faire, donc, l'intelligence artificielle le fera mieux, plus vite, plus économiquement, sans jamais se fatiguer ou protester ni menacer de se mettre en grève. Vous entendez bien ? Quand l'agriculture a été automatisée, les paysans ont migré vers les usines. Quand l'industrie a commencé à marquer le pas ou à être délocalisée vers d'autres pays, les emplois ouvriers ont été convertis en emplois de service. A chaque fois, la nouvelle occupation était hors d'atteinte des machines de l'époque. Mais là, l'intelligence artificielle occupe progressivement tout le terrain de jeu des humains. Quelle valeur ajoutée pourrez-vous apporter, alors, à un employeur potentiel ?

Les emplois tels que nous les connaissons vont entamer dès aujourd'hui leur longue agonie. Elle ne se produira sans-doute pas de façon linéaire, mais avec des à-coups au gré des améliorations technologiques et des

---

[229] "This time is different". L'expression est utilisée à de multiples reprises en parlant de l'emploi dans l'ouvrage de Martin Ford, « Rise of the Robots » [10].
[230] Nous prenons comme référence l'étude de McKinsey [30].
[231] Voir page 44 et suivantes.
[232]

https://www.ted.com/talks/kevin_kelly_how_ai_can_bring_on_a_second_ind ustrial_revolution ajustements socio-économiques et règlementaires. L'amplitude et la vitesse du changement seront trop importantes pour que les femmes et les hommes puissent s'y adapter : on ne peut pas se former aussi rapidement, on ne peut pas se reconvertir ou se réinventer complètement tous les 10 ans. Je ne crois plus à notre capacité à nous adapter.

Les échelles traditionnelles de niveau de qualification ne joueront plus, pas plus que l'opposition classique entre emplois manuels et intellectuels : tous les emplois seront affectés, pas seulement les non-qualifiés, pas seulement le travail manuel. Et avec la polarisation croissante de l'emploi vers ses extrêmes[233], c'est peut-être les classes moyennes qui trinqueront les premières. Qui restera-t-il ? D'un côté les élites intellectuelles, de l'autre les métiers les moins rémunérateurs. Je m'explique. Les élites intellectuelles et économiques seront protégées par leur proximité avec l'intelligence artificielle et leurs rôles plus difficilement automatisables. Les métiers les moins rémunérateurs, à l'autre bout du spectre, n'auront pas de justification économique à être automatisés immédiatement. L'effet sur les classes moyennes se fait déjà ressentir. Regardez les secrétaires et les employés de banque : leur effectif en France a fondu respectivement de 150 000 et 70 000 personnes depuis 1990[234].

La machine à créer des inégalités va s'emballer. Elles sont déjà bien présentes. Depuis le milieu des années 70, les inégalités au sein de nos pays riches se sont creusées[235]. La productivité a continué à augmenter, quoiqu'à un rythme moindre, mais elle a cessé de bénéficier aux travailleurs dont le pouvoir d'achat a stagné[236]. Entre 1980 et 2016, les 1% les plus riches ont absorbé 27% de la croissance du revenu mondial,

---

[233] Cette polarisation est observée depuis le début des années 2 000 [31].
[234] https://www.lemonde.fr/idees/article/2019/01/28/cela-fait-trente-ans-que-les-salaires-font-le-gros-dos-en-attendant-que-la-destruction-creatrice-fasse-son-uvre_5415499_3232.html
[235] Néanmoins les inégalités entre pays se sont partiellement résorbées par le rattrapage des pays émergents, traduisant une réduction mondiale de la pauvreté.
[236] https://www.epi.org/productivity-pay-gap/

alors que les 50% les plus pauvres n'ont bénéficié que de 12%[237]. Cette inégalité est très préoccupante. La population est de moins en moins prête à l'accepter, ce qui génère une très grande tension et une très grande instabilité. Malheureusement, elle ne va faire qu'augmenter.

Avec la destruction massive d'emplois en perspective, de plus en plus de travailleurs seront en concurrence pour de moins en moins d'emplois. Or comme je le disais déjà tout-à-l'heure, un effet secondaire de la technologie en général et de l'intelligence artificielle en particulier est de déqualifier progressivement les emplois. L'opérateur observe la machine ajustant ses paramètres de fonctionnement et lui signalant la nature exacte de la maintenance requise. Le chauffeur de taxi suit les instructions du GPS et n'a plus besoin de connaître la ville. Programmer est moins difficile puisque la moitié du code est généré automatiquement. Les hélicoptères et avions se pilotent presque tout seuls. Les logos et les graphismes sont générés sans intervention professionnelle humaine sous les yeux de l'utilisateur néophyte[238]. Il n'est même plus besoin d'être bon en orthographe et en grammaire pour écrire puisque les correcteurs automatiques ont l'amabilité de vérifier pour vous en temps réel.

Ainsi, l'humain étant augmenté dans son emploi, la qualification requise pour tenir le poste diminue et l'offre de travailleurs s'accroît donc. Par conséquent, avec une offre de travailleurs supérieure, la rémunération de ces emplois entre petit à petit dans une spirale négative. Vous parliez tout-à-l'heure des traducteurs, ils en sont les victimes assurées[239]. Les interprètes et les traducteurs sont en effet embarqués dans un combat quasi perdu d'avance contre l'intelligence artificielle. Seul un petit nombre survivra – et encore, pour un temps seulement.

Ce n'est pas tout. Un nombre croissant de ces emplois et ces travailleurs se retrouve happé par des plateformes spécialisées. C'est l'ubérisation

---

[237] Ces statistiques sont citées par le rapport de l'OIT [12].
[238] Voir les plateformes comme Logojoy (https://logojoy.com/) ou Canva (https://www.canva.com/)
[239] https://www.lemonde.fr/sciences/article/2017/11/27/les-traducteurs-humains-sur-la-sellette_5221043_1650684.html

générale des métiers, favorisée par l'essor des plateformes et l'atomisation des métiers en tâches. Un nouveau type de prestataires plus ou moins indépendants se développe, certains intervenant purement en ligne (en fournissant des prestations intellectuelles) et d'autres effectuant encore des prestations dans le monde réel (par exemple de livraison).

-N'est-ce pas une bonne chose que de laisser chacun travailler à sa guise, quand il le veut, autant qu'elle le veut, l'interrompt l'Optimiste ? La plupart des milléniaux, en particulier, adorent ça. N'est-ce pas une chance extraordinaire que de pouvoir servir des marchés géographiques jadis inaccessibles ? Cette atomisation des métiers emploie ne favorise-t-elle pas au contraire l'accroissement des opportunités et la flexibilité ?

- En théorie, si. Mais en pratique, un grand nombre de ces travailleurs du clic sont précaires[240]. Leurs tarifs ont tendance à se niveler par le bas, qu'ils soient traducteurs, graphistes, développeurs ou autres. Ils ont du mal à gagner leur vie. Leurs emplois sont souvent précaires, contractualisés à la tâche et donc lointains héritiers du travail à la pièce du 19ème siècle. Cela risque de s'accentuer. Et pourtant ces sous-employés ne seront pas les plus malchanceux car ils n'auront pas encore tout perdu ! Les autres, ceux qui perdront leur emploi, perdront en même temps leur statut social, sombrant progressivement dans un cercle vicieux dont ils auront beaucoup de mal à s'extraire.

Pendant ce temps, les acteurs économiques de l'intelligence artificielle, ceux qui la possèdent et la mettent en œuvre, continueront à s'enrichir au fur et à mesure qu'augmenteront leur gains unitaires et leur hégémonie. En effet, la performance de l'intelligence artificielle croît souvent avec la taille et la quantité de données disponibles[241]. C'est ce

---

[240] Voir l'article du Monde : « Derrière l'illusion de l'intelligence artificielle, la réalité précaire des travailleurs du clic ».
https://www.lemonde.fr/pixels/article/2019/01/03/derriere-l-illusion-de-l-intelligence-artificielle-la-realite-precaire-des-travailleurs-du-clic_5404685_4408996.html?xtmc=mechanical_turk&xtcr=3
[241] Ceci restera vrai tant qu'on n'aura pas trouvé soit des algorithmes qui sont économes en données dans leur apprentissage, soit un mode de partage généralisé des données.

que l'on appelle la rétroaction positive : plus de données entraînent de meilleurs produits, de meilleurs produits amènent plus de clients, et plus de clients augmentent la quantité de données. La rétroaction positive procure en même temps une avance souvent décisive aux premiers entrants ; il favorise donc la concentration. Les firmes appliquant avec succès l'intelligence artificielle verront leurs profits augmenter massivement. Prenez-donc Uber : leur part de marché est importante ; leur coût variable principal, de loin, est la rémunération des chauffeurs. Aujourd'hui leur utilisation de l'intelligence artificielle se limite, en gros, à calculer des tarifs et des trajets. Ils peuvent faire beaucoup plus. S'ils autonomisent les véhicules et se passent des chauffeurs, leurs profits s'envoleront, même si les prix diminuent. Et leurs actionnaires, dirigeants et employés les mieux lotis en profiteront également. Les chauffeurs, eux, seront abandonnés à leur triste sort. En généralisant ce phénomène, il y aura, à en croire Yuval Noah Harari, une petite classe de dominants à côté d'une classe majoritaire ... d'inutiles[242] – pardonnez-moi le terme, ce constat est terrible.

- Eh bien ! Cette vision du futur est pour le moins pessimiste, s'exclame la Radicale qui s'était tue jusqu'à présent.

- Ce n'est pas tout. Les inégalités se feront aussi ressentir entre nations. Jadis, les pays les plus pauvres émergeaient grâce à leur main d'œuvre bon marché, en devenant l'usine du monde, ou le centre de traitement informatique du monde, ou encore le centre d'externalisation des processus d'entreprise du monde, ou bien même le centre d'appel du monde. Dès les années 60, c'est comme cela que Singapour a entamé son périple qui l'a conduit « du tiers-monde à la première place [243] », tout en haut des classements mondiaux. Le mode d'emploi est de commencer avec des tâches à relativement faible valeur ajoutée et de monter progressivement en gamme. C'est comme cela également que la Corée du Sud et la Chine se sont hissées hors de la pauvreté, ou que l'Inde a fait son apparition sur la scène économique mondiale au tournant des années 2000. Le modèle ne fonctionnera plus. Les centres

---

[242] Voir Homo Deus [11].
[243] "From Third World to First" – Lee Kuan Yew.

d'appel vont quitter l'Inde, les Philippines et l'Afrique du Nord, laissant un grand vide derrière eux. Les usines seront rapatriées d'Asie, d'Europe de l'Est et d'Amérique latine vers leurs riches voisins développés – elles prendront des emplois en partant mais n'en créeront pas à l'arrivée, les nouvelles usines étant largement automatisées. Que feront ces pays qui n'ont pas eu le temps de s'enrichir, de créer au moins cette couche de la population qui par le haut, est protégée de l'intelligence artificielle ? J'ose espérer que leur seule issue n'est pas de se transformer en gigantesques maisons de retraite bon marché pour les riches citoyens des pays développés.

Les victimes de ces inégalités croissantes seront en grande partie les mêmes que celles qui subiront les ravages du réchauffement climatique : les vagues de chaleur, les inondations, les tempêtes, les sècheresses. En raison du climat seul, certains scientifiques prévoient déjà un effondrement social inévitable[244]. L'effondrement dû à l'intelligence artificielle s'y ajoutera. C'est à se demander si les robots ne profiteront pas de leur plus grande résistance physique et mentale pour supplanter les humains, moins aptes, dans un processus purement darwinien. C'est le début de la fin.

- N'en rajoute pas plus. Je sens bien ta détresse. Discutons-en calmement, car il y a espoir. »

La Radicale

La Radicale tire son surnom du fait qu'elle propose une transformation radicale. Elle partage une partie du diagnostic du Pessimiste, mais sa conclusion est radicalement différente. Elle est pour le coup optimiste.

« Je suis bien consciente de la transformation majeure que va subir le monde du travail et notre société en général sous l'effet de l'intelligence artificielle. Mais revenons aux bases.

---

[244] Jem Bendall, professeur à l'Université de Cumbria, prévoit même « un effondrement social inévitable, une catastrophe probable et une extinction possible » dans un article scientifique sérieux quoique controversé http://insight.cumbria.ac.uk/id/eprint/4166/ [33].

Pourquoi, en définitive, avons-nous créé l'intelligence artificielle ? Est-ce uniquement pour gagner plus d'argent ? Pour dominer les pays et les populations qui n'en sont pas pourvus ? Pour tromper et manipuler les personnes pas assez soupçonneuses ? Est-ce seulement pour faire avancer un domaine amusant des mathématiques ? N'est-ce-pas pour rendre notre vie plus simple, plus sûre, plus agréable, plus épanouissante ? Pour permettre à chacun de réaliser son plein potentiel ? Pour éradiquer l'inégalité entre les sexes, mais aussi entre les générations, les races, les groupes sociaux, les nations ? Pour parler à ces femmes et ces hommes dont la langue est différente ? Pour guérir les maladies qui résistent à toutes les autres tentatives ? Pour vaincre complètement la pauvreté, faire disparaître la faim et la soif ? Pour éduquer ? Pour sauver la planète alors que nous l'avons mise en grave danger ? En d'autres termes, n'avons-nous pas développé l'intelligence artificielle pour notre bien-être et celui de la planète qui nous héberge ? On a peut-être trop tendance à l'oublier en cours de route. Mais sachons garder notre cap humaniste. Pour prévenir de l'égarement en chemin, ce cap a été gravé dans nos projets de charte éthique. Rappelez-vous : «une approche de l'IA centrée sur l'homme est nécessaire, ce qui nous oblige à garder à l'esprit que le développement et l'utilisation de l'IA ne doivent pas être considérés comme un moyen en soi, mais doivent conserver pour objectif l'augmentation du bien-être humain », a-t-on indiqué dans le projet de Guide d'Ethique européen[245]. De Los Angeles à Singapour en passant par Boston, Cambridge, Oxford, Paris, Bruxelles, Stockholm et Amsterdam, cette préoccupation est relayée avec force.

Il y a donc la volonté de principe. Reste la mise en œuvre et l'adhésion de tous – sachant que la portée réelle de ces chartes est pour l'instant limitée. Non, effectivement, on n'arrêtera pas le progrès et les bienfaits multiples qu'il apporte. On ne stoppera pas les avancées technologiques – surtout, hélas, parce que certaines parties non signataires pourraient s'en emparer avec des objectifs moins louables. Le voyage vers une intelligence artificielle générale, s'il est long et tortueux, me paraît inévitable. En chemin se présenteront toutes les difficultés déjà

---

[245] Voir le projet de charte européenne décrit page 121.

évoquées, y compris celles qui pourraient conduire à un désastre social si on ne les traite pas de manière volontariste. Organisons-nous donc.

A long terme, le travail qui sert aujourd'hui de base à la rémunération ne pourra plus jouer ce rôle : il n'y en aura pas assez. Les richesses, elles, continueront d'être créées, probablement à des coûts de plus en plus bas, voire à un coût marginal quasiment nul, si l'on en croit les hérauts d'une société d'abondance [246] rendue possible par l'intelligence artificielle. Il faudra donc inventer de nouveaux modèles de redistribution des richesses pour assurer la subsistance de tous. Je le répète : ce n'est sans-doute pas la richesse collective qui manquera, c'est une façon adéquate de la redistribuer.

Décidera-t-on d'élargir la base du travail rémunéré, en incluant par exemple toutes ces activités indispensables à la société qui n'ont jamais été considérées comme un métier : mère ou père au foyer, volontaire pour des œuvres caritatives, bénévole dans des entreprises sociales ou à but non-lucratif, guides de musées et encadrants de jeunesse ?

Mettra-t-on en place le revenu universel de base ? Chaque adulte recevrait de manière individuelle, universelle et inconditionnelle une somme prédéterminée. Il n'y aurait aucune condition d'attribution – autre peut-être que l'âge, et encore. Chacun serait libre d'utiliser ce revenu comme bon lui semble : qui pour s'adonner à sa passion artistique, qui pour écrire du code informatique du matin au soir, qui pour rendre le monde meilleur selon sa propre définition : s'occuper des migrants, des personnes âgées, des enfants, des prisonniers ou des malades. Chacun serait également libre de ne rien faire du tout, même si ce n'est pas ce sur quoi parient les avocats du système.

Assortira-t-on au contraire ce revenu de base de conditions d'attribution ? Pour toucher le revenu de base, il faudrait par exemple contribuer à la société ou au bien commun, en particulier au soin, au social ou à l'éducation. Peut-être faudrait-il se former soi-même davantage. Peut-être y aurait-il également des séries d'incitations garantissant qu'il reste encore une motivation à produire la richesse

---

[246] C'est la thèse de Peter Diamandis, auteur de Abundance : The Future is Better Than You Think.

destinée à être partagée. Et bien sûr il faudrait s'abstenir de toute activité nuisible. De telles règles mettraient fin au caractère universel et automatique de la mesure. Les plus méfiants y verraient aussi les ferments d'un nouveau totalitarisme où la subsistance est conditionnée à ce qu'une autorité décide d'approuver ou non.

Paradoxalement, nombreuses sont les sociétés où le revenu universel de base, quelle qu'en soit la variante, est encore perçu comme une mesure de gauche ou d'extrême-gauche. En réalité, elle est essentiellement d'inspiration libérale, de plus en plus encouragée par les capitalistes de la Silicon Valley[247]. En France autant qu'ailleurs, une grande partie de la population rechigne encore à l'idée de « payer les gens à ne rien faire ». Des essais ont été menés ou sont en cours, en Finlande, au Kenya, en Ouganda, en Inde, au Canada et en Alaska. A ce stade toutes les leçons n'ont pas pu en être tirées pour en évaluer les impacts matériels et psychologiques, ni pour déterminer la gouvernance optimale.

- Oui, glisse le Pessimiste. Merci quand-même de souligner qu'aucun essai n'est concluant. Et il faudrait bien le financer, ce mécanisme.

- Je continue. Les individus, libérés de toute contrainte matérielle et de la pression psychologique de remplir leur assiette, continuent-ils à travailler ? Utilisent-ils leur temps pour se former ? Sont-ils en meilleure santé ? Prennent-ils plus de risques ? Voient-ils leur efficacité ou leur créativité, leur contribution ou du moins leur bien-être décuplés ? Il est encore beaucoup trop tôt pour dire si le revenu universel de base sera la pierre angulaire d'un système post-capitaliste, où l'on fait confiance à l'individu pour s'épanouir dans une activité de son choix, qu'elle ait une valeur économique ou sociétale ou non.

---

[247] Parmi les soutiens aux Etats-Unis on compte Mark Zuckerberg, fondateur de Facebook ; Peter Diamandis, cité plus haut ; Geoff Hinton, l'un des parrains de l'apprentissage profond ; James Baker et Henry Paulson, anciens ministres des finances américains ; Hillary Clinton qui a envisagé de le mettre à son programme électoral en 2016 avant de le retirer à la dernière minute ; Andrew Yang, candidat à l'élection présidentielle de 2020.

Donc je ne sais pas quelle forme prendra la succession du capitalisme mais je fais entièrement confiance à l'humanité pour accoucher d'une transformation radicale. Ce sera l'évolution logique de nos sociétés, adaptée au monde de l'intelligence artificielle, plus universelle, plus juste, plus épanouissante. Ce sera le nouveau contrat social.

La fin de l'emploi n'est tout-de-même pas pour demain matin. D'ici là, l'emploi continuera d'être la norme et il faudra en favoriser le meilleur exercice possible. Mettre sous protection des métiers ou des emplois précis en voie de disparition n'a pas vraiment de sens ; en revanche protéger les femmes et les hommes qui en vivent est essentiel. Avec des mutations du travail de plus en plus fréquentes, le premier investissement à réaliser est dans le capital humain lui-même. Il faudra augmenter très sensiblement la formation tout au long de la vie et la requalification, et favoriser les reconversions. Et comme les périodes de transition entre emplois seront plus nombreuses et plus incertaines, il faudra aussi mettre en place des filets de sécurité, notamment financiers. Ces mesures de protection, certes temporaires mais décentes, auront pour objectif de permettre une transition sereine et une reprise d'emploi aussi efficace que possible.

Voilà ce qui nous devons préparer à court terme en attendant le grand changement de société qui accompagnera la montée en puissance inexorable et irréversible de l'intelligence artificielle. »

Incertitude autour des quatre visions

Plusieurs visions du futur s'affrontent donc.

La première, celle de l'Optimiste, se focalise sur l'augmentation de l'humain par la machine. Elle nous libère des tâches inintéressantes et pénibles. Elle nous permet de nous focaliser sur ce qui est plus intéressant et humain. Mais elle semble sous-estimer la destruction d'emplois et les maux à venir.

La seconde vision, celle de la Modérée, croit déceler les schémas des révolutions industrielles passées. Elle annonce une vague de destruction créative, prévoyant une contraction initiale d'emplois vouée à être plus tard compensée par le renouveau de l'économie. Mais elle semble négliger les changements fondamentaux de paradigme engendrés par l'intelligence artificielle.

La troisième vision, celle du Pessimiste, annonce la fin future de l'emploi en raison des progrès substantiels de l'intelligence artificielle et de l'incapacité des humains à s'adapter assez rapidement. Pire, cette fin de l'emploi serait un prélude au chaos et même à la fin de l'humanité. Cette vision est un avertissement indiscutable sur ce qui pourrait fort bien se produire si l'on n'y prenait garde. Mais elle laisse peu de place à la résilience humaine.

La quatrième vision, celle de la Radicale, reconnait la fin inévitable de l'emploi mais ne peut se résoudre à en accepter passivement les conséquences. Elle compte sur le génie humain pour transformer radicalement notre modèle social. C'est probablement la meilleure vision à laquelle les humanistes puissent aspirer – même si un énorme travail devra être accompli pour qu'elle se réalise.

Ces grandes visions, au final, sont presque plus idéologiques qu'autre chose. Il est fort probable que l'avenir, loin d'être homogène, hérite de divers aspects issus des quatre visions. Certains individus se révèleront plus aptes que d'autres à s'adapter et à tirer parti des formidables bénéfices de l'intelligence artificielle. Certaines entités géographiques et politiques géreront la nouvelle réalité mieux que d'autres, selon les objectifs qu'elles se fixeront et leur capacité à réaliser ces objectifs.

L'incertitude reste immense. « Nous volons en aveugle », déclarent certaines sommités de l'intelligence artificielle[248]. Tous prévoient un changement de très grande ampleur, mais les données et les informations nécessaires à une prévision plus précise font encore cruellement défaut.

Pour tenter d'y voir plus clair, quittons ce niveau macroscopique du futur lointain pour plonger au niveau le plus microscopique du travail : le monde des tâches.

---

[248] Mitchell et Brynjolfsson, co-auteurs d'un rapport de la NASEM sur le futur de l'emploi aux Etats-Unis : https://www.cs.cmu.edu/news/policymakers-flying-blind-future-work

Chapitre 7.   L'automatisation des tâches

L'IA transforme la vie quotidienne, bouleverse le fonctionnement des entreprises, offre de nouvelles perspectives à la résolution des grands défis de l'humanité. Certaines des solutions qu'elle propose sont radicalement nouvelles par rapport à ce que l'humain, non équipé, peut faire. L'optimisation de la circulation routière dans une ville, la maintenance prédictive d'un système complexe, la recommandation à grande échelle du prochain livre à acheter, l'exploration des configurations de pliage des protéines, la pré-sélection de cibles prometteuses pour de nouveaux médicaments, la mise en place de la médecine de précision pour 1, pour 100 ou pour 1 milliard de patients, toutes ces occupations sont hors de portée de l'humain et donc ne viennent même pas le concurrencer. Mais lorsqu'elle sélectionne des salades prêtes à être cueillies, identifie des tumeurs malignes, retranscrit une conversation orale, réalise une recherche de jurisprudence ou passe en revue des dossiers de candidature, elle s'impose là où auparavant officiaient des humains. Ce faisant, elle commence à toucher aux emplois.

La tâche plutôt que l'emploi

Puisque c'est la question des emplois qui nous préoccupe, pourquoi alors nous intéresser aux tâches ? Tout simplement parce que l'emploi n'est pas la bonne unité d'analyse.

Chaque emploi est constitué d'une multitude de *tâches*. Un chauffeur de taxi, par exemple, est un vrai chef d'orchestre. Avec sa casquette de pilote, il conduit effectivement le véhicule, tournant le volant et mettant le clignotant, accélérant et freinant, changeant les vitesses. Avec sa casquette de copilote, il évalue l'état physique de la voie routière et son encombrement. Avec sa casquette de navigateur, il détermine le bon trajet en fonction du point de départ, de la destination, et des perturbations connues à l'avance susceptibles d'être croisées en chemin. Avec sa casquette de vendeur, il se met en chasse des individus susceptibles de prendre un taxi. Enfin, avec sa casquette de steward, il accueille son passager, s'assure de son bien-être tout au long du trajet, le consulte sur le choix de la musique et la température du véhicule, lui propose éventuellement une boisson fraiche et lui fait la conversation si l'un et l'autre sont d'humeur à discuter. Cela fait donc au moins cinq grandes tâches : la conduite, la perception de la route et son analyse, la navigation, la vente et enfin l'accueil.

De même, une vendeuse dans un magasin de mode fournit un conseil, rassure et complimente le client pendant l'essayage, pousse à la vente et conclut la transaction au meilleur prix. Un comptable saisit les transactions dans son système d'information, prend des décisions d'affectation de compte, procède à des vérifications, et fait occasionnellement des analyses de coûts ou de revenus.

L'emploi est à chaque fois décomposable en des unités plus petites que sont les tâches. C'est chacune d'entre elles dont on déterminera si elle est automatisable ou non. Comment ? La réponse est au bout d'une séquence de questions à se poser. La tâche en question est-elle techniquement automatisable ? Si oui, y a-t-il un gain quelconque à effectivement l'automatiser ? Si oui, y a-t-il une prime à l'humain dissuadant d'attribuer cette tâche à la machine ?

Posons-nous toutes ces questions dans l'ordre. Il est primordial de souligner que nous considèrerons ici l'état actuel des technologies, en 2019.

Cette tâche est-elle techniquement automatisable ?

Comment déterminer si une tâche est techniquement automatisable ? Il convient d'identifier les facultés nécessaires à l'accomplissement de la tâche et d'analyser si l'intelligence artificielle les possède au niveau suffisant. Pour cela, un bon point de départ est de se référer à l'étude que nous avons faite ensemble au Chapitre 3 de la première partie,

« Intelligence artificielle », comparant les processus mentaux humains aux facultés de l'intelligence artificielle. Reportez-vous-y !

La tâche nécessite-t-elle une mémoire importante ou une attention soutenue pendant des heures ? Elle est automatisable. Met-elle surtout en œuvre des facultés de perception, par exemple pour observer les défauts visuels minutieux sur des produits manufacturés ou l'apparition d'un son suspect sur une machine-outil ? Automatisable ! Exploite-t-elle en priorité des facultés de base du traitement du langage naturel, par exemple pour retranscrire les discours d'une conférence, générer un bulletin d'informations synthétique à partir de multiples dépêches brutes ? Automatisable, moyennant peut-être une vérification humaine au niveau actuel de la technologie. S'appuie-t-elle sur la détection de similitudes, par exemple, comme le ferait un marketeur ou un analyste, pour mettre en évidence des segments parmi vos clients ou des catégories parmi vos visiteurs ? Automatisable ! Vise-t-elle comme un agent comptable à saisir des milliers de factures ou de reçus de fournisseurs puis à les relier à des commandes précédentes ? Automatisable ! Doit-elle gérer une multitude de données et faire des prédictions, par exemple pour sélectionner de bons investissements financiers ou surveiller les éventuelles transactions frauduleuses ? Automatisable ! Met-elle en œuvre une créativité par exploration dans un contexte bien balisé ? Ou une créativité par imitation, dans le but de générer des milliers de morceaux de musique d'ascenseur dans le style de Richard Clayderman ? Automatisable, pas de problème. Utilise-t-elle des capacités de navigation et de manipulation de base, comme le ferait un cariste dans un entrepôt ? C'est tout-à-fait automatisable.

A l'inverse, si la succession de tâches vise à construire une maison brique par brique, entrer chez un inconnu et sortir une bière du frigo, nettoyer une chambre d'hôtel dont chaque élément est imprévisible, élaborer une nouvelle stratégie d'entreprise, découvrir un modèle biologique assorti d'une causalité clairement énoncée, débattre de concepts philosophiques subtils, motiver une équipe ou répondre à des objections, comprendre les motivations profondes d'un individu, alors cette séquence de tâches n'est pas automatisable étant donné l'état de l'art technologique.

L'examen attentif du tableau comparatif des facultés de l'homme et de l'intelligence artificielle doit vous permettre de déterminer pour toute tâche si elle est automatisable ou non. L'exercice reste qualitatif mais il vous donnera de grandes indications. Plusieurs instituts de prospective s'y sont aussi essayé. Parmi eux, l'Institut Global McKinsey ou McKinsey Global Institute (MGI) est devenu la référence en la matière en se penchant sur toutes les tâches de tous les métiers[249]. La démarche de cet institut mérite d'être brièvement décrite.

En se basant sur le Bureau américain des statistiques du travail et sur les données d'O*net, site américain de référence pour le monde du travail, le MGI a examiné en détail plus de 800 métiers décomposés en 2 000 tâches différentes. En parallèle, il a développé sa propre matrice de facultés automatisables par l'intelligence artificielle. Il a ensuite appliqué la matrice de facultés automatisables aux 2 000 tâches.

Pour synthétiser les résultats, le MGI a regroupé les 2 000 tâches en 7 grandes catégories de tâches en fonction de leur aptitude à l'automatisation. Trois parmi les sept grandes catégories sont particulièrement susceptibles d'être automatisées. Il y a d'abord les tâches physiques prédictibles (comprenant par exemple la conduite de machines industrielles, la préparation de repas, le service au restaurant ou l'accueil d'hôtellerie, les activités de magasinage et de transport). Il y a ensuite les tâches de collecte de données et les tâches de traitement de données. Celles-ci comportent aussi bien des activités de base comme le remplissage de formulaires, la constitution de fichiers clients ou patients, les activités de paie, que des activités plus avancées comme celles de la finance et de l'assurance. Ces trois grandes catégories, selon le MGI, regroupent plus de la moitié des heures travaillées aux Etats-Unis.

Les quatre autres grandes catégories d'activité sont moins susceptibles d'être automatisées : le management (en raison de la subtilité et la variabilité des problématiques), l'application d'un domaine d'expertise

---

[249] Le travail du McKinsey Global Institute est cité de toute part et repris notamment par l'Office International du Travail ou le *think tank* du Brookings Institute. Voir leurs études [31] [30].

ou de sens commun (prise de décision abstraite, planning, créativité), l'interfaçage humain (avec des clients, des pairs, des visiteurs dans les cas non triviaux) et les tâches physiques imprévisibles (être opérateur de grue ou ouvrier sur un chantier, faire les lits dans un hôtel, élaguer des arbres).

Le MGI a aussi entrepris de quantifier le volume des tâches automatisables au niveau mondial, en fonction des heures travaillées actuelles. Le résultat est édifiant : avec les technologies actuelles, 50% des tâches du monde entier, en heures travaillées, sont automatisables. Vous avez bien lu : pour la moitié des heures travaillées dans le monde, l'humain peut techniquement être remplacé dès aujourd'hui par l'intelligence artificielle[250].

L'étude de MGI est l'une des meilleures à ce jour même si elle n'est pas totalement incontestable. Mais de toute façon, savoir si une tâche est techniquement automatisable ou non n'est que le point de départ.

L'automatisation de cette tâche est-elle bénéfique ?

Pour automatiser une tâche, la faisabilité technique ne suffit pas. La deuxième question est de savoir si cette automatisation est bénéfique.

Le bénéfice recherché est le plus souvent un gain financier. Si Uber adopte des véhicules autonomes et fait l'économie des rémunérations de ses chauffeurs, sa marge brute augmentera de manière spectaculaire. De même, si un centre d'appel se débarrasse de ses agents pour les niveaux d'intervention les plus bas, si un service de cours particuliers remplace en grande partie ses professeurs en chair et en os par des agents en silicium (c'est-à-dire des IA), si des radiologues humains ne sont plus nécessaires pour interpréter les clichés, si les biens d'un entrepôt peuvent être inventoriés par des drones autonomes, si 50 comptables peuvent se transformer en 5 et 20 assistants RH en 2, alors l'économie réalisée sera substantielle. Elle le sera plus encore lorsque

---

[250] Le détail est page 32 et suivantes du rapport de McKinsey [30].

l'activité de certaines stars de la finance ou du barreau verront certaines de leurs tâches automatisées.

A contrario, en l'absence de gain économique et d'autre type de gain, il est improbable que l'automatisation ait lieu. Un raisonnement semblable a déjà été appliqué pendant des décennies dans l'industrie : des tâches manuelles à très faible valeur ajoutée ont proliféré dans les ateliers des pays en voie de développement, simplement parce que les salaires y étaient extrêmement bas, et en dépit de la possibilité technique de les automatiser. Ce raisonnement s'appliquera beaucoup moins aux tâches cognitives qu'aux tâches manuelles et physiques. Les tâches cognitives, si elles sont automatisées par l'IA, le seront par du logiciel informatique : le coût de déploiement est pratiquement nul, et le coût de développement est en principe rapidement amorti sauf à ce que le marché soit une minuscule niche. Les tâches cognitives à faible valeur ajoutée, comme par exemple la saisie de données, seront remplacées très rapidement et partout dans le monde. Un bas salaire n'est pas une protection contre l'automatisation si celle-ci a un coût marginal quasi-nul.

En revanche, dans le cas de robots réalisant des tâches manuelles, il faut d'abord concevoir le robot, ce qui induit un coût fixe initial, mais il faut aussi le produire et le transporter à chaque fois qu'il est vendu, puis adapter l'environnement physique pour sa mise en route et sa mise en œuvre. Le coût marginal peut selon les cas de figure s'avérer dissuasif. Dans chacun des cas, il est donc indispensable de comparer le coût de la solution humaine avec le coût de la solution robotique – et les résultats varieront de pays en pays. Paradoxalement, plus les salaires sont bas, plus certaines tâches ont des chances d'être protégées de l'automatisation. Un balayeur, un laveur de carreaux, un cireur de chaussures, un cuisinier ont toutes les chances de conserver l'essentiel de leurs tâches dans les pays à faibles salaires. Les mêmes au Japon, en Allemagne ou dans d'autres pays à fort coût de main d'œuvre auront un peu plus de soucis à se faire mais de bonnes chances de survie. Quant au plombier et à l'élagueur, dont les tâches essentielles ne sont déjà pas suffisamment prédictibles pour être faciles à automatiser, l'argument économique les met un peu plus encore à l'abri de l'automatisation.

Le bénéfice à l'automatisation n'est pas toujours économique, ou du moins pas toujours facile à quantifier en ces termes. C'est parfois un gain d'impact significatif qui suffit à justifier l'effort d'automatisation. Mettre une IA aux commandes d'un avion (ce qui est déjà en grande partie le cas) ou au volant d'une voiture (ce qui arrivera d'ici une décennie et supprimera à terme le volant), ce n'est pas qu'une histoire de gros sous ; c'est surtout une diminution prévisible drastique du nombre d'accidents. Ajouter de l'intelligence artificielle dans un département de maintenance, cela peut se justifier par le fait qu'aucun humain ne peut anticiper une panne en analysant des milliers de paramètres, contrairement à l'IA. Inclure une unité de détection faciale à base d'IA aux points de contrôle des frontières, cela a du sens car il est beaucoup moins facile de berner l'intelligence artificielle qu'un humain sur son identité. Mettre à disposition un agent IA dans un service de support client, qui répond 24 heures sur 24 et 7 jours sur 7, c'est l'augmentation quasi garantie de la satisfaction client. Utiliser l'IA pour faire de la présélection de candidats, cela a le mérite d'éviter les délais à rallonge et surtout les biais dont les recruteurs, comme tous les humains, sont parfois victimes malgré eux. Parvenir à automatiser les tâches d'un laveur de carreaux et éviter les accidents dramatiques, c'est un gain inestimable. De même, automatiser un démineur ou un intervenant en zone contaminée, c'est enlever le risque de faire des victimes humaines.

A la faisabilité technique, donc, s'ajoute l'existence d'un caractère bénéfique pour justifier une automatisation. On aura noté que la définition retenue ici du caractère bénéfique n'inclut pas de considération sociale. Mais ce n'est que la deuxième étape.

Y a-t-il une prime à l'humain pour cette tâche ?

Une tâche aura beau être techniquement automatisable et présenter un caractère bénéfique à l'automatisation, encore faut-il que la société accepte la substitution de l'être humain par une intelligence artificielle. La société émettra parfois des restrictions règlementaires pour favoriser l'humain en raison du risque technique perçu à l'automatisation. Certains médicaments ne peuvent être vendus que par des pharmaciens humains ; certains produits financiers ne sont disponibles que par l'intermédiaire de conseillers financiers agréés. Mais le plus souvent ce sera une question de préparation des esprits. Y a-t-il, oui ou non, une prime explicite ou implicite à l'humain pour cette tache ? Prenons quelques exemples.

L'avion est de très loin le mode de transport le plus sûr par passager transporté et par kilomètre. Quand malgré cela un accident se produit, il y a plus d'une chance sur deux pour que la cause en soit une erreur humaine[251]. Encore cette éventualité est-elle réduite par la durée très limitée où les pilotes humains sont effectivement aux commandes : en moyenne 4 minutes par vol sur un Airbus et 7 minutes sur un Boeing[252]. Les appareils modernes atterrissent toujours ou presque en mode autopilote. Certes, l'intelligence artificielle n'est pas encore prête techniquement à prendre le relai total du pilote. Quand bien même elle le serait, il n'est pas encore acceptable dans les esprits de voler sans qu'il y ait un pilote dans l'avion – deux pilotes en fait, pour parer à toute éventualité et assurer une présence continue dans le cockpit. Pour vous en convaincre, posez-vous la question ! Voleriez-vous sans pilote dans l'avion ? Et pourtant l'IA ne rate pas la moindre indication des systèmes de signalisation et de contrôle, n'est jamais assoupie ou victime de désorientation fatale, ne saute jamais une étape dans les check-lists, ne désobéit jamais aux instructions et ne commet jamais d'imprudence.

Il en va de même pour une opération du cerveau. Seriez-vous prêt à la confier entièrement à un robot-chirurgien ? Non, très probablement. Tous les fournisseurs de robots de chirurgie insistent sur le fait qu'ils ne font qu'assister les chirurgiens, ceux-ci conservant le contrôle total tout au long de l'opération et étant juste *augmentés*. Aujourd'hui encore, il y a une prime psychologique au chirurgien humain. Le danger semble beaucoup trop grand à la pensée de mettre son cerveau entre les pinces d'un robot. Et pourtant, ses pinces ne tremblent pas et sont plus

---

[251] https://www.telegraph.co.uk/travel/picturegalleries/7844042/Why-planes-crash-air-accident-statistics-and-banned-airlines.html?image=3
[252] https://www.news.com.au/travel/travel-updates/how-pilots-spend-as-little-as-four-minutes-flying-some-modern-planes/news-story/86d3260a247cab8df02563af0f66d11d

précises que des mains humaines ; les systèmes automatisés de perception visuelle sont plus efficaces ; les algorithmes sont plus aptes que l'humain à détecter une anomalie par le croisement de milliers de paramètres. Ce qui paraît inconcevable aujourd'hui sera un jour une évidence. « Non, ne m'imposez surtout pas un neurochirurgien humain, c'est beaucoup trop dangereux ». Un peu comme si on vous imposait d'aller affronter Ke Jie[253] avec vos seuls moyens humains plutôt que de déléguer votre défense à AlphaGo.

On cite souvent l'interaction sociale comme l'exemple type de l'activité assurant une prime à l'humain. Certains affirment ainsi que même dans les centres d'appel, un contact humain est nécessaire pour s'occuper du client, en général énervé, qui appelle. Ce serait une question d'empathie. Or on l'a vu, l'intelligence artificielle est plus à même qu'un humain de détecter l'état mental de l'interlocuteur[254]. Elle peut être entraînée à répondre de manière appropriée pour gérer le stress ou la colère du client – et de son côté elle reste imperméable à toute forme de pression. Si vous recherchez frénétiquement votre commande qui aurait dû être livrée il y a 3 jours, ou si vous ne comprenez vraiment pas pourquoi l'appareil neuf que vous venez d'acheter refuse de fonctionner, êtes-vous bien sûr de préférer interagir avec un humain ? Il vous faudra appeler pendant les heures d'ouverture - et pas le week-end, précisément quand vous en avez le temps. Vous devrez peut-être expliquer la situation 3 fois au gré des changements d'interlocuteurs, vous heurter à leur incompréhension et à une compétence variable. Leur empathie pourra aussi avoir des limites car ... ils sont humains, et leur métier, il faut le reconnaître, est très stressant.

L'entraînement donné à certaines intelligences artificielles tend à les rendre presque plus humaines que les humains. Un site de partage de domiciles de vacances vous encourage à répondre rapidement aux sollicitations des tiers pour échanger votre appartement : il vous facilite la tâche en vous invitant à cliquer sur l'un des boutons « oui », « non », « peut-être ». Lorsque vous sélectionnez simplement « non », la

---

[253] Meilleur joueur de go au monde, défait par AlphaGo. Voir page 21 et suivantes.
[254] Voir page 53 et suivantes.

machine, elle, envoie un long paragraphe redoublant de politesse, remerciant l'interlocuteur pour sa sollicitation et lui souhaitant bonne chance dans ses recherches. Même le logiciel de traitement de texte servant à écrire l'ouvrage que vous avez entre les mains s'en mêle ! Il fait remarquer à l'auteur, votre serviteur, que « tous les fournisseurs », écrit quelques lignes plus haut, est une expression sexiste qui devrait être remplacé par « toutes les fournisseuses et tous les fournisseurs » ! Le français est discutable mais l'intention de la machine était louable.

La prime à l'humain est aussi habituellement citée dans les tâches essentielles de l'enseignement et du coaching. Le coach écoute attentivement, fait preuve d'intérêt, crée un rapport de confiance, incite à s'exposer, facilite la prise de conscience de problèmes et la reconnaissance de faiblesses, permet de bâtir un plan pour aller de l'avant. C'est indiscutable. Certains, pourtant, préfèreront se confier à une machine, justement parce qu'elle n'est pas humaine, si elle se montre aussi efficace à faire accoucher les esprits des solutions recherchées. L'enseignant est sans égal pour encourager, réconforter, motiver, féliciter, inspirer et susciter des vocations. C'est indiscutable. De nombreuses plateformes éducatives intègrent néanmoins des principes de ludification de l'apprentissage, avec des récompenses qui jouent un rôle d'encouragement – et cela marche. Parfois, certains étudiants trouvent plus faciles de surmonter leur anxiété en parlant à des robots qu'à des humains – l'anxiété langagière, par exemple, affecte les apprenants d'une langue étrangère qui sont très peu confiants en leur capacités au point que cela les paralyse. Ainsi, si la prime à l'humain existe bel et bien dans l'enseignement et le coaching, elle est à nuancer légèrement.

L'exemple ultime de prime à l'humain réside dans les tâches du social. L'humain préfère parler à d'autres humains, sentir leur présence et leur compassion, bénéficier de leur compagnie, en particulier en cas de maladie ou de souffrance, de séjour à l'hôpital ou dans une maison de retraite, ou même dans le cas d'une immobilisation forcée à domicile.

C'est le cas de votre tante Stéphanie[255]. Il n'y a rien de tel que l'amour de ses proches et le soutien indéfectible de ses amis. L'idée d'un robot social, qui s'occuperait de la personne esseulée, fait bondir les uns tandis que les autres crient à l'abandon par la société de ses membres les plus vulnérables. Mais toutes les sociétés, il faut le savoir, ne réagissent pas de la même façon. Au Japon, par exemple, la pénétration de la robotique dans la vie courante est bien plus avancée qu'en Occident. Dans un contexte de population vieillissante et de pénurie criante de personnel dans le secteur de la santé et du social, les robots ont déjà fait leur entrée dans les établissements de soin et du grand âge. Les résultats préliminaires sont positifs, en particulier quant à l'acceptation des robots par les personnes âgées ou seules[256]. Certaines expériences ont montré que les personnes âgées informaient plus volontiers de leur état leur robot de soin que leur aide-soignant humain. Cette relation s'intensifiera sûrement avec la généralisation non pas des robots, mais des avatars tridimensionnels photo-réalistes. Ils seront indiscernables « physiquement » des humains. L'intelligence artificielle fait donc probablement partie de la solution, même si elle n'en est pas l'intégralité. Ainsi, il n'est pas sûr que la prime à l'humain ne s'assouplisse pas, avec le temps, même dans les sociétés où elle est aujourd'hui très prononcée. Prétendre que la machine n'aura jamais sa place dans les interactions sociales est un contre-sens.

Il existe une dernière catégorie où la prime à l'humain est le successeur émotionnel du « fait main » traditionnel. Les procédés industriels peuvent produire des quantités infinies de plats et de carafes, en y ajoutant, si nécessaire, une petite imperfection la rendant unique. Cependant, la carafe faite à la main possède un *je ne sais quoi* qui justifie, pour certains, un prix bien plus élevé. La carafe de l'artiste est incomparablement plus chère que celle d'Ikea, et se vend quand-même. Autre exemple : les enregistrements numériques restituent presque parfaitement la performance vocale d'artistes. On peut les acheter pour

---

[255] Voir page 95 et suivantes.
[256] Voir notamment https://www.reuters.com/article/us-japan-ageing-robots-widerimage/aging-japan-robots-may-have-role-in-future-of-elder-care-idUSKBN1H33AB

quelques dollars ou moins encore en ayant recours à l'une des nombreuses plateformes de streaming. Pour assister à la performance en direct du même artiste, dans un stade géant ou à l'Opéra de Paris, il faudra sans-doute débourser 50 ou 100 fois plus[257]. Les acheteurs ne manquent pas : c'est la prime à l'artiste humain, en chair et en os.

Les exemples précédents ont tous pris le point de vue du consommateur de service dans l'évaluation de la prime à l'humain. Mais l'histoire prouve que la résistance à la diffusion de l'innovation technologique est bien plus souvent le fait des perdants potentiels de la transformation que des gagnants – et c'est le rapport de force entre les deux parties qui détermine l'issue de la confrontation. Si l'automatisation est interrompue, c'est une prime à l'humain un peu particulière imposée par les forces productives en place ou par leurs défenseurs. Quand William Lee se présenta à la Reine d'Angleterre en 1589 en demandant un brevet pour une machine à tricoter les bas, il se vit opposer une fin de non-recevoir simplement parce que la reine craignait les conséquences de l'invention sur l'emploi[258]. Quand deux siècles et demi plus tard, les Luddites s'efforcèrent de stopper la diffusion des métiers à tisser, ils échouèrent : le nombre de gagnants du fait de l'invention (tous les ouvriers non qualifiés qui pouvaient désormais tisser) dépassait largement celui des artisans qui se trouvaient pénalisés. En d'autres termes, les bénéfices de cette innovation technologique étaient suffisamment bien partagés avec la société pour que la tentative d'obstruction des Luddites échoue. Là où les Luddites ont échoué, les anesthésistes ont réussi deux siècles plus tard. En 2016, Johnson et Johnson a annoncé le retrait définitif de Sedasys, sa machine à anesthésier[259]. Approuvée par la FDA en 2013 et donc testée comme parfaitement fiable à l'usage, elle permettait de faire chuter le coût

---

[257] Ces deux exemples sont souvent cités par Yann LeCun.

[258] Anecdote rappelée par les chercheurs d'Oxford [16] et citée dans un livre de Acemoglu et Robinson (2012) : Why nations fail: the origins of power, prosperity, and poverty. Random House Digital, Inc.

[259] https://www.washingtonpost.com/news/the-switch/wp/2016/03/28/its-game-over-for-the-robot-intended-to-replace-anesthesiologists/?utm_term=.d7c448e319e4

d'une anesthésie de 2 000 dollars avec un anesthésiste à environ 200 dollars sans. Mais le lobby des anesthésistes s'est mobilisé massivement contre la machine, dont les ventes ont été extrêmement décevantes, provoquant son retrait. Les anesthésistes sont parvenus à endiguer le progrès pour préserver leurs intérêts, en imposant ainsi une prime à l'humain.

Quand une tâche est techniquement automatisable, qu'il existe un bénéfice à l'automatiser et qu'elle n'est pas dotée d'une prime à l'humain, alors le verdict est implacable : elle sera automatisée. Qu'arrive-t-il alors aux emplois qui recourent à cette tâche ? C'est ce que nous allons voir maintenant.

Chapitre 8.   Cet emploi a-t-il de l'avenir ?

L'emploi est une unité inadéquate à l'évaluation des effets de l'intelligence artificielle. Et pourtant, c'est bien au niveau de l'emploi que l'on veut pouvoir tirer des conclusions. Pour ce faire, l'emploi est d'abord décomposé en un ensemble de tâches individuelles. Les critères d'automatisation leur seront appliquées individuellement. Puis on les recombinera en emplois de sorte à obtenir le niveau d'analyse désiré et à appliquer les dernières étapes indispensables aux conclusions générales.

L'automatisation des tâches constitutives de l'emploi

Tout emploi, nous le savons bien maintenant, est une collection de tâches individuelles. La première étape d'analyse est donc de décomposer l'emploi en ses tâches constitutives. Souvenez-vous du chauffeur de taxi : il recrute, accueille, perçoit, navigue, conduit. Imaginez également un assistant d'éducation dans l'enseignement supérieur : il conseille les étudiants sur leurs projets dans un rôle de mentorat ; il corrige les copies pour décharger le professeur en titre ; il répond aux questions des étudiants, que ce soit sur des points administratifs ou sur le contenu du cours lui-même. Ses différentes tâches se résument donc au conseil, à la correction et au support.

A chacune des tâches il faut appliquer les 3 étapes successives d'analyse d'automatisation que nous avons explorées dans le chapitre précédent.

Rappelons-le-nous, la première analyse consiste à déterminer si la tâche est techniquement automatisable, ce que nous avons réalisé grâce à notre tableau comparatif des facultés de l'IA et des processus mentaux de l'humain. D'un point de vue quantitatif, le McKinsey Global Institute (MGI) nous informait déjà que plus de la moitié des tâches individuelles, mesurées en heures travaillées, étaient techniquement automatisables avec les technologies actuelles. Mais lorsqu'on regroupe à nouveau les tâches en emplois, seul un petit nombre d'emplois, moins de 5% du total, est totalement automatisable, c'est-à-dire exclusivement constitué de tâches automatisables. En revanche, très peu d'emploi également sont complètement à l'abri de l'automatisation, à savoir composés seulement de tâches impossibles à automatiser. Les tâches automatisables sont largement représentées dans toutes les occupations : 60% des métiers ont plus de 30% de leurs tâches qui sont techniquement automatisables[260].

Poursuivons l'analyse. Si la tâche est techniquement automatisable, s'il existe un gain à l'automatiser et si elle n'est pas associée à une prime à l'humain, alors elle est vouée à être automatisée. Cela veut-il dire qu'elle sera automatisée immédiatement ?

Le lent cheminement vers l'adoption

On serait tentés de croire que notre analyse jusqu'à présent a passé les tâches aux filtres technologique, économique, humaine. Malgré cela, la mise en œuvre peut encore s'étaler sur des années, voire des décennies. Cette latence est déjà observée aujourd'hui dans la digitalisation de l'économie. Nous sommes en 2019, nous fêtons les trente ans de l'internet et cela fait deux bonnes décennies qu'il a décollé ; pourtant le e-commerce ne représente encore qu'une dizaine de pourcents du commerce total. Autre signe de la lenteur de la digitalisation : aux Etats-Unis, 60% des petits commerces n'ont toujours pas de système de réservation en ligne pour leurs clients[261].

Pour que la technologie soit adoptée, il faut d'abord qu'elle murisse et se stabilise. Ce qui est possible en laboratoire ne l'est pas tout de suite dans la vraie vie : on ne peut pas ajuster les modèles ou retraiter les données avec autant de flexibilité une fois la porte des laboratoires

---

[260] Voir le rapport de McKinsey « A future that works » [30].
[261] La statistique a été donnée par le PDG de Google lors de sa démonstration de Duplex en 2018.

franchie. Les bricolages – même géniaux - et les réponses ad-hoc ne sont pas possibles, car le déploiement doit se faire à grande échelle donc de manière beaucoup plus industrialisée. Aujourd'hui, toutes les réalisations technologiques que nous avons décrites sont bel et bien réelles, mais elles ne sont pas toutes prêtes à être déployées. La reconnaissance d'images ou les fonctionnalités principales du traitement du langage naturel (comme la traduction, la reconnaissance ou la synthèse vocale) sont plus mûres que d'autres applications et déjà largement déployées. La médecine de précision est encore à de nombreuses années d'être réalité.

Une fois la technologie suffisamment stable, il faut donner aux organisations le temps d'acquérir la compréhension, la confiance et l'appétit nécessaires. Ce n'est pas encore le cas pour nombre d'entreprises aujourd'hui - elles sont pour beaucoup plongées dans leurs initiatives de digitalisation et pour les plus avancées, dans le RPA[262]. Le cycle d'adoption de la nouvelle technologie prend du temps : aux innovateurs succèdent les adopteurs précoces, puis la majorité, enfin les retardataires. Les entreprises prêtes à franchir le pas se voient confrontées à une multitude de défis internes : humains d'abord, pour faire émerger des champions, convaincre les réticents et rassembler les compétences nécessaires ; techniques ensuite, notamment pour mettre en place un bon écosystème des données ; enfin organisationnels, procéduraux et culturels. Cela prend du temps, même beaucoup de temps ! Comme si cela n'était pas suffisant, les organisations doivent se tourner vers l'extérieur pour ajuster, voire complètement transformer leurs modèles d'affaires. Enfin, les clients et utilisateurs finaux doivent se faire à l'idée d'adopter la nouvelle technologie. Ceci peut retarder encore le processus, notamment si l'application impose la remise en question progressive d'une prime à l'humain.

---

[262] Robotic Process Automation, qui permet de reproduire à l'identique un processus routinier humain accompli dans un environnement informatique. La demande est forte pour ce mode d'automatisation assez basique.

Maintenant, donc, toutes les conditions sont remplies et la tâche va être automatisée. Quelles sont les conséquences sur l'emploi qui met en œuvre cette tâche ?

Ce que devient l'emploi

Dans un exercice de l'esprit, l'emploi que nous avions décomposé est recréé à partir de ses tâches constitutives – c'est la démarche inverse de la première étape d'analyse. L'emploi retrouve donc sa composition de tâches dont certaines seront très vraisemblablement automatisées et d'autres non. Dans les rares cas où toutes les tâches sont automatisées, l'emploi disparaît ; dans les cas tout aussi rares où toutes les tâches sont épargnées par l'automatisation, l'emploi est maintenu. Mais dans les autres cas, c'est-dire la majorité, il n'est pas possible de conclure car on ne sait pas encore si la demande va contrebalancer l'effet de l'automatisation.

Qui plus est, la composition de l'emploi n'est pas nécessairement figée. Les tâches qui le constituent sont amenées à évoluer au cours du temps. Certaines seront retirées, en particulier si elles sont automatisées ; d'autres seront rajoutées. Elles pourront aussi se recombiner en des emplois entièrement nouveaux qui seront façonnés par l'évolution de la société et de la technologie.

Reprenons l'exemple de l'assistant d'éducation. Imaginons que notre assistant d'éducation passe un tiers de son temps à chacune de ses trois tâches : le conseil, la correction et le support. Si l'intelligence artificielle est dotée de la capacité technique de support (ce dont elle est très proche), alors le métier d'assistant d'éducation devient partiellement automatisable – mais pas totalement. L'intelligence artificielle récupère potentiellement un tiers d'équivalent temps plein (ETP) d'assistant d'éducation. Si de surcroît l'intelligence artificielle acquiert la faculté de corriger les copies, alors ce sont deux tiers d'ETP qui peuvent être théoriquement automatisés. Puisque deux tiers des tâches de cet emploi sont automatisables en pourcentage d'heures travaillées, alors toutes choses égales par ailleurs, s'il y a 9 assistants d'éducation au départ, 6 pourraient être remplacés par une intelligence artificielle.

Précisions que le raisonnement nécessite quelques vérifications supplémentaires pour être parfaitement valide. Par exemple, y a-t-il toujours un sens à additionner des gains de temps sur des tâches précises et à les transformer en équivalent temps plein ? Si dans un centre d'appel téléphonique, chaque agent a deux fois moins de tâches à accomplir, alors il est probable que le temps de la moitié des agents soit libérable. Mais si dix femmes de chambre travaillant dans dix bâtiments différents sont dispensées chacune d'un dixième de leurs tâches, il n'est pas sûr que l'on puisse travailler avec 9 femmes de chambre au lieu de 10, compte tenu des contraintes logistiques imposées par l'éloignement des bâtiments.

Que se passera-t-il réellement dans le cas des assistants d'éducation ? Les 9 assistants d'éducations se verront-ils attribuer des tâches supplémentaires ? Passeront-ils plus de temps par élève à les conseiller ? Verra-t-on effectivement le licenciement de 6 assistants, tous les élèves étant reventilés sur les 3 assistants conservés ? Ou peut-être la totalité des assistants disparaitra-t-elle, le rôle restant de conseiller étant réaffecté à une autre fonction – par exemple à des étudiants plus senior.

La demande intrinsèque pour cet emploi est-elle suffisamment forte ?

Toutes choses égales par ailleurs, a-t-on affirmé, 6 des 9 assistants peuvent être éliminés et il n'en resterait que 3. Mais le bât blesse dès la première hypothèse : il est bien improbable que toutes choses restent égales par ailleurs. Le raisonnement suppose implicitement que le nombre d'étudiants soit constant. Or si une partie des tâches est automatisée, peut-être cela contribuera-t-il à faire baisser le coût des études, ce qui pourrait attirer plus d'étudiants. Indépendamment du coût, des critères éducatifs ou démographiques peuvent jouer. Imaginons que cette université ait le vent en poupe ou que le pays connaisse un afflux de jeunes, et que le nombre d'étudiants soit multiplié par 5 en quelques années. Alors il faudra non pas 3 mais 15 assistants d'éducation. Dans ce cas, donc, en raison de la croissance marquée de la demande sous-jacente, le nombre d'assistants d'éducation nécessaires sera passé de 9 à 15 malgré une très forte automatisation – ici des deux tiers. Le métier d'assistant d'éducation reste donc dans cet exemple un débouché attractif pour quiconque se met sur le marché du travail.

Si à l'inverse la demande sous-jacente est stable ou déclinante, alors l'automatisation rendra la filière encore plus concurrentielle et moins attrayante du simple point de vue des débouchés. Imaginons un pays en décroissance démographique et qui n'attire pas ou n'accepte pas les étudiants étrangers. Le nombre d'étudiants (qui symbolise ici la vigueur de la demande) est en baisse. Or le métier d'assistant éducatif est lui-même en voie d'automatisation. Sur les 9 assistants initiaux, peut-être n'est-ce pas 6 qui devront trouver un autre emploi, mais 7 ou 8. Les effets de l'automatisation et de la demande intrinsèque se sont cumulés pour rendre la filière peu attractive.

La liste des emplois en croissance variera d'un pays à l'autre et parfois d'une région à l'autre. Mais quelques constantes peuvent se dégager. Les métiers technologiques, évidemment, seront en forte croissance. La demande sera forte également pour le social, les soins, le bien-être, la petite enfance, les loisirs, l'éducation. Souvent, l'automatisation partielle de ces secteurs augmentera encore la demande en baissant les coûts. Une analyse au cas par cas s'avèrera le plus souvent nécessaire pour une vraie décision d'orientation. De nouveaux métiers émergeront aussi dont nous n'avons aucune idée aujourd'hui.

Que deviennent les salaires ?

Dans l'idéal, le travail est un moyen de se réaliser. Mais dans le modèle de société actuel, il demeure aussi pour l'immense majorité une nécessité économique. Les besoins et la satisfaction financière peuvent varier considérablement d'un individu et d'un foyer à l'autre. Limitons-nous donc à citer la rémunération comme un critère important dans le choix d'orientation professionnelle, en plus de la pérennité de l'emploi.

Comment les salaires vont-ils évoluer par métier ? Une réponse universelle est évidemment impossible. Aujourd'hui déjà, chaque pays a sa culture et ses pratiques pour rémunérer les professions, limiter ou non les disparités, favoriser ou non les rôles à moindre valeur économique et plus grande valeur sociale. Ces choix nationaux imposent une analyse détaillée par territoire et par emploi si une réponse plus précise est recherchée.

A grands traits, tant que l'on restera dans le modèle sociétal actuel, c'est principalement l'offre et la demande qui devraient continuer de déterminer l'évolution des salaires. La tendance à la polarisation des salaires devrait également se renforcer.

Pour un grand nombre d'emplois sans-doute, sur le long terme, il est à craindre que les salaires soient soumis à une forte pression. Si l'on adhère à la thèse que « cette fois, c'est différent[263] », l'intelligence artificielle raréfiera l'offre d'emplois au fil des décennies. De plus, nombre d'emplois seront déqualifiés – exigeant moins de compétences spécifiques, s'ouvrant à plus de gens et donc subissant une plus forte concurrence. Le déséquilibre entre l'offre d'emplois plus faible et la demande d'emplois plus forte devrait se faire sentir sur les salaires.

D'autres tireront peut-être mieux leur épingle du jeu. Cela pourrait concerner en premier lieu les emplois réellement augmentés. Ceux-ci seraient en mesure de dégager encore plus de valeur ajoutée en se concentrant sur leur cœur de métier, lui-même protégé de l'automatisation. On devrait également trouver dans cette catégorie mieux lotie tous les experts de la diffusion, la mise en place et l'administration de l'intelligence artificielle – depuis les ingénieurs en IA jusqu'au experts fonctionnels fournissant le savoir nécessaire à sa mise en œuvre industrie par industrie[264]. De manière plus générale, il n'y a pas lieu de croire que les professions aujourd'hui bien rémunérées et identifiées comme étant protégées de l'automatisation subiraient une dégradation de leur rémunération.

Reste le cas des professions aujourd'hui peu rémunérées dont on prévoit qu'elles soient un débouché important pour les humains, d'une

---

[263] Voir cette partie du discours du Pessimiste auquel adhère également la Radicale, pages 140 et suivantes.
[264] Voir la nouvelle validité du principe de Boucles d'Or, page 204 et suivantes.

part parce qu'elles sont partiellement protégées de l'automatisation et d'autre part parce qu'elles répondent à un besoin fort : le soin, le social et l'éducation par exemple. Qu'adviendra-t-il des salaires dans ces professions ? Difficile à dire. Peut-être faudra-t-il attendre un changement de paradigme social pour qu'ils soient rémunérés à leur juste contribution.

Le cas des traducteurs nous donne peut-être un avant-goût de l'avenir pour une profession directement en ligne de mire de l'intelligence artificielle. C'est un cas d'école, donc nos quatre amis les ont évoqués tout-à-l'heure dans leur discussion[265] : l'Optimiste se réjouissait de leur augmentation, la Modérée constatait le rétrécissement de leur domaine d'intervention et le Pessimiste déplorait la diminution de leur salaire. Tous les trois avaient raison. Björn Bratteby, le président de la Société française des traducteurs (SFT), affirme que la croissance de la profession est alimentée – et non pas entamée – par la technologie. Il concède néanmoins une pression tarifaire sur les professionnels. Près de 60 % de ses adhérents facturaient moins de 300 euros la journée en 2015 contre 39 % en 2008[266]. Or depuis 2015, la performance de la traduction automatique a beaucoup augmenté ; la tendance a dû s'exacerber. Une recherche de traducteurs sur la plateforme UpWork est édifiante. Sur environ 30 000 traducteurs français-anglais, 29% ont un taux horaire de moins de 10 dollars, 57% entre 10 et 30 dollars, 11% entre 30 et 60 dollars, et 3% supérieurs à 60 dollars. 86% des traducteurs sur UpWork facturent donc moins de 30 dollars à l'heure soit moins de 240 dollars à la journée[267]. La concurrence est farouche sur les prix. Les traducteurs prétendent tous « ne pas utiliser d'outil de traduction automatique », ce qui est démenti par les témoignages des clients mécontents. A côté de cet environnement concurrentiel rude entraînant une baisse des rémunérations, un petit nombre de traducteurs continuent à facturer leurs services à un prix élevé pour des prestations exigeant une qualité supérieure. D'autres encore travaillent

---

[265] Voir tout le Chapitre 6.
[266] https://www.lemonde.fr/sciences/article/2017/11/27/les-traducteurs-humains-sur-la-sellette_5221043_1650684.html
[267] En comptant une journée de 8 heures.

pour les entreprises technologiques qui développent la traduction automatique – les Google et les DeepL de ce monde-, et sont probablement bien payés. Mais combien sont-ils, et pour combien de temps ?

Le spectre du changement de type d'emploi

On l'a vu, l'accumulation des tâches automatisables engendre, pour tout emploi, le risque d'être au moins partiellement automatisé. La demande sous-jacente intrinsèque augmentera ou diminuera la demande pour la portion de l'emploi qui survit. De plus, les grandes tendances démographiques – essentiellement la croissance, ou non, de la population en âge de travailler – jouera sur le surplus net éventuel de travailleurs, pour un métier donné, par rapport au besoin.

Au niveau mondial puis à l'échelle de quelques pays majeurs, l'Institut Global McKinsey (MGI) a fait tourner ses simulations. Il en ressort selon lui que si 50% des tâches - en termes d'heures travaillées - sont techniquement automatisables aujourd'hui, seules 15% environ dans le scénario moyen seraient effectivement automatisées à horizon 2030[268]. L'adoption est moins forte que le potentiel en raison des contraintes économiques, sociales, règlementaires et de toute l'inertie de mise en œuvre que nous avons évoquées. En ajoutant les dynamiques macro-économiques et démographiques, le MGI conclut que « seuls » 3% des travailleurs seraient contraints de changer de type d'emploi [269]. Cependant cette valeur de 3% pourrait se monter à 14% dans certaines circonstances moins favorables. 14%, cela ferait 375 millions de personnes contraintes de changer de type d'emploi ! Il ne s'agit pas ici de changer simplement d'employeur mais bien de nature d'emploi, avec des tâches différentes et des compétences différentes. Dans la plupart des pays, nous dit le MGI, les scénarios économiques moyens ou soutenus permettraient de garantir l'emploi pour tous à horizon 2030,

---

[268] De 0 à 30% suivant les scénarios [31].
[269] De 0 à 14% suivant les scénarios [31].

moyennant les requalifications nécessaires. Le diagnostic nous paraît pour le moins optimiste.

Enfin, dans une étude ultérieure[270], le MGI dresse aussi une typologie des emplois perdus ou gagnés en fonction des compétences nécessaires, au sens le plus large du terme. Il en ressort plusieurs tendances générales. Parmi les emplois en décroissance, on compte ceux basés sur les compétences manuelles et physiques (par exemple les magasiniers, les chauffeurs, les soudeurs, les conducteurs de machines) ainsi que sur les compétences cognitives de base (par exemple les agents administratifs ou les fonctions support dans une entreprise). En croissance, on trouve les emplois faisant appel à des compétences socio-émotionnelles (par exemple les managers) ou technologiques (par exemple dans tout le secteur informatique). Quant aux emplois riches en compétences cognitives supérieures, certains auront le vent en poupe (par exemple les créatifs) et d'autres seront en décroissance (par exemple les emplois de la finance, de la comptabilité et du paralégal).

Quelques exemples précis d'emplois dans chacune des catégories peuvent s'avérer intéressants à passer en revue. C'est ce que nous allons faire maintenant.

---

[270] Cette étude porte sur les compétences (skills) [13].

Chapitre 9.   Des docteurs et des footballeurs

Faire une prévision précise sur tous les métiers recensés, à l'horizon de 10 à 20 ans, est impossible. L'une des raisons en est l'ampleur : il y a 615 classes d'activité européennes, 732 sous-classes françaises et 840 types d'occupation dans la nomenclature américaine. Mais les raisons principales sont plus fondamentales, à savoir l'extrême difficulté à modéliser l'évolution des emplois individuels, ainsi que l'incertitude qui persiste dans une majorité de cas.

Nous ne nous risquerons pas ici à l'exercice fait par les chercheurs d'Oxford[271] qui publièrent dans leur étude de 2013 une liste détaillée de prédictions, associant à chaque métier une probabilité précise d'automatisation. Cette liste, d'ailleurs très critiquée[272], fut transformée par plusieurs tierces parties en petits outils faciles à consulter mais plutôt avares en nuances et en explications[273]. Ceux-ci sont à utiliser avec circonspection.

Notre seul but est de donner suffisamment d'indications pour éveiller l'attention, susciter éventuellement un approfondissement des recherches et surtout éviter une orientation malheureuse à l'horizon temporel d'une génération – 10 à 20 ans. Pour ne pas ajouter à l'incertitude, nous nous cantonnons essentiellement aux technologies éprouvées aujourd'hui. Nous nous limitons également aux emplois existant aujourd'hui et ne procédons pas à une recombinaison

---

[271] Carl Frey et Michael Osborne, chercheurs à l'université d'Oxford [16].
[272] La liste fut critiquée en particulier parce que l'étude avait été menée au niveau de l'emploi dans sa totalité, et non de la tâche.
[273] Voir par exemple « Will robots take my job?", à consulter avec prudence https://willrobotstakemyjob.com/ . Voir également l'outil interactif de Bloomberg https://www.bloomberg.com/graphics/2017-job-risk/

importante de tâches entre les emplois. Attention : le résultat demeure indicatif et qualitatif, et non le fruit d'un modèle poussé.

Les 23 métiers figurant ci-après ont été sélectionnés parce qu'ils illustrent l'ensemble du spectre des prévisions. Ils recouvrent des emplois tant manuels que cognitifs, aussi bien hautement que faiblement qualifiés. Nous donnerons pour chacun de ces métiers un bref éclairage. Cet éclairage n'est autre que la réponse qualitative implicite aux questions posées dans les chapitres précédents. L'emploi est décomposé en tâches et pour la ou les principales d'entre elles, la question est posée de déterminer si elles sont techniquement automatisables, si l'automatisation est bénéfique, s'il y a ou non une prime à l'humain. Après recombinaison des tâches en emplois, l'interrogation porte sur le caractère suffisamment porteur ou non de la demande du marché. Nous simplifierons drastiquement le raisonnement en nous basant sur la ou les 2 tâches principales constitutives de l'emploi en question. Ceci nous permettra de tirer une conclusion sur le métier tel qu'il se pratique aujourd'hui, mais évidemment pas sur les calculs précis d'ETP (équivalents temps plein). Nous parlerons parfois de court-terme (une décennie), de moyen-terme (deux à trois décennies), ou de long-terme (au-delà). Nous signalerons si le métier est clairement à l'abri de l'automatisation ou à l'inverse s'il en est une victime assurée. Nous donnerons, quand ce sera possible, une indication sur la rémunération. Nous insisterons sur l'incertitude qui prévaut à chaque fois qu'une grande direction est impossible à déterminer avec suffisamment de confiance. Enfin, si la grande direction que nous voyons est très différente de ce que peuvent donner d'autres sources, nous le mentionnerons également. Les métiers sont présentés ici par famille. Le poids économique et démographique varie grandement d'un métier à l'autre et n'est pas un critère pour figurer dans la liste qui suit.

Conducteur de véhicules

Les véhicules autonomes sont l'une des applications de l'intelligence artificielle les plus souvent mises en avant. Ils permettront non seulement un gain financier mais aussi une réduction importante du nombre d'accidents.

La faisabilité technique de la conduite autonome a longtemps été considérée comme largement hors de portée des machines, essentiellement en raison du caractère hautement imprévisible de la circulation. C'est bel et bien la gestion du véhicule dans les conditions réelles de circulation, avec son lot d'aléas, qui pose problème. La navigation (trouver son chemin) et la conduite technique de la voiture (en actionner les commandes pour effectuer les manœuvres désirées) sont maîtrisées. Dans le cas des taxis autonomes, les autres tâches (trouver les clients et les accueillir) sont d'un point de vue technologique suffisamment mûres ou en voie de l'être.

Les défis technologiques amènent à distinguer différents environnements de conduite. Les véhicules autonomes ne sont pas prêts à ce jour à fonctionner dans les conditions de circulation les plus difficiles – par exemple la Place de l'Etoile à Paris ou le cœur de Manhattan à l'heure de pointe, ou à plus forte raison New Delhi ou Mumbai à n'importe quelle heure de la journée. En revanche, l'essentiel des trajets de camions s'effectuent sur des grands axes, donc dans des conditions plus facilement contrôlables, et de centre logistique à centre logistique, en dehors des centres urbains.

L'autonomie complète des véhicules, dites de niveau 5, est encore jugée par certains improbable dans un futur proche – mais d'autres comme Elon Musk, le patron de Tesla, sont d'un avis opposé et l'affirment avec force. Selon lui il sera possible d'ici la fin de 2020 de s'endormir sans risque dans sa voiture et de se réveiller le lendemain à destination[274]. Pour d'autres, il faudra probablement attendre au moins une décennie - et peut-être plus - pour que les chauffeurs de taxi, en particulier, commencent à céder le pas aux véhicules sans conducteur en dehors de zones très protégées. Les chauffeurs routiers de longue distance seront probablement affectés avant les chauffeurs de taxi. Des camions tests roulent déjà dans ces conditions idéales.

---

[274] https://www.youtube.com/watch?v=h6zK5YwH4hk&feature=youtu.be

A long-terme, une fois la technologie arrivée à maturité, l'infrastructure aménagée et le parc de véhicules remplacé, il n'y aura plus de chauffeur de camion ou de voiture. Cela n'empêche pas les chauffeurs routiers d'être actuellement très demandés aux Etats-Unis, où la pénurie serait de 50 000 chauffeurs, ce qui a entraîné de très fortes hausses de salaires[275]. Quant à la France, la profession emploie environ 800 000 chauffeurs de camion ou de voiture à ce jour[276].

Ouvrier de manutention

L'intelligence artificielle et la robotisation conquièrent un à un tous les postes de manutention. Elles ont commencé par les opérations les plus standardisées, comme la manipulation de palettes lourdes et encombrantes et leur mise en racks. Elles étendent progressivement leur domaine d'intervention aux opérations les moins routinières et qui demandent le plus de finesse. L'étape finale sera la manipulation d'objets aux formes variables à extraire délicatement d'un stockage en vrac.

Ainsi, le visiteur d'un grand entrepôt d'Amazon ou de son équivalent chinois Alibaba sera d'abord surpris par le très faible nombre d'employés[277]. De gigantesques bras manipulateurs saisissent les palettes et les mettent en racks. Des colonnes de stockages mobiles sont véhiculées par une flottille de plateformes autonomes qui se glissent sous elles, les surélèvent et les font glisser à destination dans une chorégraphie étonnante. Quelques petites mains humaines interviennent encore pour mettre en caisse des articles individuels – mais leur remplacement par des machines est déjà à l'étude. Pour l'heure, elles opèrent sous le contrôle de multiples capteurs augmentés d'intelligence artificielle qui signalent, le cas échéant, si un mauvais

---

[275] https://www.cnbc.com/2019/01/28/walmart-is-hiring-hundreds-of-truck-drivers-and-paying-them-close-to-90000-a-year.html
[276] L'essentiel des statistiques de l'emploi en France présentées dans ce chapitre proviennent de la DARES – direction de l'animation de la recherche, des études et des statistiques – du Ministère de l'Emploi [17].
[277] https://www.youtube.com/watch?v=4sEVX4mPuto

article a été saisi. De gigantesques convoyeurs à courroie munis de systèmes d'aiguillages transportent les petites caisses.

Les ouvriers de la manutention, encore au nombre d'environ 800 000 en France, vont inexorablement disparaître à terme. Le rythme de la réduction d'effectif sera conditionné non seulement à la faisabilité technique mais aussi aux considérations économiques. Les entités de moindre taille trouveront peut-être plus rentable de ne pas investir, pour un temps, dans les automatismes.

Plombier

Le plombier installe les réseaux d'eau, pose et raccorde les éléments sanitaires et la robinetterie, et réalise la maintenance complète des installations, du débouchage de canalisation à la réparation de fuites.

L'essentiel de son métier est difficile à automatiser pour de multiples raisons : les opérations élémentaires sont très variées, l'environnement de travail est à chaque fois différent, encombré et souvent compliqué d'accès. Enfin la nature physique des tâches à accomplir, comme la pose et le raccordement de tuyaux, est délicate à automatiser en raison de la dextérité et de la mobilité nécessaires.

L'heure n'est pas à l'automatisation pour les quelque 60 000 plombiers de France. La robotisation ne semble même pas menacer à moyen-terme. Les débouchés ne manquent pas en raison de la construction neuve mais surtout de la rénovation et des réparations, qui sont souvent urgentes. La rémunération des plombiers est jugée attractive, voire très attractive pour les artisans travaillant à leur propre compte. La profession connaîtra-t-elle un afflux de candidats ?

Cuisinier

La palette des métiers couverts par le terme de cuisinier est extrêmement vaste, depuis le commis jusqu'au grand chef étoilé.

La robotisation est déjà largement entrée dans les cuisines depuis les années 60, facilitant la découpe sous toutes ses formes, permettant de pétrir la pâte ou de battre les blancs en neige. L'intelligence artificielle entre désormais dans les fours en déterminant les bonnes conditions de cuisson. La tendance va se poursuivre vers les frigidaires et les autres appareils électroménagers. Tous seront connectés et fonctionneront de manière synchronisée, ce qui réduira d'autant les tâches du personnel de cuisine.

Des cuisines entièrement automatisées existent déjà à l'état de prototype[278] : le robot, ayant été notifié de la commande, récupère les ingrédients, les mélange, les fait cuire, et les place dans l'assiette prête à servir. Dans certains hôtels, plus à titre d'attraction qu'autre chose, les omelettes sont faites par un robot (qui se risque même à les faire sauter, la plupart du temps avec succès). De nombreux essais sont en cours pour automatiser davantage encore les *fast-foods* : le type de cuisine qui y est servi semble se prêter parfaitement à l'exercice. Un robot à retourner les hamburgers existe depuis plusieurs années. Des kiosques de *fast-food* automatisés sont déjà disponibles à Shanghai ou en Californie[279]. De nombreux restaurants japonais présentent des niveaux d'automatisation très élevés, depuis la prise de commande jusqu'à la livraison du plat par un tapis roulant ou mieux encore un petit train miniature, en passant par la confection des sushis en cuisine[280].

Si l'on omet l'élite des grands chefs et la tâche de création de nouveaux plats, qui restera sans doute pour quelques temps l'apanage des humains, les autres tâches ont toutes le potentiel à être automatisées à moyen-terme. Là encore, seules les considérations économiques préserveront pour un temps l'emploi dans les cas où les économies de salaires ne sauraient justifier l'investissement en équipement. On peut donc gager que l'automatisation extrême des métiers de cuisine se produira d'abord dans les pays à fort coût de main-d'œuvre ou à pénurie de main-d'œuvre.

---

[278] Par exemple Spyce, fruit des efforts de 4 étudiants du MIT
https://www.youtube.com/watch?v=byDmDWq7wc8
[279] https://www.foodbeast.com/news/artificial-intelligence-could-change-the-fast-food-industry-in-a-major-way/
[280] Voir par exemple la chaine Genki Sushi qui exporte son format dans tous les pays où elle s'installe.

Coiffeur

Le coiffeur occupe un poste qui s'avère stratégique dans le contexte actuel. Sa clientèle est exigeante et très sensible car l'aspect capillaire touche au plus près de son apparence et de son identité. La clientèle formule des demandes individualisées, en s'inspirant parfois de modèles qui finissent presque toujours par être personnalisés et retouchés. Et même si la coupe est standard, même si elle consiste à raser la tête de l'individu, sa mise en œuvre physique est difficile à réaliser. Enfin, une certaine catégorie de clientèle va chez le coiffeur non seulement pour l'entretien de sa chevelure mais aussi pour une bonne discussion. La coiffure semble donc cumuler tous les obstacles à l'automatisation.

Pour le plus grand soulagement des quelque 200 000 coiffeurs de France, la coiffure devrait rester un secteur protégé de l'automatisation pendant bien longtemps. La vivacité de la demande colle de près à la vivacité démographique. Néanmoins, la profession figure dans la catégorie d'occupations qui sont faciles pour l'humain et difficiles pour la machine. Le faible niveau de technicité exigé et l'existence d'une grande concurrence ne permettent pas de s'assurer une rémunération élevée – à l'exception des quelques stars de la coiffure.

Caissier

Les tâches du caissier consistent essentiellement à enregistrer les achats effectuer et à collecter le paiement. Le paiement, en particulier électronique, ne nécessite plus d'intervention humaine ; l'enregistrement des achats en consomme de moins en moins.

La décrue de l'emploi depuis le pic du milieu des années 2000 s'est amorcée avec les gains de productivité aux caisses, notamment grâce à la lecture rapide des codes-barres par les scannettes. Les effectifs ont encore chuté quand le passage à la caisse a été partiellement sous-traité aux clients eux-mêmes, en libre-service, sous supervision distante d'un nombre réduit d'employés. Les clients y trouvent leur compte en réduisant considérablement leur délai d'attente.

Le coup de grâce pour l'emploi des caissiers viendra quand les achats seront automatiquement comptabilisés en temps réel, grâce à différents capteurs, dès que les marchandises seront retirées des rayons. Il n'y aura plus de caisse puisque le paiement pourra être lui-même réalisé à partir d'un téléphone mobile, voire automatiquement en détectant l'identité de l'acheteur. De tels dispositifs existent déjà avec les supermarchés sans employés qui apparaissent sous forme embryonnaire aux Etats-Unis ou en Chine[281].

Cette automatisation progressive du métier de caissier se produit alors que la demande elle-même faiblit. Ce n'est pas que le commerce soit en phase de décroissance, loin de là ; mais les ventes en ligne cannibalisent progressivement le commerce physique.

Les caissiers et employés de libre-service, qui représentent encore près de 300 000 employés en France, sont amenés à disparaître complètement à court ou moyen-terme[282]. La disparition annoncée du métier de caissier pénalisera certes les employés dont c'est le gagne-pain. Mais le métier est très peu gratifiant, souvent éreintant physiquement, assorti d'horaires de travail malcommodes, et très mal rémunéré. Beaucoup verront dans la substitution de l'humain par la machine une avancée pour l'humanité.

Opérateur de saisie

L'opérateur de saisie utilise son clavier d'ordinateur pour saisir manuellement des données qui atterrissent en général dans les systèmes de gestion de l'entreprise.

C'est l'un des métiers parmi les premiers à avoir été externalisés vers des pays à bas-coût de main d'œuvre. Ce sera aussi, avec un fort degré de certitude, l'un des premiers à disparaître à court terme. En effet, les applications les plus routinières sont déjà prises en charge par le RPA

---

[281] AmazonGo aux USA et Hema (groupe Alibaba) en Chine, notamment.
[282] L'Institut Sapiens donne la date de 2050 à 2066 qui nous semble extrêmement tardive. Nous serions surpris qu'il reste des caissiers dans les supermarchés dans 10 ou 15 ans.

(Robotic Process Automation). Cette technologie se contente de répliquer fidèlement les tâches effectuées par un opérateur, sans même qu'il soit nécessaire de faire de la programmation – elle est donc très simple à mettre en œuvre.

Pour la saisie un peu plus complexe, son périmètre d'action coïncide avec les facultés parmi les mieux développées de l'intelligence artificielle – la reconnaissance optique de caractères et le traitement du langage naturel. Pour la saisie de factures, par exemple, la machine peut lire des montants (même manuscrits) et identifier parmi les différents champs de texte où se trouve le nom du fournisseur ou l'objet de l'achat.

L'opérateur de saisie exerce lui aussi un métier ingrat et peu rémunéré. Si la profession remplit bien une fonction économique de base pour les individus qui l'occupent, elle ne correspond pas à une activité épanouissante qui exploite aux mieux les qualités de l'humain.

Agent de centre d'appel

Un agent de centre d'appel peut remplir diverses fonctions. Dans tous les cas de figure, son métier est psychologiquement difficile et parfois peu gratifiant. De plus, lorsque les clients sont des particuliers, leurs besoins se manifestent souvent en dehors des horaires normaux d'ouverture des bureaux.

Le télémarketeur amorce l'acte de vente à distance d'un bien ou un service en général peu sophistiqué. Sa démarche est extrêmement répétitive. Son talent de compréhension ou de persuasion du client est en général limité. Le télémarketeur est condamné à disparaitre relativement rapidement, remplacé par un *chatbot* vocal ou d'autres canaux de communication électronique. Ceux-ci, adossés aux systèmes d'information de l'entreprise, pourront s'appuyer sur les autres informations en leur possession et se montrer peut-être plus convaincants.

L'agent de service client répond aux demandes ou aux plaintes de clients en général peu satisfaits. Les requêtes ont des niveaux de difficulté variables. Dans les cas simples et les scénarios relativement bien bornés, des *chatbots* peuvent là aussi assurer l'essentiel de la conversation grâce aux progrès immenses du traitement du langage naturel. Les agents virtuels cognitifs savent déjà aller explorer les bases de données de l'entreprise pour trouver, par exemple, un prix, une date de livraison prévisionnelle ou l'état précis d'une commande. L'intelligence artificielle peut même enchainer sur un service complémentaire personnalisé proposé au client. Alors que celui-ci était initialement mécontent, le voilà désormais complètement conquis et acquis à la cause de l'entreprise.

Les bénéfices au remplacement des humains par les machines sont à la fois un gain économique et une augmentation de la qualité de service, les machines étant toujours disponibles.

Les employés de service client disparaitront par phase et par niveau d'intervention. Seuls les employés affectés à la résolution des problèmes complexes, techniquement ou humainement, survivront à court et moyen terme.

Secrétaire et assistant

Le secrétariat administratif a entamé sa longue phase de déclin avec l'avènement de l'informatique. L'effectif du secteur en France est d'environ 600 000 personnes aujourd'hui, soit 25 % de moins qu'il y a trente ans.

Jadis, le ou la secrétaire prenait note de consignes orales ou gribouillées sur un papier pour les retranscrire informatiquement et les exécuter. L'intelligence artificielle s'en charge toute seule aujourd'hui. Elle peut dans la foulée identifier et contacter des interlocuteurs ; filtrer des demandes d'accès ; répondre à des courriels standard ; prendre ou confirmer des rendez-vous ; remplir des formulaires et des demandes de renseignement ; récupérer des données et effectuer des analyses diverses ; faire des notes de frais ; réserver des billets d'avion ou des nuitées d'hôtel.

La chute du secteur va non seulement se poursuivre mais s'accélérer, n'épargnant potentiellement que la frange supérieure des secrétaires de direction à la plus forte valeur ajoutée. Le secrétariat et l'assistance administrative sont dans l'ensemble voués à la disparition.

Comptable

Un contingent de plus de 300 000 employés travaillent à la comptabilité des entreprises en France.

Les tâches les plus élémentaires sont de réconcilier les factures avec les commandes, de saisir des informations, de rapprocher des relevés de banque avec le journal général des transactions, et enfin de classer et conserver tous les documents. Les comptables plus chevronnés établissent les comptes de gestion de l'entreprise, s'assurent qu'ils sont équilibrés et les analysent. Ils s'assurent également de l'interprétation correcte et de la mise en œuvre des normes nouvelles ou modifiées.

Toutes ces tâches entrent dans la cible privilégiée de l'intelligence artificielle puisque la comptabilité est une pure création mathématique basée sur le recueil et l'analyse de données. Ces tâches seront donc à court ou moyen terme réalisées par l'intelligence artificielle. Même l'introduction et l'application de règles nouvelles nécessitera un nombre limité d'experts dont les conclusions pourront être apprises par la machine et diffusées. A l'exception des rôles de supervision et de responsabilité légale des comptes de l'entreprise, les effectifs du secteur de la comptabilité devraient fondre à moyen-terme.

Analyste financier

L'analyste financier « recherche les informations utiles et pertinentes, les traite, les analyse, les organise et les incorpore dans différents modèles afin de favoriser la prise des meilleures décisions possibles »[283].

Or l'acquisition de données et leur traitement sont exactement les domaines où excelle l'intelligence artificielle, dépassant très largement les capacités humaines pour ce qui est de la détection de corrélations. Nouriel Roubini, l'économiste qui envers et contre tous avait prédit le crash financier de 2008, affirme : « Il y avait des dizaines de signaux

---

[283] https://www.usherbrooke.ca/ecole-gestion/departements/finance/informations/analyste-definition/

différents qui allaient conduire à un point de bascule »[284]. Ces différents signaux, l'intelligence artificielle ne les rate pas. Une fois l'infrastructure mise en place, elle fait mieux que les analystes économiques et financiers et peut aisément se passer d'eux. Mentionnons toutefois que l'étude d'Oxford [285] leur attribue une plus grande difficulté à l'automatisation, peut-être en raison de la validation humaine nécessaire suivant l'importance des décisions à prendre, ou en raison de la difficulté de la mise en place initiale.

Le conseiller financier, assistant les particuliers et les professionnels à la gestion de leur patrimoine financier, est dans une situation plus vulnérable encore. De multiples robots conseillers émergent déjà dans le paysage des start-ups, proposant de mettre les données à la place des émotions[286]. Le conseiller financier ne peut en aucun cas faire le poids.

Les conseillers financiers devraient disparaître complètement à court-terme. Les analystes financiers leur survivront peut-être quelques temps suivant l'impact des analyses à mener. Dans l'intervalle ils seront très fortement augmentés, ce qui devrait faire fondre leur effectif à moins d'un net regain d'activité.

Expert d'assurance

L'expert d'assurance prend connaissance des circonstances d'un sinistre, constate les dégâts et chiffre les dommages, recherche les causes et établit les responsabilités, fait preuve d'objectivité tout au long du processus autant que faire se peut.

La plupart de ces tâches font appel à la perception de l'expert pour l'estimation du niveau des dégâts et à des bases de données pour en chiffrer la réparation et le remplacement. Les facultés ici mises en œuvre coïncident avec celles de l'intelligence artificielle. La recherche

---

[284] https://www.theguardian.com/business/2009/jan/24/nouriel-roubini-credit-crunch
[285] Etude de Frey et Osborne de 2013 [16].
[286] Connect est un exemple parmi de nombreux autres https://www.crossbridgeconnect.com/

des causes et l'établissement des responsabilités seront peut-être plus longs à automatiser, comme le travail d'un juge.

L'expert d'assurance sera très largement augmenté par l'intelligence artificielle à court terme, créant un gain financier pour toutes les parties et une rapidité de traitement très appréciée des victimes de dommages [287] . Cette augmentation significative de l'expert par la machine devrait réduire l'effectif de la profession, à moins que le volume d'assurés n'augmente très significativement dans des territoires où la couverture actuelle est faible. La disparition définitive de l'expert d'assurance, annoncée comme inévitable à court terme par l'étude d'Oxford, ne pourra se faire qu'avec l'automatisation de l'établissement des responsabilités.

Manager

Manager est un terme regroupant une grande diversité d'emplois. De manière générale le manager assure des fonctions d'encadrement, insuffle une direction à son équipe et en assume les résultats.

L'intelligence artificielle, elle, sait tout juste contrôler des résultats et mettre en lumière des facteurs possibles d'explication – ou du moins de corrélation puisqu'elle maîtrise mal les liens de cause à effet. Elle sait aussi faire des prédictions et orienter des décisions.

En revanche l'IA ne sait pas diriger une équipe d'hommes et de femmes : les inspirer, les encourager, en comprendre les motivations profondes, gérer les conflits. Elle ne serait de toute façon pas légitime aujourd'hui – c'est la prime à l'humain. L'IA sait établir des stratégies gagnantes dans des environnements bien définis, mais ne comprend pas l'environnement dans lequel opère une entreprise ou tout autre institution. Elle ne peut pas, avec les technologies actuelles, décider des priorités d'une équipe et encore moins créer une stratégie qu'elle déciderait elle-même d'adopter. Enfin l'IA n'est pas responsable

---

[287] L'assurance Lemonade fonctionne sur ce modèle de tout faire « instantanément » : https://www.lemonade.com/

moralement ou juridiquement – seul un humain peut aujourd'hui assumer cette responsabilité.

Le manager sera certainement augmenté par l'intelligence artificielle, mais pas remplacé dans un futur proche. Il est probable que la valeur du manager – et donc sa rémunération – augmentera.

Assistant juridique

L'assistant juridique, ou assistant paralégal[288], est un assistant spécialisé dans le droit qui peut rédiger des procédures et des comptes-rendus, mais aussi, suivant les pays et les pratiques, effectuer des recherches de jurisprudence ou de doctrine.

Toutes ces opérations sont très consommatrices de temps pour les humains, mais relativement faciles à réaliser pour une intelligence artificielle : lecture quasiment instantanée de milliers de page, mémoire infaillible, identification des passages pertinents grâce à la compréhension sémantique, génération de notes de synthèse.

A l'issue de ce combat très inégal, les assistants juridiques sont condamnés à voir leur effectif chuter à court ou moyen-terme.

Avocat

On ne verra pas avant longtemps d'intelligence artificielle se lancer dans une plaidoirie passionnée au tribunal – le robot en toge attendra encore plusieurs générations. Mais la plaidoirie n'est qu'une petite partie de l'activité de l'avocat.

Tout le travail de prise de connaissance du dossier et de recherche de jurisprudence, on l'a vu avec l'assistant juridique, sera inévitablement du ressort de l'intelligence artificielle. Celle-ci pourra fournir des simulations de jugement et inciter à transiger plutôt qu'à aller au tribunal. Elle permettra de proposer des compromis, par exemple pour les règlements de divorce, en gagnant un temps considérable.

---

[288] Cet américanisme est de plus en plus employé en français.

Certains avocats se spécialisent en droit des affaires. En 2017, une intelligence artificielle[289] a été mise en concurrence avec 20 avocats d'affaires pour la relecture d'un ensemble d'accords de confidentialité. L'IA est parvenue à détecter plus de problèmes juridiques dans ces contrats que la moyenne des avocats. De plus, là où les humains avaient passé en moyenne 92 minutes, l'IA n'a eu besoin que de …. 26 secondes ! Officiellement, les avocats se sont réjouis de pouvoir être augmentés dans leur efficacité et de pouvoir se consacrer à des aspects plus intéressants du métier.

Le risque pour ces avocats, même s'ils semblent dans le déni à l'heure actuelle, est que cette « augmentation » de leurs moyens prenne de plus en plus d'ampleur jusqu'à les remplacer partiellement. Les honoraires d'avocats sont une grande incitation à trouver des solutions techniques à leur substitution au moins partielle.

Les avocats, donc, seront considérablement augmentés bien que certaines de leurs fonctions actuelles ne soient pas automatisables – comme la négociation et la persuasion. A moins d'une forte augmentation d'activité permise par la baisse du coût, l'effectif de la profession devrait baisser. Il est plus difficile de prévoir l'évolution de leur rémunération.

Médecin

Le médecin, aujourd'hui, doit se soumettre à des études très longues visant à lui faire comprendre et apprendre rien moins que le fonctionnement du corps humain, ses maladies et les traitements correspondants. Ce n'est qu'après qu'il se spécialise éventuellement. L'effort demandé est immense. Il doit alors appliquer son savoir tout en gérant la relation humaine avec ses patients.

Demain, c'est-à-dire d'ici peut-être 20 ans, l'intelligence artificielle saura diagnostiquer les maladies avec une précision bien supérieure à l'humain[290]. L'IA recommandera aussi un plan thérapeutique, intégrant

---

[289] L'IA était celle de la start-up LawGeex.
[290] Voir pages 102 et suivantes.

les derniers progrès de la science ; le plan pourra être complètement personnalisé dans le cadre de la médecine de précision.

Le médecin sera donc augmenté par l'IA pour les tâches de diagnostic et de thérapeutique. Certains prédisent que le médecin se transformera en infirmière de luxe, plus disponible, moins cher qu'un médecin actuel[291]. Cela se produirait effectivement si la formation initiale, devenue moins longue et moins poussée, rendait le métier moins sélectif et l'ouvrait à plus de candidats. Le rôle du médecin évoluerait et il pourrait consacrer beaucoup plus de temps à l'accompagnement des patients. La profession serait organisée de sorte qu'il puisse se référer à un spécialiste en cas de doute médical. Avec un nombre de médecins plus important et des tarifs moins élevés, l'accès à la médecine pourrait être facilité dans les territoires moins bien couverts aujourd'hui. Il n'y aurait plus de désert médicaux, que ce soit dans les pays avancés ou les pays en voie de développement.

La facilitation de l'accès à la médecine et l'augmentation du médecin par l'IA existent déjà dans les Cliniques « Une minute » de Ping An, en Chine[292]. Ces kiosques sans personnel, qui ressemblent à des photomatons, accueillent les patients pour une consultation. Le patient est d'abord pris en charge par une IA qui recueille les symptômes et l'historique médical avant de faire un diagnostic préliminaire. Un vrai médecin, en ligne, se joint ensuite à la consultation et confirme ou modifie le diagnostic et les prescriptions. Une petite cabine attenante fait office de pharmacie, elle aussi sans personnel. Selon Ping An, son IA médicale, entraînée par les données de 300 millions de consultations, peut reconnaître environ 2 000 pathologies ; la pharmacie attenante stockerait une centaine de médicaments les plus demandés ; il y a aurait environ 1000 de ces kiosques déployés à la fin 2018. Cela ne peut que faire réfléchir, y compris en Occident.

---

[291] C'est notamment la prévision de Kai-Fu Lee et elle n'est pas dénuée de bon sens.
[292] https://www.mobihealthnews.com/content/ping-good-doctor-launches-commercial-operation-one-minute-clinics-china

L'IA ne se substituera pas complètement au médecin, mais elle fera probablement évoluer significativement le métier. L'impact sur l'effectif total est incertain mais la rémunération devrait diminuer avec la déqualification.

Aide-soignant

L'aide-soignant assure le confort physique et moral des personnes dont il a la charge, les accompagnant dans les activités de la vie quotidienne et contribuant à leur bien-être. Leur intervention est à la fois très physique, aidant les patients à pallier une autonomie parfois diminuée, et profondément relationnelle.

Certaines des tâches physiques, en particulier celles requérant une force réelle pour aider les patients à se mouvoir, peuvent être au moins partiellement robotisées. Mais l'ensemble des interventions, en particulier les soins corporels, sont beaucoup trop complexes pour être automatisées et robotisées à court ou moyen-terme. La partie relationnelle, quant à elle, reste largement du domaine humain même si la robotique et l'intelligence artificielle commencent à s'y intéresser - on l'a vu avec votre tante Stéphanie[293]. Il n'en reste pas moins que subsiste une forte prime à l'humain.

Avec le vieillissement de la population, ce n'est pas un hasard si l'effectif des aides-soignants, maintenant de 600 000 en France, a plus que doublé en une trentaine d'années. Cette tendance a toutes les chances de se poursuivre avec l'évolution démographique anticipée et l'évolution sociale que beaucoup souhaitent à l'ère de l'intelligence artificielle.

La tendance sera la même à l'autre bout du spectre de la vie, avec les auxiliaires-puériculteurs.

Tous les métiers du soin devraient voir une augmentation de leurs effectifs. Le niveau de rémunération, plutôt faible aujourd'hui, n'a pas

---

[293] Voir pages 95 et suivantes.

de raison objective d'augmenter à moins d'une pénurie de soignants ou d'un changement sociétal notoire.

Enseignant

Le métier d'enseignant, dans la plupart des pays du monde, ressemble beaucoup à ce qu'il était au 19ème siècle : l'enseignant, dans un processus unidirectionnel, transfère ses connaissances aux 20, 30 ou 50 élèves qui l'écoutent. Il est par ailleurs submergé par un ensemble de contraintes administratives ou para-pédagogiques très consommatrices en temps.

Or la transmission de savoir, on le reconnait désormais, n'est qu'une partie infime du rôle du professeur. De plus, la personnalisation de l'enseignement est l'une des clés du succès. L'intelligence artificielle aidera considérablement sur ce point. Avec une compréhension très fine de ce que l'élève a acquis ou pas, l'IA permettra de le guider vers les résultats d'apprentissage désirés en empruntant le chemin le plus adapté à ses facilités, ses préférences et ses goûts, son rythme et ses capacités. Elle proposera les exercices et les projets appropriés, organisera les révisions qui s'imposent.

L'IA s'appropriera aussi toutes les tâches habituellement dévolues aux assistants éducatifs, comme la réponse aux questions administratives ou aux questions basiques sur le contenu du cours. De fait, en 2017, une assistante éducative du nom de Jill Watson officia en ligne à l'université de l'Iowa avec grand succès pendant un trimestre entier ... avant qu'il ne soit révélé que c'était une intelligence artificielle[294].

Dans cette transformation, l'enseignant ne disparaîtra pas – ou du moins pas de sitôt. Si l'IA aide techniquement à l'enseignement matière par matière, si elle peut faire du tutorat de base, elle n'a en fait aucune compréhension de ce qu'elle enseigne et ne saura pas toujours s'élever à la hauteur des questions que pourrait poser l'élève.

---

[294] https://www.businessinsider.com/a-professor-built-an-ai-teaching-assistant-for-his-courses-and-it-could-shape-the-future-of-education-2017-3/?IR=T

Par-dessus tout, il manque à l'IA la capacité de comprendre réellement l'élève, de l'inspirer, de le motiver, de le féliciter ou de le réconforter – en d'autres termes de répondre à ses besoins socio-émotionnels tout en orchestrant son apprentissage. Aujourd'hui elle ne peut que simuler, ce qui est un pis-aller mais conserve des limites.

Délesté d'un grand nombre de tâches dévoreuses de temps, l'enseignant, fort des informations que lui aura communiquées l'IA, pourra passer plus de temps avec chaque apprenant et augmenter significativement l'impact de son travail.

Il y a aujourd'hui plus d'un million d'enseignants en France. Le métier évoluera de manière très significative mais ne disparaîtra pas. Seuls disparaitront rapidement les enseignants qui n'auront pas su adopter la technologie. Le temps libéré par la machine permettra de renforcer l'encadrement des élèves. La variation de l'effectif total ainsi que de la rémunération reste incertaine.

Informaticien

L'écosystème étendu de l'informaticien recouvre de multiples métiers, depuis les scientifiques des données jusqu'aux ingénieurs ou chercheurs en apprentissage machine, en passant par les administrateurs de base de données, de serveur ou de réseau ; les développeurs de tous types ; les analystes programmeurs ou les architectes logiciels. Ils partagent presque tous la caractéristique d'être sur des secteurs en forte croissance et en pénurie de main d'œuvre, assurant des perspectives d'emploi durables. A court-terme, le besoin est encore plus fort en raison des innombrables projets de digitalisation et de mise en œuvre de l'intelligence artificielle.

Seuls les développeurs de base pourraient voir leur emploi menacé à court ou moyen-terme par l'intelligence artificielle, pour la simple raison qu'elle apprend aussi à programmer ! La programmation fait partie des activité simples à apprendre et à mettre en œuvre pour l'IA. De multiples solutions existent déjà pour générer le code élémentaire automatiquement à partir d'instructions fonctionnelles. Le développeur, lui, doit passer un temps considérable pour se tenir au courant de l'évolution ou du remplacement des langages informatiques, maîtriser les dernières avancées programmatiques et adopter les multiples bibliothèques disponibles.

Tout en haut de l'échelle, seuls dix ou vingt mille chercheurs[295] au niveau mondial ont le niveau nécessaire pour faire avancer la science de l'intelligence artificielle. C'est un débouché privilégié qui ne semble pas prêt de se tarir. Les meilleurs chercheurs s'arrachent à prix d'or auprès de la dizaine d'entreprises leader du marché. Ils ont un statut de superstar.

Les divers métiers de l'informatique, hormis peut-être certains aspects automatisables comme la programmation de base constituent une filière d'emploi durable et attractive.

Ethicien en intelligence artificielle

Cette activité est entièrement nouvelle. Elle illustre parfaitement le nouveau type de métiers qui accompagneront et encadreront, dans une certaine mesure, le déploiement de l'intelligence artificielle.

Dans un contexte où les dérives possibles sont nombreuses et potentiellement catastrophiques, l'éthicien aidera à définir et mettre en œuvre l'intelligence artificielle telle que la souhaitent les humains. Il guidera la conception, la construction et l'utilisation des IA.

Par définition, son activité restera humaine. L'effectif sera limité mais le rôle important.

Présentateur de journaux télévisés

Le présentateur de journaux télévisés, sur le plateau, se contente le plus souvent de lire avec conviction les informations entre deux reportages. Il assure par ailleurs les interviews des invités.

---

[295] http://www.jfgagne.ai/talent/

Une chaine chinoise a déjà digitalisé deux de ses présentateurs vedettes et a laissé les avatars présenter un bulletin d'informations[296]. Les visages et les mimiques, la voix et les intonations des avatars étaient calqués sur les originaux. Ils sont encore aisément discernables de leurs modèles humains mais ce n'est qu'une question de temps – et vraisemblablement de très peu de temps.

La valeur ajoutée humaine est négligeable pour cette tâche de présentation de journal – sauf peut-être un peu de crédibilité, pour qui croit encore que le présentateur humain aura plus tendance à dire la vérité qu'une machine et moins tendance à se faire lui-même manipuler. L'avantage immense des avatars est la possibilité de mettre à jour les journaux en temps réel et de ne pas véhiculer des informations datées avec les journaux pré-enregistrés.

L'avatar lui-même n'est pas du tout à même aujourd'hui de mener des interviews, et cela ne devrait pas s'arranger rapidement. L'interviewer pose des questions pertinentes, écoute attentivement et interprète finement les réponses, met en lumière des contradictions ou un manque de clarté et relance l'interlocuteur – tout ceci est au-delà des compétences de la machine aujourd'hui (sauf peut-être la comparaison instantanée avec les déclarations passées). En revanche, si la capacité de l'intelligence artificielle à générer des synthèses d'information est encore imparfaite, elle augmente à grande vitesse : le rôle de l'IA pourrait s'accroître.

A moins d'une très forte prime à l'humain aujourd'hui difficile à anticiper, le présentateur généraliste lui-même est appelé à disparaître à court ou moyen terme. La fonction d'interviewer, qui peut être complètement dissociée, subsistera.

Comédien

Les acteurs stars peuvent demander des dizaines de millions d'euros (ou plus souvent de dollars) pour leurs apparitions. Voilà une incitation

---

[296] https://www.cnet.com/au/news/watch-this-creepy-ai-anchor-talk-like-a-real-person/

forte à les digitaliser, qui présente d'autres avantages. La présence physique de l'acteur n'est plus nécessaire, et avec elle disparaissent un grand nombre d'obstacles : les contraintes de coordination, le faible appétit pour les cascades, les sautes d'humeur, la maladie voire même l'issue fatale.

Les fans de la Guerre des Etoiles auront remarqué l'apparition de Peter Cushing, un héros du film original de 1977, dans l'épisode récent de Rogue One. Or Rogue One est sorti en 2016, et Peter Cushing est mort en 1994. La technologie a parfaitement fonctionné en superposant l'apparence de Gareth Edwards au jeu d'un figurant quelconque ... avec naturellement l'assentiment de l'exécuteur testamentaire. De la même façon on peut imaginer 50 ans encore de nouveaux épisodes de Mission Impossible, avec un Tom Cruise toujours aussi vaillant et apprécié – mais coûtant nettement moins cher.

Le phénomène est encore très marginal, et il y a sans-doute encore une prime à l'humain. Mais les progrès techniques sont considérables dans les technologies de l'image. En outre, le public est de plus en plus habitué aux effets spéciaux et aux images de synthèse, il apprécie les films d'animation, et sa fidélité semble aller davantage aux franchises qu'aux acteurs du moment. Ceci devrait inciter ces derniers à la réflexion.

Footballeurs

Les robots footballeurs, on l'a vu, connaissent des fortunes diverses[297]. Les robots humanoïdes sont à la peine. Les robots sur roues, eux, impressionnent par leur maitrise tant technique que tactique. Mais c'est un sport différent, puisque les robots ne sont pas humanoïdes.

Les joueurs humains professionnels peuvent donc se rassurer. Les plus talentueux d'entre eux continueront pendant bien longtemps à attirer les foules et gagner des fortunes – mais les autres, en dehors de l'élite, auront probablement toujours autant de mal à en vivre. A terme, les robots auront beau gagner en agilité, courir plus vite que les humains et

---

[297] Voir page 79.

tirer dans la lucarne à une distance de 80 mètres, les spectateurs paieront encore probablement pour voir leurs congénères humains sur un terrain de football.

La prime à l'humain est une réalité quand on peut l'observer dans l'effort et la victoire, aussi bien que dans la souffrance et la défaite. N'aime-t-on pas les jeux du cirque depuis la nuit des temps ? Ne reste-t-il pas des spectateurs pour encourager des femmes et des hommes à soulever des poids certes importants pour eux mais ridicules au regard des capacités des machines ? N'apprécie-t-on pas encore aujourd'hui de voir 8 athlètes courir sur 100 mètres à la vitesse somme toute limitée de 40 kilomètres à l'heure ? L'appréciation de la performance humaine n'a souvent rien à voir avec les performances incomparablement supérieures des machines.

Les exemples ci-dessus sont naturellement très limités au regard des centaines de types d'emploi différents. Ils exposent froidement de grands mouvements prévisibles d'emploi. Certains seront des cas d'épanouissement ; un plus grand nombre donnera lieu à de réelles difficultés et souffrances humaines. Ces exemples ne visent qu'à susciter la réflexion critique en vue de grandes décisions d'orientation. C'est le sujet que nous allons aborder maintenant.

Chapitre 10. Un cadre pour s'orienter

D ans les chapitres précédents, nous avons exploré le détail des questions clés à se poser. Puis nous avons pris connaissance de certaines prévisions mondiales consolidées sur l'évolution de l'emploi. Ensuite nous avons passé en revue 23 exemples d'emploi aux destinées bien différentes, les uns voués à disparaître, les autres promis à fructifier.

Il est temps de récapituler et formaliser un cadre d'orientation professionnelle. Ce cadre s'adresse aussi bien aux jeunes s'apprêtant à entrer sur le marché du travail, qu'aux professionnels ayant déjà une carrière plus ou moins longue derrière eux et désireux – ou contraints – d'évoluer. La raison d'être de ce cadre est de faciliter et guider la réflexion avant la prise de décision. C'est avant tout la méthodologie déjà examinée en détail qui est récapitulée. Malgré l'incertitude qui règne et l'évolution rapide de la situation, elle permet de dégager certaines grandes tendances qui gagnent à être prises en compte.

Le critère principal retenu est la pérennité de l'emploi. En parallèle le niveau de rémunération est évoqué dans la mesure du possible. Pour ne pas ajouter à l'incertitude, ce cadre porte sur un horizon de 10 à 20 ans seulement et se base exclusivement sur les technologies disponibles aujourd'hui – ou du moins accessibles moyennant des améliorations incrémentales.

De ce cadre seront aussi tirées des conclusions supplémentaires sur l'influence du facteur temps, la pertinence (ou non) de conserver une attitude « médiane », l'utilité (ou non) de résister à l'adoption de l'augmentation, et enfin l'existence d'un ultime critère de sélection d'emploi.

Les cinq questions

L'ossature de notre cadre reste la succession des questions à se poser.

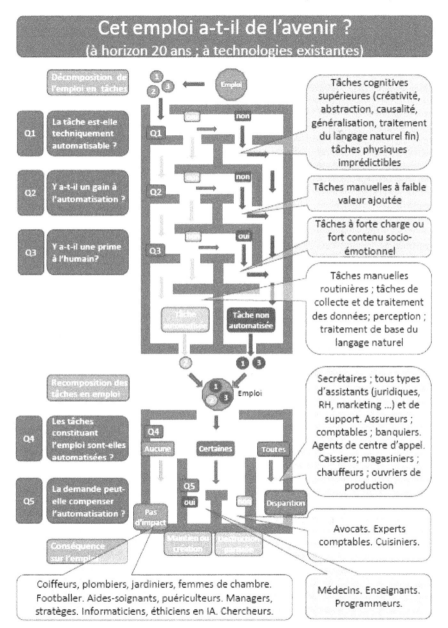

Figure 3: Cet emploi a-t-il de l'avenir ?

L'emploi est d'abord **décomposé** en tâches élémentaires, que l'on soumet au filtre des trois questions d'automatisation.

La tâche est-elle techniquement automatisable ? Pour répondre à cette question il faut se fier à notre comparatif des processus mentaux humains et des facultés de l'intelligence artificielle[298].

On répondra donc par la négative – l'emploi n'est pas techniquement automatisable - lorsqu'est activée la partie supérieure des différents processus mentaux suivants : le raisonnement (l'abstraction, la causalité, la généralisation), la créativité (en particulier la créativité radicale), le traitement du langage naturel (la communication fine et non routinière), les émotions (le comportement à fort contenu socio-émotionnel). On répondra non également pour un certain nombre de tâches physiques non-prédictibles ou exigeant des niveaux de dextérité ou d'équilibre importants. Les emplois qui par conséquent sont d'ores et déjà non automatisables incluent, pêle-mêle, les coiffeurs, les électriciens et les plombiers ; les managers, les stratèges et les chercheurs ; et pour partie les avocats et les informaticiens.

On répondra en revanche oui à la question de savoir si une tâche est automatisable, dès que les processus mentaux mis en œuvre sont principalement la mémoire et l'attention, la perception, la recherche de motifs ou corrélations dans les données, la prédiction, la reconnaissance et la synthèse vocale, l'extraction sémantique sommaire, la créativité par imitation ou par exploration d'un champ de possibles, et enfin les cas ordinaires de motricité. Et puisque la réponse est oui, il faut passer à la question suivante.

Y a-t-il un bénéfice à automatiser ? La réponse est négative dès que le coût de la mise en œuvre est supérieur aux économies réalisées et qu'il n'y a pas d'autre impact de performance. Un grand nombre de tâches manuelles faiblement rémunérées entrent dans cette catégorie, par exemple la manutention de base ou les activités de production de base dans les petites entités, la préparation de cuisine dans les petits établissements. Dans ces cas-là il n'est pas rentable d'automatiser.

---

[298] Se référer à tout le Chapitre 3.

Dans tous les autres cas, il y a intérêt à automatiser, que ce soit pour un gain économique (par exemple le remplacement d'un employé de banque), un gain de performance (comme le remplacement d'un agent au contrôle des frontières), ou les deux (par exemple le remplacement d'un chauffeur de taxi). Et quand la réponse est positive, on doit enchaîner avec la troisième question.

Y a-t-il une prime à l'humain ? La réponse est oui si la loi l'impose (par exemple en restreignant pour un temps la circulation de véhicules autonomes), mais surtout si des facteurs socio-émotionnels favorisent les humains. Certaines portions des emplois de médecin, d'enseignant, de psychologue ou de coach de vie entrent dans cette catégorie.

Dans tous les autres cas, il n'y a pas de prime à l'humain. A ce stade de l'arbre de décision, la tâche est vouée, tôt ou tard, à être automatisée.

Il faut maintenant reconstituer l'emploi initial en regroupant les tâches initiales. L'emploi pourra même être l'objet d'une recombinaison plus profonde, par exemple en rajoutant des tâches entièrement nouvelles, ou bien en en récupérant d'autres provenant d'emplois eux-mêmes abandonnés, voire même en laissant tomber des tâches qui ne seraient plus jugées essentielles.

Les tâches constituant l'emploi sont-elles automatisées ? Si l'automatisation est totale, c'est-à-dire si elle concerne la totalités des tâches constitutives de l'emploi, ce qui est rare, l'emploi disparaît. S'il n'y a pas d'automatisation du tout, ce qui est tout aussi rare, l'emploi est maintenu. Si l'automatisation est partielle, il reste une dernière question à se poser pour avoir une petite idée ce qu'il adviendra de l'emploi.

La demande intrinsèque pour cet emploi est-elle porteuse ? Si la réponse est non, alors l'effectif de cet emploi est condamné à chuter. Il y aura inévitablement destruction d'emploi. C'est une mauvaise orientation professionnelle ou une filière où il sera difficile de se maintenir. Si en revanche la demande est porteuse, par exemple dans le cas de métiers informatiques partiellement automatisés comme la programmation, alors malgré cette automatisation partielle, cela peut rester une bonne orientation pour un temps.

Le changement comme seule constante

Les variables qui constituent notre cadre d'orientation sont en mouvement permanent. Par conséquent, aucune des réponses aux cinq questions n'est figée et les conclusions sur tel ou tel emploi évoluent continuellement. Si le cadre d'orientation est dynamique, la tendance générale, elle, ne varie pas : la propension à l'automatisation croît inexorablement avec le temps. Voyons comment les réponses aux trois premières questions évoluent dans la durée.

La possibilité technique d'automatisation croît dans le temps avec les innovations incrémentales. La qualité de la traduction automatique ou de la compréhension sémantique, par exemple, augmentent régulièrement avec les innovations continues. Et la situation peut évoluer très vite ! Il y a une quinzaine d'années à peine, deux chercheurs du MIT et de Harvard assuraient qu'il était extrêmement peu probable qu'une voiture autonome soit capable de « tourner à gauche face à la circulation », la manœuvre étant tellement complexe qu'il serait difficile d'en découvrir toutes les règles. Leur livre portait sur la nouvelle division du travail entre les ordinateurs et les humains[299]. Ils étaient donc à la pointe de la réflexion sur l'automatisation, et ont pourtant été pris de court par les progrès technologiques. Leur mésaventure est rappelée par les auteurs de l'étude d'Oxford de 2013 déjà citée plusieurs fois[300]. Or ces auteurs, dans leur étude, mentionnent l'intelligence sociale, la créativité et la perception comme des obstacles à l'automatisation. Nous avons cependant déjà eu l'occasion de constater qu'en quelques années, la situation a évolué dans chacun de ces trois domaines. La possibilité technique d'automatisation peut également effectuer un bond en avant avec une innovation radicale. Si par exemple l'intelligence acquiert un sens commun, sa capacité dans le traitement du langage naturel augmentera considérablement.

Le gain à l'automatisation est aussi une grandeur qui varie avec le temps. Lorsque l'on parle spécifiquement de gain économique, il résulte de la

---

[299] Levy et Murnane : « The New Division of Labor" (2004).
[300] Nous en profitons pour répéter qu'elle mérite d'être lue, en particulier pour son bref historique de l'impact de la technologie sur le travail [16].

différence entre un bénéfice et un coût, chacun des deux étant variables. Quand un pays gravit l'échelle du développement, les salaires augmentent ; la rançon de l'enrichissement est que les emplois s'exposent plus à l'automatisation car l'économie potentielle de salaire devient plus intéressante. Si les salaires augmentent pour d'autres raisons, par exemple parce qu'il y a pénurie de main-d'œuvre pour tel ou tel emploi trop ingrat ou trop pénible, alors là-aussi les conditions deviennent plus favorables à l'automatisation. En parallèle, le coût d'automatisation décroît au fur et à mesure que l'on acquiert de l'expérience dans ce processus d'automatisation, voire que l'on automatise le processus d'automatisation lui-même. En effet, aujourd'hui l'automatisation est une opération qui requiert une forte intervention humaine, mais la machine pourra le prendre en charge progressivement. Enfin, naturellement, le gain non économique à l'automatisation tend à augmenter avec l'efficacité de la technologie. Par exemple, plus le diagnostic médical par l'IA est performant, plus l'incitation à automatiser est forte.

La prime à l'humain évolue elle aussi avec la loi et les mentalités. Aujourd'hui, le pilote d'avion, le chirurgien et le compagnon social conservent une prime à l'humain. Mais le jour viendra où prendre un avion piloté par un humain sera considéré comme particulièrement téméraire, un peu comme si l'on vous demandait aujourd'hui d'atterrir sans radar et sans tour de contrôle par un jour de brouillard épais. Le radar voit ce qui échappe à l'œil nu ; l'intelligence artificielle verra ce qui échappe à l'intelligence biologique. Le jour viendra aussi où se faire opérer par un humain passera pour très imprudent et saugrenu. Le jour viendra, enfin, où les robots sociaux seront répandus dans nos foyers. Certains pays asiatiques sont pionniers en la matière alors que d'autres sociétés trouvent cela grotesque à l'heure actuelle. Peut-être les robots de compagnie supplanteront-ils les animaux de compagnie – ils sauront non seulement offrir de la compagnie mais aussi rendre de multiples autres services. Cela ne veut pas dire, loin de là, que la relation humaine sera dévalorisée. Elle aura simplement trouvé un pis-aller acceptable en cas d'indisponibilité. S'il n'y a pas assez de professeurs, de médecins ou de coaches, l'intelligence artificielle pourra en partie pallier leur absence.

Peu de gens sont prêts à reconnaître et à accepter la perspective du changement. La réaction la plus fréquente est le déni pur et simple des modifications drastiques à venir de sa profession. Que ce soit les traducteurs ou les avocats, les anesthésistes ou les comptables, chacun trouve dans son métier quelque chose qui, pensent-ils, les préservera des bouleversements. Il reste encore des conseillers financiers à penser que la composante humaine de leur métier est trop forte pour qu'ils ne soient affectés significativement, pour la simple raison que c'est encore vers eux que se tourne la population quand la bourse fait du yoyo. C'est peut-être le cas aujourd'hui, mais à notre avis plus pour très longtemps.

Le changement permanent du cadre d'orientation s'accompagnera du changement permanent des métiers. Il s'agira non pas simplement de changer d'employeur en conservant le même type d'emploi, mais bien de changer de métier. C'est ce qu'illustre l'étude du McKinsey Global Institute avec le risque que près de 375 millions de personnes aient à se reconvertir d'ici 2030[301]. Le problème ne ferait que commencer, avec un rythme de changement devenant potentiellement si rapide que les êtres humains ne pourraient plus s'y adapter.

La fin du principe de Boucles d'or

Dans le célèbre conte pour enfants, la petite Boucles d'or arrive dans une maison inconnue dont les occupants se sont absentés[302]. Elle écarte la chaise la plus petite ainsi que la plus grande pour finalement s'asseoir sur la moyenne, qui est juste à la bonne taille ; elle laisse de côté la bouillie trop chaude et la bouillie trop froide pour manger celle qui est tiède, juste à la bonne température ; elle ignore le lit trop dur et le lit trop mou pour s'allonger sur le lit intermédiaire, qui est juste comme il faut. De sa prédilection pour ce qui est *juste bien* est né le *principe de*

---

[301] Voir p87 ainsi que l'étude de MGI elle-même [31].
[302] Boucles d'or est moins influente en France que dans le monde anglo-saxon où elle a été inventée au 19ème siècle, et où elle connue sous le nom de Goldilocks.

Boucles d'or[303]. C'est le digne héritier du « juste milieu » d'Aristote et du « in medio stat virtus[304] » latin.

Ce principe facile à appréhender s'applique empiriquement à un grand nombre de disciplines, depuis la psychologie développementale (le nourrisson se concentre sur les évènements juste assez complexes) jusqu'à l'économie (la croissance économique idéale est juste assez forte, mais pas trop), en passant par la médecine, le marketing et les mathématiques. En astrobiologie, les exoplanètes dans la zone dite de Boucles d'or sont celles qui ne sont ni trop près ni trop loin de leur étoile, de sorte que les conditions de température soient propices à l'éclosion de la vie.

Avec l'intelligence artificielle, le principe de Boucles d'or appliqué à l'emploi prend un sérieux coup de vieux. Si l'emploi est trop médian, que ce soit dans son positionnement intrinsèque ou par le niveau d'expertise avec lequel il est tenu, il y a de fortes chances pour qu'il soit en danger.

Les emplois suffisamment proches de l'intelligence artificielle bénéficient de l'aspiration extraordinaire qu'elle procure. Au plus près, les chercheurs en IA sont tout à la fois les inventeurs et les explorateurs des temps modernes. Ce sont aussi les nouvelles stars que se disputent âprement les plateaux de télévision et les entreprises. Très proches également se trouvent les ingénieurs informaticiens et les scientifiques des données. Ils organisent la mise en œuvre de l'intelligence artificielle, industrie après industrie et entreprise après entreprise. Ils sont submergés de travail, et cela n'a pas de raison de s'arrêter puisque les technologies évoluent sans cesse et que les compétences sont encore insuffisamment répandues. Dans leur sillage, les analystes des données participent également à la grande transformation, ainsi que les programmeurs. L'écosystème rapproché est complété par toutes les professions périphériques déjà évoquées tels les éthiciens de l'IA. Il comprend également les innombrables experts métier qui facilitent l'entrée de l'IA dans leur domaine. Ceux-ci ne sont pas informaticiens,

---

[303] https://fr.wikipedia.org/wiki/Principe_de_Boucles_d%27or
[304] "La vertu est au milieu".

du moins pas de formation, mais ils savent décortiquer leur industrie de sorte à la rendre accessible à l'intelligence artificielle dont ils participent à l'entraînement. Ils sont financiers, logisticiens, biologistes, manutentionnaires ou joueurs de go. Ils assurent la formation initiale de l'intelligence artificielle, mettent au service leur expertise sur les cas nouveaux ou difficiles : c'est la référence métier ultime.

A l'opposé, loin, très loin de l'intelligence artificielle, certains emplois jouent précisément sur cette distance : les artistes et autres créatifs radicaux, par exemple, tirent leur légitimité de leur humanité, leur imagination, leur sensibilité, leur vulnérabilité. Les sportifs, quand ils ne sont pas augmentés illégitimement, jouent des mêmes ressorts.

Entre ces deux extrêmes, il fait moins bon vivre. La polarisation des métiers et des salaires n'a certes pas attendu l'intelligence artificielle pour se manifester, mais celle-ci ne fait qu'exacerber la tendance. L'intelligence artificielle grignote petit à petit les emplois du milieu, en particulier les emplois cognitifs ou manuels les plus prévisibles. Avec le temps, ce grand sillon du milieu s'élargit, l'intelligence artificielle peut commencer à se substituer à certains emplois qu'elle ne faisait qu'augmenter, puis à augmenter ceux que l'on croyait totalement hors de sa portée. La zone de Boucles d'or de l'emploi est périlleuse.

Le même phénomène se produit avec les niveaux d'expertise. Revenons à notre cas d'école des traducteurs et prenons pour commencer un traducteur moyen. La qualité de ses traductions fait de moins en moins le poids par rapport à celles de l'intelligence artificielle. La tendance ne joue évidemment pas en sa faveur. Seul peut survivre le traducteur expert - celui qui saura exprimer dans la langue cible les subtilités de la langue d'origine -, ou à l'autre bout du spectre, celui dont les coûts seront si bas que cela attirera encore certains clients, malgré la qualité discutable de la traduction. Prenez un cuisinier moyen. Il n'est pas chef étoilé ni même chef renommé, statut qui lui conférerait une certaine immunité. Mais il n'est pas non plus suffisamment bon marché pour que son emploi soit à l'abri de l'automatisation. Prenez enfin un enseignant moyen. Si sa contribution se limite au transfert de connaissances, il est la cible privilégiée de l'intelligence artificielle. L'éducateur talentueux, lui, est hors d'atteinte de l'intelligence artificielle en raison de l'encadrement socio-émotionnel remarquable qu'il procure. A l'autre bout du spectre, l'étudiant qui aide l'enfant aux devoirs par un tutorat bon marché n'est pas en danger immédiat non plus.

Pour les emplois partiellement automatisables, donc, l'expertise donne parfois un sursis et parfois même une protection solide et durable. C'est bien à ce niveau d'expertise et de haute performance que chacun doit aspirer en entamant une carrière pour se ménager plus de sérénité. Le bas coût, lui, peut certes conférer un avantage économique au moins temporaire. Mais la position médiane, que l'on pourrait qualifier de position de Boucles d'or, est très vulnérable.

La fin du principe de Boucle d'or semble aussi s'appliquer aux salaires. Avec la bipolarisation de l'emploi, avec ce large sillon qui se creuse par le milieu, les salaires moyens tendront à disparaitre. Les métiers traditionnellement à haut salaire qui échappent à l'automatisation (par exemple les informaticiens ou les managers) conservent leur haut salaire. La relative déqualification des métiers trop augmentés (comme les médecins à moyen et long-terme), désormais accessibles au plus grand nombre et soumis à plus forte concurrence, conduira à une baisse de leur rémunération. Les métiers aux salaires historiquement bas, eux aussi dans un environnement encore plus concurrentiel, conserveront probablement leurs salaires bas. Même les métiers plus relationnels du soin, de la santé et de l'enseignement, avec une demande en forte croissance, resteront sans-doute peu rémunérés à moins d'un changement sociétal significatif.

L'adoption de l'augmentation

Pour une tâche donnée, on l'a vu, l'augmentation initiale est souvent le prélude à une substitution ultérieure. Pourtant, ce risque ne signifie pas qu'il faut refuser l'augmentation par l'intelligence artificielle, bien au contraire. La refuser consisterait à se disqualifier précocement.

Demain, que vaudra un médecin qui ne se fait pas assister par l'intelligence artificielle dans le diagnostic ? il sera délaissé par ses patients. Que vaudra un professeur s'il continue à offrir le même et unique programme à sa classe entière, en renonçant à l'apprentissage adaptatif ? Il sera inévitablement écarté. Que vaudra une recruteuse si elle n'effectue pas un tri préliminaire des candidats postulant à une offre d'emploi ? Elle sera submergée et mise sur la touche. Il est donc indispensable, pour rester compétitif, d'adopter la technologie de l'intelligence artificielle. L'IA ne se substituera pas immédiatement à ces professionnels, mais les médecins, les professeurs et les recruteurs qui n'adopteront pas l'IA seront à coup sûr rapidement remplacés par ceux qui l'auront adoptée.

Dans les métiers de la recherche scientifique, que ce soit pour les sciences de la vie, les sciences physiques et chimiques, les sciences de la terre ou du climat, l'augmentation par l'intelligence artificielle a déjà pris une importance telle que les laboratoires ne peuvent plus se passer de ces compétences pour fournir une recherche de qualité.

Conscients de cette situation, certaines professions s'organisent. L'Université de Radiologie Américaine[305], pour ne parler que d'elle, a créé son propre institut de Science des Données alors que ses professions sont en première ligne face aux bouleversements à venir.

L'augmentation a donc beau sembler à double tranchant, avec un avantage initial et un risque ultérieur, la refuser ne ferait que précipiter la mise à l'écart du professionnel.

Eloge de la passion

Le cadre d'orientation est une aide au choix utile basée essentiellement sur la pérennité présumée de l'emploi. Mais son évolution permanente et rapide ajoute à l'incertitude déjà importante. La propension à l'automatisation augmentant inexorablement, l'incertitude portera sur des rythmes d'automatisation plus rapides ou moins rapides que les prévisions. Les rémunérations évolueront elles aussi, probablement dans une direction plutôt négative pour nombre d'entre elles.

---

[305] American College of Radiology.

Ce ne sont pas de bonne nouvelles, mais elles incitent fortement à ne pas garder comme critères exclusifs la pérennité de l'emploi et le niveau des salaires.

Il faudra également, comme aujourd'hui, se laisser au moins partiellement guider par sa passion. C'est elle qui sera la plus propice à l'émergence de l'excellence ou de l'expertise qui, outre une grande satisfaction, fourniront aussi de meilleures conditions d'emploi. C'est elle qui permettra d'endurer les hauts et les bas que l'avenir réserve à coup sûr. C'est elle qui placera dans des conditions idéales si de nouvelles professions apparaissent dans un domaine connexe à l'emploi déjà choisi par passion, ouvrant de nouvelles perspectives.

Suivre cette passion, l'identifier pour commencer, sont à rapprocher de la mission que chacun se fixera. Cette mission ou raison d'être fera partie de la boite à outil dont les parents doivent contribuer à équiper leurs enfants pour leur épanouissement et leur succès au 21ème siècle. C'est ce que nous verrons dans la Troisième et dernière partie.

Travail : ce qu'il faut retenir

Quatre visions du futur

Quatre visions du futur à moyen et long terme s'affrontent.

La vision la plus optimiste se réfère à l'intelligence augmentée plutôt qu'à l'intelligence artificielle. Elle voit les opportunités extraordinaires offertes par l'IA pour affranchir les humains des activités routinières, ingrates, pénibles ou aliénantes. Elle veut croire au pouvoir humain de modeler l'intelligence artificielle suivant ses souhaits et d'en contrôler toutes les évolutions qui mettraient en péril l'emploi.

La vision historique voit en l'intelligence artificielle le moteur de la dernière révolution industrielle en date – une de plus. Dans la droite ligne de l'école de pensée schumpétérienne, elle souscrit au concept de la destruction créative. Certes, dans les premiers temps des emplois seront inévitablement détruits. Mais l'activité et la croissance repartiront avec une vigueur renouvelée, comme elles l'ont fait à chaque fois par le passé.

La vision pessimiste croit déceler, cette fois, une situation tout-à-fait unique – et terminale. L'intelligence artificielle étant vouée à égaler ou surpasser son créateur en tout point d'ici quelques décennies ou peut-être la fin du siècle, l'humain perdra progressivement toute possibilité de s'en mettre hors de portée. Le travail se raréfiera, les inégalités exploseront. Une infime minorité dominante coexistera avec une majorité d'« inutiles ».

La vision radicale reconnait elle aussi la fin programmée du travail. Mais elle fait confiance au génie humain pour inventer un nouveau contrat social. Celui-ci définira un nouveau mode de redistribution des richesses, s'appuyant peut-être sur le revenu universel de base. Les humains se consacreront à d'autres activités leur permettant de s'épanouir ou de contribuer au bien-être social.

La vision optimiste nous paraît trop naïve, la vision historique trop inexacte, la vision pessimiste trop résignée. La vision radicale est à notre sens la vision réaliste à laquelle on puisse aspirer, dans le meilleur des scénarios, mais elle demeure très incertaine. La réalité empruntera peut-être aux 4 visions.

Un modèle basé sur les tâches

A plus court terme, l'intelligence artificielle donne certes naissance à des applications ou fonctionnalités entièrement nouvelles, tellement au-delà des capacités humaines qu'il n'est pas question de concurrence. Mais pour d'autres activités, couvertes par les emplois actuels, l'IA se substitue partiellement ou totalement aux hommes. Pour évaluer l'impact de l'IA sur l'emploi, il est difficile de se contenter de visions macroscopiques ; c'est au niveau le plus bas, celui des tâches, qu'il faut d'abord se projeter.

Trois questions permettent de déterminer si une tâche va être automatisée.

La tâche est-elle techniquement automatisable ? La réponse figure dans la comparaison des facultés mentales requises par cette tâche avec les facultés existantes de l'intelligence artificielle. Plus de la moitié des tâches réalisées dans un contexte professionnel peuvent déjà être exécutées par l'intelligence artificielle, avec les technologies d'aujourd'hui.

Y a-t-il un gain attendu à automatiser la tâche ? Il s'agira bien souvent d'un gain économique, mais il pourra aussi être question d'une augmentation significative de l'impact de ladite tâche. Le gain à l'automatisation différencie assez nettement les tâches cognitives, dont le coût marginal de mise en œuvre est quasi-nul, des tâches manuelles dont le coût de réalisation peut être pénalisé par le déploiement de robots ou autres équipements physiques. L'absence de gain économique ne sera quasiment jamais un argument pour les tâches cognitives.

Y a-t-il une prime à l'humain ? Les mentalités, mais aussi parfois les lois, ne sont pas toujours prêtes à ce que certaines tâches, bien qu'automatisables et tirant bénéfice de l'automatisation, soient réalisées par des machines et non des humains. C'est encore le cas pour beaucoup de tâches socio-émotionnelles.

Si une tâche est techniquement automatisable, si elle présente un gain à l'automatisation et si elle n'est pas associée à une prime à l'humain, alors elle est vouée à être automatisée. Cette automatisation pourra prendre beaucoup de temps, plusieurs années voire une décennie, en raison de l'inertie habituelle de ce type de transformation.

Les emplois qui ont de l'avenir

Une fois les tâches recombinées en professions, il devient possible d'évaluer l'impact de l'automatisation sur l'emploi à court et moyen terme. La prudence impose de passer chaque emploi, et plus particulièrement ses tâches constitutives, aux filtres précédents. Mais si une généralisation doit absolument être esquissée, alors il sera prudemment avancé que les professions les plus susceptibles d'être automatisées incluent les emplois manuels routiniers ou prévisibles, comme chauffeur routier, ouvrier de production ou magasinier ; les emplois de secrétariat, d'assistance et de support en tout genre, comme assistant juridique ou agent de centre d'appel ; les emplois de collecte et d'analyses de données comme comptable ou conseiller financier, même s'ils sont très valorisés aujourd'hui.

Les professions les moins susceptibles d'être automatisées comprennent les emplois manuels et physiques non prédictibles ou à très faible valeur ajoutée ; les emplois impliquant des interactions sociales intenses comme coach, soigneur ou manager ; les emplois hautement créatifs ; les emplois contenant des tâches cognitives supérieures non routinières comme les métiers de stratège, de chercheur, d'ingénieur ou d'informaticien.

Bien évaluer la pérennité de l'emploi requiert également de connaître l'évolution de la demande sous-jacente. L'effectif d'une profession même partiellement automatisée peut augmenter significativement si la demande est forte. Tous les métiers de la santé, du social et de l'enseignement bénéficieront d'une telle tendance haussière, de même que les métiers de l'informatique.

Si la pérennité de l'emploi est le critère principal, alors à niveau de qualification relativement comparable, il vaut mieux être coiffeur que caissier, femme de chambre que garçon de café, plombier que technicien de la manutention, aide-soignante que secrétaire juridique, puériculteur qu'agent de centre d'appel, informaticien que comptable, avocat que conseiller financier.

Mais l'intelligence artificielle, dans son impact, brouille les frontières traditionnelles entre métiers manuels et cognitifs, ou entre métiers faiblement qualifiés et hautement qualifiés. Toujours avec le même critère de pérennité de l'emploi, il vaut mieux être élagueur qu'expert d'assurance, grutier qu'employé de banque, électricien que responsable administratif, et coach de fitness plutôt qu'analyste en étude de marchés.

Enfin, sans être voués à l'automatisation complète, certains métiers comme ceux d'avocat, d'enseignant ou de médecin évolueront de manière très significative.

L'intelligence artificielle sonne le glas de tout ce qui est médian dans le monde du travail. Pour survivre, un emploi devra être soit proche de l'intelligence artificielle, soit aussi éloigné que possible. L'expertise requise devra être soit très élevée, soit tellement basse que l'automatisation ne sera pas justifiée. Les rémunérations aussi se bipolariseront : les salaires élevés se maintiendront tandis que les salaires moyens diminueront probablement, laissant un espace béant au milieu.

La permanence du changement

Tous les paramètres de nos modèles varient avec le temps. Ce qui n'est pas automatisable aujourd'hui le deviendra peut-être à court ou moyen-terme. Ce qui est socialement ou psychologiquement inacceptable aujourd'hui sera peut-être pleinement adopté dans 5, 10 ou 20 ans – notamment en ce qui concerne la place des robots et de l'intelligence artificielle dans les interactions sociales.

Les emplois, par conséquent, seront de plus en plus susceptibles d'être automatisés. Et les individus devront probablement changer de profession et se réinventer complètement plusieurs fois dans leur vie.

Aussi n'est-il pas surprenant que certains instituts de prospective écrivent, souvent enfoui dans leurs rapports, que la reconversion complète de centaines de millions de personnes est la condition *sine qua non* à ce que l'ensemble de la population active conserve un travail à l'horizon 2030. Il y a effectivement un très grand pas de la disponibilité quantitative de travail pour tous à une situation où tous ont de fait un travail. Ce pas est une reconversion à grande échelle qui impliquera de quitter les emplois sur le déclin pour embrasser les professions plus demandées.

Comment préparer la disparition annoncée d'un certain nombre de métiers du présent, l'apparition future de métiers dont nous ne savons rien aujourd'hui, et les transferts de centaines de millions de personnes depuis les emplois en voie d'extinction vers les nouvelles opportunités ? La réponse, si elle existe, se trouvera dans un changement de paradigme éducatif.

Troisième partie

Education

Chapitre 11.   Changement de paradigme

A l'aube de l'ère de l'intelligence artificielle, les regards se tournent vers le système éducatif qui pourra préparer de manière adéquate les générations futures. Que peut proposer, en particulier, l'éducation formelle ?

L'éducation formelle ne date pas d'hier, pas plus que l'école n'a été inventée par Charlemagne. Dès l'invention de l'écriture il y a 5 000 ans, sa complexité nécessite la formation d'une élite capable de lire et d'écrire. Or cet apprentissage hautement spécialisé ne peut plus se faire ailleurs que dans un lieu dédié : c'est ainsi qu'apparaît l'école. La vénérable institution a traversé les âges pour prendre sa forme actuelle au 19ème siècle. Et voilà que sous l'effet de l'intelligence artificielle, elle se heurte aujourd'hui à un nouveau point de rupture.

La fin d'un paradigme

La fin de l'enseignement du 19ème siècle

C'est véritablement au 19ème siècle que l'école moderne émerge dans le monde occidental. Elle rompt alors avec un modèle servant en priorité l'Eglise et l'Etat, destiné principalement aux garçons de la frange favorisée de la population et caractérisé par l'indigence de ses méthodes pédagogiques.

Les systèmes scolaires nationaux se mettent en place, avec des objectifs sociaux et économiques et non sans arrière-pensée nationaliste. L'école se démocratise : Jules Ferry la rend laïque, gratuite et obligatoire en France dans les années 1880. C'est à peu près à la même époque que l'école primaire devient obligatoire en Grande Bretagne et aux Etats-

Unis[306], ceci près d'un siècle après la Prusse. Même si l'école ne dure que jusqu'à 10 ou 11 ans pour la majorité des enfants, les jeunes garçons et désormais jeunes filles à éduquer affluent. La rançon du succès est donc qu'il faut industrialiser l'école pour faire face à la demande aussi bien des élèves que d'une société à la recherche de nouvelles ressources productives.

Très rapidement, les quelques théories progressistes qui avaient émergé au cours des décennies et siècles précédents, ou qui apparaissent encore ici ou là, sont écartées. L'aspiration à la personnalisation de l'enseignement ne fait pas le poids face à la contrainte de l'industrialisation. Mis au placard, les préceptes de Rousseau, qui à contre-courant de son époque prônait le développement progressif et naturel de l'enfant. Oubliés, les principes éducatifs de Pestalozzi qui traitait les enfants comme tels et non comme des adultes miniatures. Marginalisées, les pratiques visionnaires de Maria Montessori qui appelle au développement complètement individualisé et libre de l'enfant, utilisant la manipulation physique des objets[307].

Non, l'école en cette fin de 19ème siècle doit être comme une grande usine. L'éducation, pour commencer, est purement instruction : il s'agit d'inculquer du savoir depuis l'extérieur en le forçant, d'une façon ou d'une autre, à l'intérieur du cerveau des enfants. La seule préoccupation pédagogique est de faire entrer ces couches successives de connaissances de la manière la plus efficace possible, et qui soit réplicable à grande échelle.

Dès lors, la méthode d'instruction qui s'impose est systématique et uniforme, centrée sur le professeur et sur le matériel pédagogique standardisé, mais jamais sur l'élève. L'élève n'est plus qu'un individu anonyme parmi 30, 40 ou 60 autres apprenants dans la classe.

---

[306] Aux Etats-Unis les lois rendant l'école primaire obligatoire furent votées Etat par Etat, entre 1852 et 1917.
[307] Ces principes de développement libre et spontané étaient eux-mêmes erronés, comme de multiples études modernes l'ont démontré, mais ils avaient pour eux de promouvoir la personnalisation et le plaisir.

L'enseignement passe d'individuel à collectif. Les élèves sont assis les uns à côtés des autres en rangées et les rangées s'étirent du bureau du professeur jusqu'au fond de la classe. Tous font face au professeur, lui-même assis à son bureau ou debout au tableau. Le professeur dispense la parole quasi-sacrée du savoir. Il s'exprime de manière unidirectionnelle vers ses élèves, qui eux doivent absorber religieusement les enseignements. Les élèves ont pour objectif essentiel de mémoriser les connaissances, de les réciter, de les utiliser dans des exercices, de ne surtout pas tenter de les remettre en cause, enfin de les régurgiter aux examens. La tyrannie des notes remplace – pour partie en tout cas – les brimades physiques. L'élève va à l'école, du matin en fin d'après-midi, comme ses parents vont au travail ; le premier apprend par cœur tandis que ces-derniers remplissent leurs obligations professionnelles.

Et puis, quand l'école obligatoire est finie, certains, en général les moins fortunés, partent en apprentissage ou directement dans la vie professionnelle ; d'autres passent par l'étape intermédiaire du collège et du lycée, voire de l'université. Tous sont armés pour pouvoir en principe exercer leur activité jusqu'à la retraite - ou plus vraisemblablement jusqu'à la mort. Tout va bien en cet âge industriel[308].

Fort heureusement pour nous, le système éducatif a depuis beaucoup évolué. Les théories de la pédagogie, soutenues par les sciences cognitives, ont effectué des progrès considérables. Mais il reste des vestiges du système éducatif du 19ème siècle dans de très nombreux pays. De nombreux enfants, rappelons-le, n'ont toujours pas accès à l'école. Même pour ceux qui l'ont, les classes de 50 ou 60 élèves existent encore. Il n'est pas rare d'entendre les élèves répéter en chœur et de manière monocorde les paroles du professeur. D'autres maux persistent. La formation des professeurs dans les matières à enseigner mais pas dans l'art d'enseigner, c'est hélas une réalité fréquente. L'insistance presque exclusive sur la transmission du savoir, c'est presque une règle générale.

---

[308] Pour plus d'informations sur cette très brève histoire de l'éducation, voir http://history-world.org/history_of_education.htm ou https://en.wikipedia.org/wiki/History_of_education ou encore mieux, les ouvrages spécialisés.

La focalisation extrême sur la mémorisation et la discipline, renforcée par la tyrannie des examens, cela est encore très répandu.

Il en résulte parfois des situations cocasses. L'enseignement des langues étrangères, par exemple, repose encore dans de nombreux pays sur la grammaire, le thème et la version et plutôt que sur des méthodes communicatives modernes. Certains jeunes gens ont tellement étudié les règles de grammaire et le vocabulaire de la langue cible qu'ils les connaissent mieux que les locuteurs natifs – mais ils sont incapables de former la moindre phrase qui n'ait été apprise par cœur. Tout en connaissant le dictionnaire entier, ils ne savent pas dire un mot dans la langue cible ! Dans le pays le plus peuplé du monde, certains enfants de 5 ans suivent, parait-il, des cours avancés de littérature ; renseignements pris, ils mémorisent des centaines de vers et les récitent sans même en comprendre la signification – et cela dure depuis des milliers d'années.

Mais ce système hérité du 19ème siècle est condamné à s'effondrer à l'ère de l'intelligence artificielle. L'objectif socioéconomique et les arrière-pensées nationalistes demeurent. Cependant l'hypothèse fondamentale sur laquelle le système actuel est basé, à savoir la relative stabilité des connaissances et des métiers dans le temps, est mise en pièces. Il faut désormais éduquer pour des emplois qui n'existent pas encore, et se préparer à abandonner plusieurs fois en cours de vie des emplois devenus obsolètes[309]. Comment faire ? Et comment s'assurer, plus généralement, que l'on apprend les bonnes choses ?

C'est ici que les trois piliers du nouveau paradigme se dessinent. Les connaissances enseignées se périment trop vite, sont de toute façon disponibles par ailleurs et ne garantissent plus l'atteinte des objectifs de vie de chacun ? Il faut alors cesser de se focaliser exclusivement sur les connaissances, surtout si elles ne sont pas transférables, et se réorienter plutôt vers des acquis durables : les **compétences intemporelles**.

---

[309] 65% des métiers destinés à être exercés à l'avenir par les enfants entrant à l'école primaire aujourd'hui n'existent pas encore. Ce nombre est cité par de nombreux rapports y compris celui du Forum Economique Mondial [23], mais nous n'avons pas pu en trouver la source primaire.

L'éducation initiale ne suffit plus à équiper un individu pour la vie entière ? L'éducation doit alors se prolonger **tout au long de la vie**. Les méthodes traditionnelles d'enseignement ne fonctionnent pas aussi bien qu'on le souhaite ? Il faut alors accepter de se laisser guider par **l'arsenal éducatif moderne** que la science et la technologie mettent à notre disposition.

Des connaissances aux compétences

Les connaissances tombent en (relative) disgrâce

Depuis de nombreux siècles, on l'a vu, et plus encore depuis l'établissement de l'école moderne au 19ème siècle, l'éducation est synonyme d'emmagasinage de connaissances. Ces connaissances sont souvent spécifiques à un domaine particulier. Elles sont d'autant moins transférables qu'elles sont le plus souvent enseignées de manière superficielle, par exemple par l'apprentissage par cœur, plutôt que de manière profonde. Pour que les connaissances soient transférables, leurs principes généraux doivent au contraire être bien compris et assimilés, leurs conditions d'application et d'utilisation bien maîtrisées, de sorte à pouvoir s'affranchir des exemples particuliers et être en mesure de généraliser[310].

Or les connaissances sont le plus communément servies pendant les cours, apprises par cœur, resservies lors d'exercices divers et finalement régurgitées pendant les examens. Ceux-ci conditionnent étroitement l'enseignement – souvent à tort puisque la mesure effectuée par l'examen ne témoigne pas forcément d'un apprentissage réel ou utile. Les pratiques du bachotage n'arrangent rien : nombre de ces connaissances, mémorisées à la dernière minute sans d'ailleurs nécessairement être comprises, ne survivent pas longtemps à l'examen.

Les esprits les plus brillants n'ont jamais aimé cette focalisation sur les connaissances spécifiques. Lors de sa première visite triomphale aux

---

[310] Voir une description plus poussée du savoir transférable dans «Education for Life and Work : developing transferable knowledge and skills for the 21st century" [32].

Etats-Unis, Albert Einstein échoue au test d'Edison demandant la valeur de *c*, la vitesse de la lumière[311]. « Je ne m'encombre pas l'esprit de ce genre d'information puisqu'elle est déjà disponible dans les livres », répond-il à la personne qui l'interrogeait[312]. On est tout de même en 1921, l'année de son Prix Nobel.

Que dirait Albert Einstein un siècle plus tard ? Beaucoup de jeunes et de moins jeunes esprits sont encore encombrés d'informations qu'une recherche de quelques secondes sur internet suffit à retrouver. Car Google, aujourd'hui, sait tout ou presque : la date du couronnement de Louis XVI, la conjugaison du verbe « moudre », les principes de fonctionnement d'une voiture électrique, les théories de l'apprentissage, et bien entendu la vitesse de la lumière. Les connaissances sont devenues des commodités.

De plus, le savoir nous met au défi sur deux fronts temporels. A l'avant, le volume du savoir augmente de manière vertigineuse. Les nouvelles inventions, les nouvelles découvertes, les nouvelles pratiques s'ajoutent à la masse des connaissances. On constate une véritable explosion d'information.

A l'arrière, la vitesse de péremption du savoir augmente également. D'anciennes connaissances deviennent obsolètes : certaines s'avèrent inexactes (« non, le cerveau du nourrisson n'est pas une page blanche à la naissance ») ; d'autres cessent d'être utilisées car la pratique correspondante cesse elle-même (« on ne planifie plus un projet en cascade mais on adopte la gestion agile ») ; d'autres enfin sont intégrées dans un ensemble plus grand et ne nécessitent plus d'être connues individuellement (« ces modules sont gérés par une bibliothèque de fonctions préexistantes, ce n'est plus la peine de s'en préoccuper »). Le savoir, comme les atomes radioactifs, subit une décroissance et possède une demi-vie – cette période qui marque le moment où la moitié de sa

---

[311] https://www.nytimes.com/1921/05/18/archives/einstein-sees-boston-fails-on-edison-test-asked-to-tell-speed-of.html
[312] Tiré du NY Times du 18 mai 1921
https://en.wikiquote.org/wiki/Albert_Einstein

quantité initiale a disparu[313]. On ne peut établir avec rigueur la demi-vie de tout le savoir. Mais selon certaines estimations, la demi-vie d'un diplôme d'ingénieur, par exemple, était de 35 ans il y a un siècle, de 10 ans dans les années 60, et ne serait plus aujourd'hui que de 5 ans tout au plus[314]. Certains affirment même que la moitié des connaissances spécifiques dispensées en première année d'un enseignement technique s'étalant sur quatre ans sont périmées avant même que l'étudiant ne reçoive son diplôme[315].

La revanche des compétences intemporelles

Dans ces conditions, il est inutile d'acquérir au mauvais moment et de la mauvaise façon un savoir spécifique qui est largement voué à être périmé alors que les conditions d'utilisation ne sont pas encore présentées. Il est également imprudent de tout miser sur la maîtrise d'un domaine particulier : à l'ère du changement permanent, ce n'est plus la garantie d'une carrière stable, d'indépendance financière ou même de satisfaction de la vie. Ce qui en revanche s'avère d'une valeur inestimable dans un contexte mouvant, c'est la capacité de l'apprentissage lui-même : savoir apprendre. Savoir ensuite utiliser l'information ainsi apprise et l'appliquer à bon escient, parfois dans des domaines connexes, constitue le complément indispensable de la capacité à acquérir ces connaissances.

Dans le nouveau paradigme éducatif, apprendre à apprendre devient donc la priorité la plus élevée. Elle doit être associée aux capacités cognitives nous permettant de faire sens du volume d'informations, de comprendre et d'analyser le monde. Ces capacités cognitives incluent le raisonnement, la pensée critique, la capacité à résoudre des problèmes. Lors de l'interview de 1921 où il assumait pleinement son ignorance de la valeur de vitesse de la lumière, Albert Einstein précisait justement : « La valeur d'une éducation universitaire n'est pas d'apprendre

---

[313] Le lecteur interessé pourra se pencher sur l'ouvrage de Samuel Arbesman : « The Half-Life of Facts: Why Everything We Know Has an Expiration Date ».
[314] Voir le billet de blog de Shane Parish chez Farnam Street https://fs.blog/2018/03/half-life/
[315] L'information figure dans le rapport britannique déjà cité [33].

beaucoup de faits, mais d'entraîner l'esprit à penser[316] ». Ajoutons la capacité cognitive de la créativité, étroitement liée à la curiosité et à l'imagination. Le même Albert Einstein, jamais à court de commentaires critiques et pertinents sur le modèle éducatif à base de savoir, illustra son propos dans une autre interview en 1929 : « L'imagination est plus importante que le savoir. Le savoir est limité. L'imagination englobe le monde »[317].

Alors que nous changeons d'époque, d'autres compétences, jadis beaucoup moins valorisées, prennent une place de choix parmi les compétences intemporelles : ce sont les capacités non-cognitives. Celles-ci se partagent en capacités intrapersonnelles et interpersonnelles. Les capacités intrapersonnelles ont trait à soi-même : suis-je en mesure de me gérer et de me contrôler moi-même convenablement, suis-je dans les bonnes dispositions d'esprit pour apprendre et progresser ? Les capacités interpersonnelles concernent nos interactions avec les autres : sommes-nous correctement équipés pour communiquer et collaborer efficacement, pour nous épanouir dans la relation avec les autres et leur permettre de s'épanouir également ?

Ces compétences cognitives et non-cognitives, prises dans leur totalité, ont gagné le titre certes encore mal défini de compétences du 21ème siècle[318]. Elles sont intemporelles alors que les connaissances ou les compétences spécifiques, elles, se renouvellent ou disparaissent complètement. Nous verrons avec notre Compas du 21ème siècle pourquoi certaines d'entre elles sont plus pertinentes encore à l'ère de l'intelligence artificielle et comment les développer.

---

[316] Voir note 312.
[317] "What Life Means to Einstein: An Interview by George Sylvester Viereck" The Saturday Evening Post (26 October 1929).
[318] https://www.linkedin.com/pulse/21st-century-competencies-education-towards-ai-proof-life-golstein/

De l'éducation initiale à l'apprentissage tout au long de la vie

Le besoin permanent de formation

Le problème n'est pas uniquement de procurer aux enfants et aux jeunes adultes une éducation initiale convenable, intégrant notamment les compétences intemporelles. Il s'avère de surcroit, avec les bouleversements de plus en plus rapides de la technologie, des métiers et de la société en général, que cette éducation initiale ne suffit plus à équiper un individu pour la vie entière. C'est pourtant comme cela qu'a fonctionné le système jusqu'à présent : la première partie de la vie était consacrée à l'apprentissage, et le reste de l'existence au travail et à la mise en œuvre des apprentissages initiaux.

Les instituts même les plus optimistes sur l'avenir du travail, nous l'avons vu précédemment, nuancent leurs prévisions de plein emploi à horizon 2030 en précisant que près de 400 millions de personnes devraient changer de métier[319]. Or pour changer de métier (et non pas seulement d'employeur ou d'industrie), l'apprentissage de compétences et de connaissances nouvelles est indispensable. C'est d'autant plus vrai si l'on cherche un nouveau métier suffisamment éloigné du précédent pour ne pas être vulnérable à une nouvelle vague d'automatisation qui s'annonce déjà.

Les employeurs aussi attestent du besoin en nouvelles compétences au sens anglais le plus large, c'est-à-dire en incluant le savoir et les capacités. Interrogés par le Forum Economique Mondial, ils s'attendent à ce que seules 58% des compétences principales utilisées en 2018 soient toujours présentes en 2022 – ce qui signifie en creux que 42% des compétences existantes de la force de travail seront amenées à évoluer dans ce laps de temps pourtant très court[320].

---

[319] Voir notamment les résultats de l'étude du McKinsey Global Institute rappelés p173 et suivantes.
[320] L'enquête de l'OMC a couvert un panel d'entreprises employant environ 15 millions de personnes [29].

Pour changer de métier et parce que les métiers eux-mêmes changent, il faut donc continuer à se former à l'âge adulte. L'apprentissage tout au long de la vie[321] désigne justement l'ajout à l'éducation initiale de cette formation continue. Son importance est telle que l'Organisation Internationale du Travail préconise la reconnaissance d'un *droit universel à l'apprentissage tout au long de la vie*, « formel et informel, depuis la petite enfance et l'éducation de base jusqu'à l'éducation et la formation des adultes[322] ».

Les acteurs de l'apprentissage tout au long de la vie

De multiples acteurs interviennent dans l'apprentissage tout au long de la vie. Les Etats, d'abord, sont tenus d'assumer leur responsabilité -y compris financière - de préparer l'avenir de leur population. Les entreprises cherchent à se garantir des ressources futures tout en s'occupant décemment de leurs employés actuels. Les prestataires de service donnent naissance à de nouvelles offres d'enseignement. Enfin, évidemment, les individus sont invités à prendre leur destin et leur formation en main. Le succès n'est au rendez-vous que si les différents acteurs convergent pour répondre à un double défi : accompagner la transition de la population active *dans son ensemble* vers les emplois les plus demandés, tout en s'assurant que *chaque individu* soit sur une trajectoire à la fois réaliste et satisfaisante.

Les Etats interviennent à des niveaux très variables dans l'apprentissage tout au long de la vie. Singapour, par exemple, est fidèle à sa tradition d'anticipation et de planification socioéconomique active. Son programme SkillsFuture ambitionne d'amener les Singapouriennes et les Singapouriens, quel que soit leur âge ou leur situation professionnelle, à « la réalisation de leur plein potentiel » tout en contribuant à la transition des compétences et des métiers. La formation, accompagnée de conseil et de financement, en est un pan essentiel. Pour 23 secteurs industriels ciblés, des cartes de transformation indiquent les perspectives économiques, décrivent les centaines d'emplois disponibles et les compétences nécessaires,

---

[321] « Lifelong learning », formule plus fréquente et percutante en anglais.
[322] Voir le rapport de l'OIT « Travailler pour bâtir un monde meilleur » [12].

mentionnent les passerelles d'une occupation à l'autre, proposent des parcours de formation et rappellent les financements correspondants. En complément, afin de promouvoir l'initiative et la responsabilisation individuelle dans la formation, chaque citoyen de plus de 25 ans a vu en 2015 son compte personnel de formation doté d'un crédit initial de 500 dollars singapouriens (environ 325 Euros). Le compte est utilisable à l'entière discrétion de son détenteur – que ce soit pour des cours d'informatique, de cuisine ou de coréen[323]. Au total un quart de la population active a bénéficié de SkillsFuture en 2018[324].

D'autres Etats se gardent d'être trop prescriptifs sur le type de formation le plus approprié pour chaque individu. Ils estiment d'ailleurs ne pas être les mieux placés pour choisir les formations et les emplois gagnants, et laissent cette fonction au marché. Ils assurent donc essentiellement le financement de la formation auprès d'organismes préalablement certifiés. La France, par l'intermédiaire du Compte Personnel de Formation (CPF), attribue un crédit annuel de 12 à 24 heures de formation à toute personne en activité de plus de 16 ans. Ce crédit d'heures sera remplacé à partir de 2020 par une alimentation monétisée du compte de formation, d'un montant annuel compris entre 500 et 800 Euros suivant les cas.

Parfois ce sont les branches professionnelles qui organisent activement leur évolution. Au vu de notre analyse de l'évolution du travail[325], il ne faudra pas s'étonner d'une initiative menée par la fédération du secteur financier en Belgique. Les employés de la banque, en sureffectif prévisionnel, sont incités à se reconvertir en infirmiers et infirmières[326]. Les banquiers sur le départ suivent une formation rémunérée pour devenir infirmier ou aide-soignant.

---

[323] Le renouvellement du crédit initial de 500 dollars est en cours de discussion.

[324] http://www.skillsfuture.sg/NewsAndUpdates/DetailPage/a35eccac-55a5-4f37-bd2f-0e082c6caf70

[325] Voir toute la partie 2 sur le Travail.

[326] https://www.lemonde.fr/economie/article/2018/12/29/en-belgique-des-banquiers-incites-a-devenir-infirmiers_5403425_3234.html

Les entreprises jouent naturellement un rôle majeur dans la formation continue. Amenées à redéfinir profondément les métiers sous l'effet de la technologie[327] et du marché, elles aspirent d'abord à satisfaire leurs propres besoins en ressources humaines. Selon le rapport de l'OMC cité précédemment[328], au moins 54% des employés nécessiteront un effort important ou très important de formation d'ici 2022. Or les employeurs sondés annoncent leur intention de se concentrer plus particulièrement sur leurs meilleurs employés, en particulier ceux qui sont déjà dans des postes importants et dont le travail sera augmenté par les nouvelles technologies, plutôt que sur les employés à risque de perdre leur travail. Cette stratégie, qui interroge sur la responsabilité morale des entreprises envers leurs employés, peut de plus s'avérer perdante au-delà du court-terme. Les employés existants ont souvent une connaissance informelle de l'entreprise – qui n'apparaît dans aucun manuel ni aucune procédure – et une loyauté dont la valeur est inestimable.

Il y a bien sûr des exceptions, et pas toujours là où on les attend. Amazon finance jusqu'à 12 000 dollars de formation par an à chacun de ses employés payés à l'heure et ayant plus d'un an d'ancienneté[329]. Elle vise donc les employés au plus bas de l'échelle, typiquement des manutentionnaires et autres travailleurs du secteur logistique. Les secteurs couverts par la formation subventionnée n'ont pas nécessairement de lien avec l'entreprise elle-même, mais plutôt avec les secteurs de l'économie présentant les meilleurs débouchés : la santé, l'informatique, le transport et les techniciens qualifiés. Amazon soigne ainsi son image – qui a été passablement écornée par le passé- tout en s'assurant l'adhésion des employés actuels et l'attraction d'employés futurs dans ces rôles difficiles.

---

[327] Voir tout la deuxième partie et en particulier le Chapitre 10 : Un cadre pour s'orienter.
[328] Voir note 320.
[329] https://www.inc.com/scott-mautz/amazon-is-paying-its-employees-12000-to-train-for-a-job-at-another-company-its-brilliant.html

Le renouveau de l'offre éducative professionnelle

Pour faciliter l'apprentissage tout au long de la vie, l'écosystème de la formation professionnelle subit une métamorphose profonde, que ce soit à l'intérieur des entreprises ou parmi les prestataires de service et fournisseurs de technologie.

Au sein même des entreprises, la fonction du département de « Learning & Development » (formation et développement) change progressivement de nature. Les équipes de L&D étaient jadis productrices de contenu pédagogique, souvent imposé quelque peu administrativement aux employés. Il est maintenant de plus en plus fréquent que la production de contenu soit décentralisée ou externalisée. Les équipes de L&D se recentrent sur l'ingénierie et la mise en place d'environnements et de systèmes favorisant l'apprentissage. Celui-ci doit être social et se dérouler dans un environnement psychologiquement sûr et motivant. Pour chaque employé, l'apprentissage doit être vécu par chaque employé comme une expérience aussi efficace et agréable que s'il était un client externe à l'entreprise. De plus, toute expérience menée dans un cadre professionnel est en soi un apprentissage censé aboutir à des choix plus éclairés ; la notion d'échec n'a plus sa place ici. Dans les entreprises les plus sophistiquées comme Google, les équipes de L&D mènent des expériences sur la formation elle-même[330]. A titre d'exemple, une petite équipe peut consacrer quelques mois à l'étude des ressorts de la motivation humaine conduisant un individu à créer du contenu pédagogique et à le disséminer dans l'entreprise ; diverses modalités sont testées jusqu'à ce que la plus efficace soit adoptée pour toute l'entreprise.

Les fournisseurs de technologie s'alignent sur les besoins en pleine évolution. Ainsi, de nombreuses plateformes de formation d'un genre nouveau, comme ClanED ou Gnowbe, investissent les entreprises pour redynamiser la formation interne. Les nouvelles plateformes, en phase avec leur époque, permettent un apprentissage social (avec les autres

---

[330] Témoignage partagé par Sarah Brown, « Learning experience designer » chez Google, au HR Tech Festival (mai 2019, Singapore).

employés), souvent par petits morceaux (des segments de quelques minutes), consultables partout et tout le temps, et laissant à l'employé beaucoup de liberté sur le contenu.

Les instituts de formation, depuis les établissements techniques jusqu'aux universités, dispensent une part croissante de leur enseignement à des publics ayant déjà une expérience professionnelle. Ils ne restreignent plus leur recrutement aux jeunes adultes venus directement de l'enseignement secondaire. Certaines universités font même de l'apprentissage tout au long de la vie l'une de leurs missions principales, et non plus un service annexe[331]. Des professionnels expérimentés suivent des formations universitaires, à temps plein ou partiel, comme des MBA, pour progresser dans leur carrière. D'autres se reconvertissent dans leur passion après avoir suivi une formation qualifiante, même si elle peut passer en apparence pour un recul par rapport à la formation initiale de l'individu. Ainsi arrive-t-il que la responsable marketing devienne boulangère ou que l'ancien trader se convertisse à l'agriculture.

De nouveaux acteurs émergent avec des offres éducatives innovantes. Coursera, EdEx ou Udemy, par exemple, ont inventé et lancé il y a moins de 10 ans les MOOC, ces cours en ligne à participation massive et à très bas coût, issus principalement des universités. Malheureusement le succès jusqu'à présent a été mitigé[332]. Certains de ces MOOCS se sont alors tournés vers la formation certifiante en entreprise. D'autres nouveaux entrants se sont positionnés sur des formations courtes destinées à combler le déficit dans les compétences les plus demandées. C'est le cas de General Assembly[333], qui cible surtout les métiers du numérique. Les entreprises, en particulier les plus petites et demandeuses de personnel immédiatement formé, ont changé leur

---

[331] C'est par exemple la volonté de Northeastern University. Voir note 318

[332] Massive Open Online Courses, ou cours en ligne ouverts à tous, à grande affluence et à petit prix. Malheureusement, les enquêtes ont démontré le fort taux d'abandon de ces cours et surtout le fait qu'ils attiraient surtout des diplômés existants voulant plus de qualification, plutôt que de nouveaux étudiants dans l'enseignement supérieur.

[333] https://generalassemb.ly/about

regard sur les formations qualifiantes courtes, désormais très valorisées. Les micro-diplômes voire les nano-diplômes[334] ou les *bootcamps* de quelques heures ou quelques jours se ménagent une place de choix aux côtés des *Masters'* ou *Bachelors' degrees* en 5 ou 3 ans.

Ne laisser personne derrière

La réticence de la majorité des employeurs à financer la formation des employés les plus vulnérables souligne un problème moral mais pose aussi une question légitime : quels sont les parcours de formation individuels susceptibles de réussir ? Autrement dit, à point de départ donné, quels sont les points d'arrivée pouvant être ciblés avec des chances raisonnables de succès ? Des organismes aussi variés qu'O*net[335] aux Etats-Unis ou le Centre des Cités innovantes[336] de Singapour cherchent à identifier les passerelles privilégiées entre emplois, essentiellement sur la base de la similitude des tâches exercées ou des compétences requises. La question se pose dans des termes comparables pour la reconversion d'employés peu qualifiés vers des métiers de l'informatique et de la science des données. En guise de réponse, certains n'hésitent pas à faire le pari parfois téméraire de ne « laisser personne derrière ». En voici quelques exemples.

L'entreprise Bit Source, dans le Kentucky, spécialisée dans le développement de sites web, a réalisé la prouesse de convertir « des mineurs de charbon en mineurs de données »[337]. Elle a en effet réussi à assurer la transition de mineurs en employés de la haute technologie, dans une région où l'activité industrielle avait périclité.

L'entreprise Dathappy[338] de Yoann Fol, en France et à Singapour, assure la formation tout-à-fait remarquable d'employés peu qualifiés en analystes des données. Une courte formation théorique est suivie de projets clients concrets, facturés à un taux inférieur au marché mais encadrés rigoureusement et donnant entière satisfaction aux clients.

---

[334] Plus connus sous leur nom anglais de *micro-degrees* ou *nano-degrees*.
[335] Sous la protection du Secrétariat d'état américain à l'emploi.
[336] Lee Kuan Yew Center of Innovative Cities (LKYCIC).
[337] Lire la présentation de Bit Source sur leur site web
https://www.bitsourceky.com/about-us
[338] Voir http://www.dathappy.com/

Après leur formation, les nouvelles recrues deviennent elles-mêmes mentors des promotions d'étudiants suivantes.

Toujours en France, Simplon [339] se présente comme un réseau de fabriques solidaires et inclusives qui propose des formations gratuites au numérique. Leur cible de prédilection est de révéler les talents « éloignés de l'emploi ou issus de territoires en difficulté, avec un objectif de parité hommes-femmes ». Simplon s'adresse ainsi pêle-mêle aux femmes ; aux réfugiés et primo-arrivants ; aux jeunes sans emploi ni formation ou stage en cours [340] ; aux handicapés ; aux porteurs de projets dans l'économie sociale et solidaire.

General Assembly n'est pas en reste. Son PDG rapporte avec passion et engagement [341] comment d'anciens camionneurs ont été formés à l'analyse des données élémentaire. Le plus difficile aura été de les convaincre eux-mêmes que cela relevait du domaine du possible. Pour y parvenir, General Assembly a dû se résoudre à réaliser une formation dédiée à ce public, non seulement pour bien calibrer l'apprentissage, mais surtout pour augmenter la confiance des apprenants. Dans ce cas-ci, l'absence de profils plus qualifiés limitait les comparaisons décourageantes et les influences psychologiques néfastes.

Même AI Singapore, un organisme étatique singapourien chargé d'animer la politique de l'intelligence artificielle à Singapour, engage des apprentis de l'intelligence artificielle. Initialement munis de simples compétences Excel, les apprentis sont transformés en analystes des données et en programmeurs de niveau d'entrée.

Non évidemment, tous les parcours ne peuvent pas réussir. En l'absence de bases solides en mathématiques et en informatique on ne devient pas chercheur en intelligence artificielle. Mais dans ce domaine comme dans d'autres, il existe, au moins à court-terme, des emplois accessibles par beaucoup moyennant une formation réussie. Les parcours d'apprentissage susceptibles de réussir sont parfois évalués en termes

[339] https://simplon.co/
[340] Segment connu dans le monde entier sous l'acronyme NEET : Not in Employment neither in Education or Training.
[341] Conférence de General Assembly à Singapour en 2018.

de proportion minimale de compétences communes – par exemple si la moitié des compétences d'un nouvel emploi sont avérées chez l'individu, la transition a une chance raisonnable de se réaliser avec succès. Ceci est évidemment un raisonnement un peu simpliste et la recherche à ce sujet gagnerait à être intensifiée. Soulignons néanmoins que souvent, les barrières psychologiques sont les plus importantes – et elles peuvent être vaincues.

L'apprentissage tout au long de la vie, donc, est en pleine effervescence. Il implique une multitude d'acteurs anciens et nouveaux, et va continuer à prendre de l'importance pour occuper sa juste place dans le nouveau paradigme de l'éducation.

Du cours magistral à l'arsenal éducatif moderne

L'éducation expérientielle succède au cours magistral

Le cours magistral symbolise l'ancien paradigme éducatif. Les élèves entassés dans une salle de classe ou les étudiants dans un amphithéâtre sont les destinataires passifs d'un savoir souvent abstrait qu'ils doivent ingurgiter. Quelle que soit la bonne volonté de l'enseignant, cette méthode traditionnelle est inefficace pour au moins deux raisons. D'une part le contenu de l'enseignement est indifférencié alors que chaque apprenant manifeste des besoins différents. D'autre part la passivité des apprenants limite considérablement leur capacité à réellement assimiler ce qui leur est enseigné.

Le cours magistral se voit désormais soumis à une contrainte supplémentaire. Dans le nouveau paradigme, les connaissances, anciennement hégémoniques, laissent une place croissante aux compétences intemporelles, celles qui, comme leur nom l'indique, ne se démodent pas. Ces nouvelles « matières » peuvent-elles être enseignées d'une manière traditionnelle ? Pas vraiment. Certaines des compétences cibles sont difficiles à enseigner et difficiles à apprendre, et s'avèrent totalement incompatibles avec les méthodes éducatives traditionnelles. La persévérance, la créativité, l'empathie ou la collaboration ne se transmettent pas par un exposé magistral à des élèves passifs dans une salle de classe ou un amphithéâtre. Il faut les vivre pour les comprendre, pour se jauger, pour pratiquer et s'améliorer.

Les instituteurs et les professeurs les plus avancés intègrent ces compétences dans leurs cours, passant très vite de la présentation initiale à la pratique. Un travail en groupe permet de mettre en œuvre la collaboration et l'empathie. La conception d'un service nouveau ou l'invention d'un nouveau monde permettent de solliciter sa créativité. Les épreuves de la vie ou de l'école sont mises à profit pour réfléchir à la résilience. Nous verrons à quel point ces préoccupations éducatives sont présentes chez les éducateurs dont le but assumé est de développer des compétences intemporelles clairement identifiées et d'amener les apprenants à s'épanouir à travers un certain profil cible.

Les élèves les plus jeunes feront des travaux pratiques et des projets en groupes. Les étudiants un peu plus âgés multiplieront les stages : ils feront leurs premiers pas en entreprise, en administration ou en recherche lors du stage « découverte » à l'adolescence ; ils s'immergeront dans leur structure d'accueil lors des stages de longue durée, de six mois à un an, pendant les années d'université. C'est ce que Joseph Aoun, le recteur de Northeastern University, appelle l'éducation expérientielle[342] : l'intégration entre l'expérience de la salle de classe et l'expérience du monde. L'objet de l'enseignement doit être vécu en conditions réelles pour être réellement compris et travaillé.

La science au service de l'enseignement
La modification du paradigme éducatif concerne aussi le rôle dévolu à la science pour influencer l'enseignement. Il fut un temps où nous étions moins bien armés pour évaluer les résultats des politiques ou des pratiques éducatives. Les décisions — quand elles étaient prises consciemment - étaient alors essentiellement intuitives, « philosophiques » ou dogmatiques. Aujourd'hui la science peut valider ou invalider nos pratiques et éclairer les choix éducatifs.

L'enseignement des langues en est un bon exemple. La capacité à apprendre une langue étrangère décroît avec l'âge, se réduisant très

---

[342] Voir note 318 et en particulier la vidéo de Joseph Aoun.

significativement à partir de la puberté. Les raisons de cette supériorité des enfants sont essentiellement physiologiques : l'aptitude décroît au fur et à mesure que se ferment les périodes sensibles d'apprentissage de la phonologie et de la grammaire. De plus, les adultes ne sont pas égaux face à l'apprentissage des langues étrangères ; dès la puberté, une différentiation se crée entre la majorité qui peine et une petite minorité plus douée. En revanche, les enfants, les nourrissons même, sont tous des génies linguistiques – il n'y a pas d'exception hors problème de santé. Dès lors, on peut s'étonner que tant de moyens - temps, énergie, ressources financières - soient consacrés à tenter d'enseigner les langues à des adultes de 17 à 77 ans, alors qu'il serait bien plus efficace d'affecter ces moyens aux enfants. La science nous apprend aussi que les enfants naissent avec la capacité de reconnaître et différencier tous les sons produits par les humains, mais que cette capacité disparaît si les sons en question ne sont pas utilisés dans la langue de l'environnement pendant la période sensible, c'est-à-dire jusqu'à l'âge de 12 à 18 mois. C'est ainsi que les Japonais ont beaucoup de mal à distinguer les sons [r] et [l], car ils n'ont dans leur langue ni l'un ni l'autre mais un unique phonème intermédiaire. Si cette capacité est jugée importante par la famille, alors il faut la travailler jeune ! La science nous enseigne enfin, toujours pour l'apprentissage des langues, que la quantité de langue entendue et produite ainsi que la quantité de feedback reçu sont des facteurs essentiels de l'apprentissage. Par conséquent, il est impossible d'apprendre réellement sans « produire » (c'est-à-dire sans générer de phrases) ou sans recevoir de feedback (c'est-à-dire sans que les fautes ne soient corrigées). D'autres facteurs communs à tous les apprentissages, comme l'attention, l'engagement, la motivation et la consolidation, entrent également en jeu. Tous ces facteurs d'apprentissage sont connus et démontrés par la science : se lancer dans un effort d'enseignement ou d'apprentissage sans en tenir compte est inefficace et pour tout dire, critiquable dans notre contexte contemporain éclairé.

L'apprentissage de la lecture en est un autre exemple, qui trop souvent génère des crispations en France entre les tenants de la méthode globale (où l'on reconnait en quelque sorte le contour des mots) et les partisans de la méthode syllabique. La psychologie et les neurosciences cognitives sont pourtant parvenues à déterminer de manière précise et indiscutable les opérations successives du cerveau pendant la lecture : « le mot est disséqué, puis recomposé en lettres, bigrammes, syllabes, morphèmes[343] ». Ce n'est pas une vague supposition, c'est l'état de l'art de la connaissance scientifique, démontré indépendamment par la psychologie cognitive (qui étudie le fonctionnement des processus mentaux à partir du comportement) et par les neurosciences (qui regardent directement le système nerveux). Or cette méthode de lecture qu'emprunte le cerveau ne se développe pas spontanément : il faut donc l'enseigner. Seule la méthode syllabique accompagne le processus effectué par le cerveau. La méthode globale, elle, est contreproductive. Les neurosciences, à défaut d'être complètement prescriptives aujourd'hui, devraient au moins nous orienter dans nos pratiques pédagogiques.

La science peut enfin éclairer les politiques pédagogiques. Nous avons évoqué plus haut les parcours de formation d'une profession à une autre et leur efficacité[344] ; cela reste insuffisamment étudié et la science doit contribuer à évaluer la performance de chacune des passerelles, déterminer le domaine des possibles et autant que faire se peut, améliorer les perspectives des individus. Peut-être l'intelligence artificielle saura-t-elle y répondre (par ses corrélations et prédictions extrêmement fines) avant que l'on n'en comprenne les raisons détaillées.

La technologie décuple l'efficacité de l'enseignement
L'arsenal éducatif moderne comporte au moins deux outils technologiques récents d'efficacité massive : l'intelligence artificielle et la réalité virtuelle.

Nous avons déjà vu l'intelligence artificielle à l'œuvre avec vos enfants dans la première partie de ce livre[345]. Nos deux intelligences artificielles

---

[343] Cette citation est extraite du chapitre 6 de l'ouvrage de Stanislas Dehaene : « Les neurones de la lecture », qui devrait être lu par tout enseignant et en particulier tout professeur des écoles [48].
[344] Voir les parcours de requalification, page 224 et suivantes.
[345] Lire ou relire la section sur l'impact de l'IA sur l'éducation, pages 92 et suivantes.

Thomas et Marie se chargeaient de guider l'enseignement de vos enfants, en parallèle de l'école. L'intelligence artificielle se posait également en support des enseignants du système scolaire. La contribution la plus fondamentale de l'IA à l'éducation est la personnalisation de l'enseignement, à l'opposé du cours magistral destiné à une classe entière. L'IA dispose des objectifs d'apprentissage – fixés par les humains-, et détermine la meilleure façon de les atteindre pour un apprenant donné. Elle prend ainsi en compte son niveau exact de compréhension et de connaissances et sa vitesse d'assimilation, en d'autres termes les besoins réels de l'apprenant. Elle intègre aussi ses préférences : les voies d'apprentissage[346], ou les centres d'intérêt qui servent de prétexte utile à apprendre. L'IA suit la progression de l'apprenant vers son objectif d'apprentissage, teste continuellement et de manière bienveillante l'acquisition des différents éléments, ajuste le parcours au fur et à mesure des avancées, n'hésite pas à revoir les notions passées juste au moment opportun pour consolider les connaissances.

Un autre outil s'ajoute à la panoplie de l'enseignant : la réalité virtuelle avec toutes ses variantes. Expliquons-en la différence en une phrase. La réalité virtuelle plonge le sujet dans un environnement numérique entièrement de synthèse ; la réalité augmentée plaque sur un fond réel des objets ou des indications dont l'objectif est souvent de renseigner sur le milieu environnant ; et la réalité mixte ancre dans un environnement réel des objets certes virtuels mais qui s'insèrent naturellement et pourraient être réels. Ces prouesses technologiques ont de multiples vertus pédagogiques. Quand un jeune enfant dessine un lion sur son cahier et que celui-ci s'anime et court dans la savane, un frisson d'excitation s'empare de lui, son attention est complètement mobilisée, son engagement est total et son imagination est fortement

---

[346] Si la science nous informe qu'il n'y a pas de style d'apprentissage correspondant à des fonctionnements neurologiques différents, en revanche il y a bien des préférences marquées par les apprenants sur le type de support pédagogique (écrit, vidéo, oral) qu'ils affectionnent particulièrement.

sollicitée [347] . Quand des étudiants voient le fonctionnement d'un système complexe en situation réelle, que ce soit le moteur d'une moto à réparer ou le cœur d'un individu à opérer [348], l'enseignement est contextualisé, concret et efficace. Dans les quelques cas précédemment cités la technologie contribue à offrir une vraie expérience immersive tout en restant dans l'environnement d'enseignement. Les vertus pédagogiques s'appliquent aussi lorsqu'il faut sensibiliser des individus en dehors d'un cadre d'étude formel : la mise en scène par une chaîne météo d'un ouragan et d'une inondation en réalité mixte est le plus efficace des messages de prévention[349].

D'autres outils technologiques plus diffus et peut-être plus inattendus viennent compléter l'arsenal pédagogique moderne : les vidéos didactiques et les jeux vidéo. Les jeux vidéo sont souvent décriés car susceptibles de créer une addiction ou une isolation sociale. Pourtant, ils restent excellents pour développer la capacité de concentration. Leurs concepteurs intègrent par ailleurs souvent mieux que les logiciels éducatifs la notion de progressivité dans les apprentissages : on passe d'un niveau à l'autre après avoir travaillé et acquis un *skill*, c'est-à-dire une compétence supplémentaire. Tous les jeux ne sont pas violents. Certains, comme *Minecraft*, le jeu aux 90 millions de joueurs mensuels[350], sont les dignes héritiers des jeux de construction. Quant aux vidéos didactiques, disponibles sur les grandes plateformes de diffusion, elles sont en phase avec leur époque : courtes, intéressantes, amusantes, concrètes, elles parviennent à amener à des matières réputées arides un jeune public de passionnés. Elles aussi comptent leurs abonnés par millions.

———————————————

[347] Voir le coloriage et l'animation du lion
https://www.youtube.com/watch?v=QCceCt7bvFw
[348] Le cœur en réalité augmentée
https://www.youtube.com/watch?v=x9D9eIWZNgM
[349] La Weather channel excelle dans cette exercice. Voir l'ouragan
(https://www.youtube.com/watch?v=bRkXPuGAHkE), la tornade
(https://www.youtube.com/watch?v=0cODBQqaGTw), ou encore l'incendie,
la tempête de grêle etc…
[350] Valeur de septembre 2018.

Trois tendances principales, donc, marquent la fin du paradigme éducatif né au 19ème siècle. Celui-ci était caractérisé par une période de formation initiale couvrant les 15 à 25 premières années de la vie. L'apprentissage était centré sur les connaissances, elles-mêmes inculquées essentiellement par la mémorisation. Dans le nouveau paradigme, les connaissances laissent une place de choix aux compétences. L'apprentissage, initié à la petite enfance, se poursuit à l'âge adulte et dure toute la vie. Enfin les méthodes pédagogiques sont inspirées par les sciences cognitives et s'appuient sur l'état de l'art technologique.

Reste à définir de manière simple les fondamentaux qui guideront l'éducation, en particulier initiale, pour permettre aux humains de s'épanouir à l'ère de l'intelligence artificielle. C'est tout l'objectif du Compas du 21ème siècle.

Chapitre 12.   Le Compas du 21ème siècle

Au fur et à mesure que vous progressez dans la lecture de ce livre, vous prenez la mesure du grand bouleversement qui est en train de s'opérer … et dont l'ampleur sera sans précédent. Nous avons vu dans la première partie que l'intelligence artificielle, petit à petit, prend l'ascendant sur nous, ses créateurs, sur un nombre croissant de processus mentaux humains. Nous en avons ensuite aperçu les conséquences sur le monde du travail dans la deuxième partie : les humains seront certes augmentés dans la pratique de certains emplois, du moins au début, mais il apparaît à peu près inexorable que la machine se substitue progressivement à nous en quelques générations.

C'est là qu'il est bon, une fois de plus, de se remémorer pourquoi l'intelligence artificielle a été introduite, pourquoi nous avons des emplois, et pourquoi nous avons un système éducatif. Les trois ont en principe un objectif commun : nous procurer une vie meilleure. Certes, la définition d'une vie satisfaisante, sans même parler d'une vie meilleure, varie grandement en fonction des individus – et Maslow a bien exposé comment les besoins peuvent être hiérarchisés suivant sa célèbre pyramide. D'aucuns ne manqueront pas de souligner comment les humains, insatiables, sont condamnés à en vouloir toujours plus. Malgré des modalités variables, le principe fondamental de l'aspiration à une vie meilleure semble universel. L'intelligence artificielle n'est pas une fin en soi. Le travail n'est pas une fin en soi. L'école n'est pas une fin en soi. Tous convergent vers cette aspiration à plus de bonheur, un plus grand épanouissement, une meilleure santé et des conditions matérielles satisfaisantes.

C'est aussi le but du Compas du 21ème siècle que nous allons introduire ici. Il a pour objectif de faciliter la navigation dans notre nouvel environnement, toujours plus incertain et mouvant, dans lequel a fait irruption une nouvelle force : l'intelligence artificielle. Il ne vise pas uniquement à guider un comportement scolaire, mais bien davantage à faire sentir son utilité tout au long de la vie. Mieux encore, son application contribuera à réunir les conditions nécessaires pour façonner le monde de demain. Le Compas se veut le référentiel éducatif dont tout enfant sera idéalement équipé dès ses premières années formatrices ; il gagnera à continuer d'être développé ultérieurement et ses effets se feront sentir tout au long de la vie. Sa conception découle directement de l'évolution du monde catalysée par l'intelligence artificielle et répercutée sur l'univers du travail.

Présentation du Compas

Le Compas du 21ème siècle rassemble les compétences et les savoirs essentiels à une vie meilleure dans le monde d'aujourd'hui et de demain. Il inclut également une indication d'orientation et de comportement à adopter.

Le compas est centré sur la **capacité à apprendre**. On sait désormais que le méta apprentissage, ou le fait d'apprendre à apprendre, est bien plus une science qu'un art. Des règles simples issues des sciences cognitives permettent d'en améliorer drastiquement l'efficacité.

Le compas a pour socle les **savoirs cardinaux**. Seuls, ils sont insuffisants ; mais non acquis ou insuffisamment maîtrisés, ils mettent en péril la vie professionnelle et personnelle. Les savoirs cardinaux, parfois difficiles à nommer précisément en français, comprennent le *littérisme*, ou la capacité à utiliser et à communiquer une information écrite dans la vie courante ; la *numératie*, ou la capacité à créer et utiliser des informations et idées mathématiques ; et le *littérisme numérique*, ou capacité à utiliser les outils numériques de manière efficace et appropriée.

Le compas est flanqué de deux séries de compétences. A droite, trois **compétences cognitives** essentielles : la *pensée critique* permet de prendre des décisions rationnelles ; la *créativité* nous invite à imaginer ce qui n'existe pas encore ; l'*interdisciplinarité* nous procure de nouvelles perspectives en reliant des domaines a priori séparés. A gauche, trois **compétences socio-émotionnelles** fondamentales : la *résilience*, indispensable pour gérer les aléas de la vie et savoir se relever ; *l'empathie*, nécessaire à une connexion humaine profonde et sincère ; enfin la *collaboration,* puisque la quasi-totalité des productions et actions humaines est le fruit d'un travail a plusieurs.

Dernière composante mais non la moindre, l'aiguille du compas pointe vers le **Nord moral**. Nos actions seront guidées d'une part par une *éthique personnelle*, délimitant les routes que nous sommes disposés à prendre, et d'autre part par une *raison-d'être,* définissant notre mission dans le monde.

Le Nord moral évoluera peut-être. Mais les autres composantes du Compas sont d'une très grande stabilité. Elles constituent pour la plupart ces compétences parfois qualifiées d'éternelles. Elles pourront accompagner l'individu tout au long de sa vie, même au beau milieu d'un tourbillon de changement.

Le Compas, puisqu'il est synthétique, résulte inévitablement d'une sélection drastique et parfois excessivement simplificatrice. D'autres éléments auraient pu s'y greffer sans que l'on y trouve à redire. Tous les éléments auraient eux-mêmes pu se décliner en des composantes supplémentaires. Mais à quantité forcément limitée, ceux que nous avons retenus sont les plus pertinents.

Le Compas n'est pas une fin en soi, mais plutôt un début. Il constitue une plateforme de lancement robuste. Généraliste, sa vaste surface procure les compétences nécessaires pour s'adapter dans une majorité de circonstances. Il n'interdit évidemment pas, bien au contraire, de plonger à la demande dans la profondeur d'un domaine précis ou d'une expertise nécessaire.

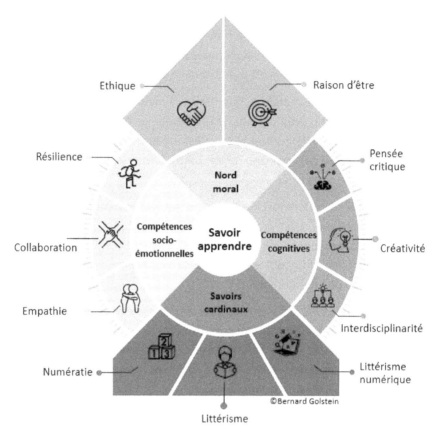

Figure 4: Le compas du 21ème siècle

Le Compas et l'intelligence artificielle

En regardant le Compas, il vous vient peut-être à l'esprit que rien ou presque de ce qu'il propose n'est spécifique à l'ère de l'intelligence artificielle. Les caractéristiques mises en avant n'auraient-elles pas été tout aussi légitimes il y a 10, 20 ou 100 ans ?

On peut en effet supposer qu'aucune des composantes du Compas n'aurait été néfaste en d'autres temps. Mais voyons en quoi elles sont tout particulièrement indiquées à l'époque qui s'annonce.

Tout d'abord, on n'insistera jamais assez sur l'ampleur et la vitesse des changements qui se profilent à l'horizon. La *capacité à apprendre* sera donc indispensable dans un environnement en constante mutation.

Les composantes clé du Compas nous aideront à définir comment nous voulons vivre dans la période qui s'annonce. La *raison d'être* sera l'occasion pour chacun et pour la société dans son ensemble de formuler le but et le sens que nous souhaitons fixer à notre vie ; il sera particulièrement important de s'y pencher alors que la fin du travail tel que nous le connaissons laissera un vide immense à combler. *L'éthique* guidera l'ensemble de nos décisions, ce qui sera d'autant plus indispensable que les dérapages malveillants menacent d'être amplifiés par l'intelligence artificielle. La *pensée critique* et la *créativité* nous permettront de mener à bien notre réflexion sur ce monde que nous souhaitons forger.

De multiples composantes nous aideront à tirer le meilleur parti de la machine dont les effets positifs sur notre vie, ne l'oublions pas, promettent d'être immenses. A cette fin les *savoirs cardinaux - littérisme, numératie* et *littérisme digital* - seront un socle indispensable. Il faudra y ajouter le *Nord moral* et les *compétences cognitives* déjà mises à profit pour se choisir un avenir.

Certaines des compétences du Compas nous offriront une protection dans un monde qui sera de plus en plus dominé par l'intelligence artificielle. Ici, c'est une approche défensive qui est mise en place. La *pensée critique* et le *littérisme digital* nous aideront à démêler le vrai du faux dans notre monde compliqué. La *résilience* sera un bouclier précieux pour surmonter les aléas inévitables auxquels la vie nous exposera davantage encore.

D'autres compétences encore nous donneront l'occasion de nous démarquer de l'intelligence artificielle en exploitant les capacités où nous conservons une supériorité certaine sur la machine. Ce positionnement peut être qualifié d'offensif. Ainsi, la *créativité* de l'IA se limite à l'imitation ou l'exploration des possibles, alors que la nôtre sait se montrer beaucoup plus radicale. De même, l'IA reste une grande spécialiste, incapable à ce jour de généraliser hors de son domaine étroit d'intervention ou d'établir des passerelles entre différents domaines – ce qui justifie notre intérêt à exploiter l'*interdisciplinarité*. Quant à la *collaboration* et l'*empathie*, elles nous feront profiter de la prime à l'humain [351] qui perdure et constitueront une affirmation de notre humanité. Ne l'oublions pas : même quand l'intelligence artificielle perçoit une émotion humaine ou en simule une en retour, elle le fait avec grand talent algorithmique mais sans rien éprouver ni réellement comprendre. Seuls les humains peuvent aller au plus profond de l'analyse émotionnelle d'autrui en complétant la perception superficielle par des questions adaptées ; seuls les humains sont réellement capables, à ce jour et pour l'avenir prévisible, de déterminer la réponse adéquate à une émotion humaine.

Grâce au Compas, donc, nous pourrons déterminer notre chemin en conservant la hauteur de vue nécessaire ; nous saurons utiliser au mieux les possibilités offertes par l'IA ; nous nous ménagerons des garde-fous, et nous nous efforcerons même de développer nos forces différenciatrices par rapport à la machine.

Le Compas et la vie

Intuitivement, tout laisse à penser qu'une bonne maîtrise des différents éléments du Compas préfigure le succès dans l'atteinte des objectifs de la vie, en particulier dans le domaine de la satisfaction de la vie, du travail, de l'aisance matérielle, de la santé, des relations affectives.

Ce sont les effets des compétences cognitives qui ont été à ce jour les plus étudiés. Elles sont corrélées positivement, de manière persistante quoique parfois modeste, avec l'obtention de résultats de vie souhaitables. La corrélation est claire pour le succès académique et en général pour le succès professionnel. Ceci n'empêche pas les échecs personnels d'individus à fort QI d'être légion – constat qui a contribué à l'éveil, il y a deux ou trois décennies, de l'intérêt pour les compétences socio-émotionnelles.

A intelligence cognitive constante, l'intelligence émotionnelle et sociale procure toujours un avantage. La maîtrise de soi, l'empathie,

---

[351] La prime à l'humain a été longuement définie dans la deuxième partie. Elle consiste à assigner des tâches à des humains pour des raisons autres que technologiques puisque la machine serait capable de les accomplir.

l'optimisme et d'autres caractéristiques détectées très tôt se sont avérés être des prédicteurs significatifs de résultats positifs [352]. Le groupe de compétences appelé consciensiosité ou souci du travail bien fait (travailler dur, être responsable et bien organisé), qui figure indirectement dans le Compas à travers la résilience, semble la plus corrélée des compétences socio-émotionnelles avec le succès dans la vie. L'impact de la consciensiosité est tel qu'elle surpasse le QI en tant que prédicteur de succès.

Selon un groupe d'experts réunis par le National Research Council américain en 2012, l'évaluation rigoureuse de l'impact des compétences intrapersonnelles et interpersonnelles du 21ème reste insuffisante [353]. Globalement, et indépendamment de compétences précises, c'est le nombre d'années d'étude qui au jour d'aujourd'hui est le meilleur prédicteur historique de succès professionnel et dans la vie. Mais attention : ceci est un résultat basé sur de longues séries statistiques passées. Rien n'est moins sûr que l'utilisation de méthodes jadis efficaces pour garantir le succès dans la période qui s'ouvre.

Notons enfin, au risque de susciter la perplexité, que les aspects extérieurs de la réussite dans la vie ne sont pas strictement corrélés à la posture éthique. Même si l'on veut croire qu'un jour ou l'autre, les auteurs d'actions non éthiques sont rattrapés par la société (et il y en a effet beaucoup qui croupissent en prison), ce n'est pas systématiquement le cas. On peut « réussir sa vie », en parfaite impunité, malgré un comportement éthiquement condamnable en affaires, en politique, dans la société. On peut aussi être parfaitement éthique et dans une pauvreté douloureuse. Cette triste vérité individuelle n'est pas contradictoire avec le résultat rassurant de multiples études au niveau des nations : elles démontrent qu'un plus

---

[352] Voir les références multiples de « Intelligence Emotionnelle » de Daniel Goleman [20].
[353] Voir le compte-rendu des National Academies sur leur rapport intitulé « Education for life and work » [32].

haut niveau d'intégrité est corrélé à un plus haut niveau de développement des pays[354].

Le Compas et le monde du travail

Depuis plusieurs années déjà, le monde du travail exprime des besoins en forte résonance avec le Compas.

Ainsi, le Forum Economique Mondial, dans le cadre de son rapport 2018 sur le Futur de l'Emploi, déjà cité [355], a interrogé des entreprises représentant un effectif total de plus de 15 millions d'employés dans un ensemble varié de secteurs d'activité et de pays.

La demande en compétences à l'horizon 2022, vue par le Forum, met aux cinq premières places : l'analyse critique et l'innovation ; les stratégies d'apprentissage et l'apprentissage actif ; la créativité, l'originalité et l'initiative ; la conception technologique et la programmation ; la pensée critique et l'analyse. Malgré une différence de terminologie, quatre de ces cinq compétences figurent dans le Compas et sont regroupées sous la forme de capacité à apprendre, de pensée critique, et de créativité. Seule la compétence intitulée « conception technologique et programmation » ne figure pas explicitement dans le Compas, étant une compétence spécialisée – cependant son pendant généraliste, le littérisme digital, en fait bien partie.

Aux cinq places suivantes du sondage du Forum Economique Mondial se trouvent : la résolution de problèmes complexes ; le leadership et l'influence sociale ; l'intelligence émotionnelle ; le raisonnement, la résolution de problèmes et la génération d'idées ; l'analyse et l'évaluation de systèmes. Là encore, l'esprit de ces compétences se retrouve dans le Compas : notre inclusion de l'empathie et de la

---

[354] De nombreuses études soulignent que le niveau de corruption a une forte incidence négative sur le PNB par habitant, comme par exemple https://www.researchgate.net/publication/287348821_The_Impact_of_Corruption_on_GDP_Per_Capita
[355] The Future of Jobs report 2018 [29].

collaboration recouvre l'intelligence émotionnelle et dans une certaine mesure le leadership et l'influence sociale ; notre interdisciplinarité inclut l'analyse de systèmes ; les autres points sont légèrement redondants par rapport aux capacités cognitives déjà mentionnées aux cinq premières places du classement.

La seule différence majeure, finalement, entre les compétences identifiées aux dix premières places par le Forum Economique Mondial et celles du Compas se résume à la présence dans celui-ci d'une compétence intra-personnelle : la résilience. En outre, le Compas comprend une direction éthique et philosophique et rappelle la nécessité des savoirs cardinaux. Enfin, signalons que le monde de l'entreprise est peut-être moins avancé qu'il ne pense l'être. S'il est vrai que les dirigeants recherchent dans l'absolu les compétences du 21ème siècle, il est encore fréquent que les recruteurs et les manageurs de terrain recherchent le savoir-faire et les connaissances précises nécessaires à la tenue du poste concerné et directement applicables.

A quelques différences près, il y a donc une remarquable convergence entre le Compas, facteur clé de succès et guide pour l'individu du 21ème siècle, et les besoins exprimés par le monde du travail.

Le Compas et les systèmes scolaires

Le recouvrement entre le Compas et la majorité des systèmes scolaires existants est moins probant. Traditionnellement, l'école ne forme pas aux composantes du Compas, et le Compas ne garantit pas un succès à l'école tel qu'il est défini à ce jour.

En effet, la plupart des système scolaires accordent encore une place prééminente aux connaissances. Les élèves demeurent testés sur une vaste quantité de savoir qu'ils doivent amasser et être en mesure de restituer le Jour J, parfois au prix d'un bachotage énorme et inapproprié. Dans le meilleur des cas, certaines compétences cognitives sont aussi développées.

Mais les choses évoluent petit à petit. Ainsi, le standard international PISA[356], qui évalue et analyse les performances scolaires des élèves de l'OCDE et au-delà, a introduit en 2015 une dimension supplémentaire qui reflète bien l'évolution en cours. PISA se cantonnait auparavant aux matières fondamentales que sont la lecture, des mathématiques et des sciences. Elle comprend désormais aussi la résolution collaborative de problèmes. Et elle inclura dès 2021 une mesure de la créativité.

Les résultats concernant l'épreuve de 2015 de résolution collaborative de problèmes sont édifiants, en particulier en termes relatifs : comment un pays se positionne par rapport à ce à quoi l'on pouvait s'attendre compte tenu des performances individuelles de ses élèves en science, lecture et mathématiques. Les pays à la meilleure performance relative sont l'Australie, le Japon, la Corée, la Nouvelle-Zélande et les Etats-Unis : deux pays asiatiques et trois pays anglosaxons. Les élèves du Japon et de la Corée étaient déjà très forts individuellement et sont encore meilleurs collaborativement. Les élèves des Etats-Unis étaient sous la moyenne individuellement, mais leur excellentes compétences collaboratives leur permettent d'entrer dans le peloton de tête pour la performance collaborative absolue. A l'inverse, certains pays avaient une bonne performance individuelle mais déçoivent collaborativement : c'est le cas des quatre provinces chinoises qui ont participé à l'épreuve. Enfin, certains pays étaient sous la moyenne individuellement et sont encore moins bons collaborativement : c'est le cas de la France.

Les systèmes scolaires sont eux aussi en mutation, certains montrant la voie, d'autres étant clairement à la traîne.

Singapour

Singapour caracole souvent en tête de peloton. Lors de la dernière édition en date de PISA[357], Singapour ne s'est pas contentée de terminer première au monde dans chacune des trois catégories pour les élèves de 15 ans : sciences, mathématiques et lecture. Elle a aussi réussi

---

[356] Programme for International Student Assessment
http://www.oecd.org/pisa/
[357] Les derniers résultats publiés sont ceux de l'édition 2015. Les résultats de 2018 paraitront au cours de 2019.

l'exploit de se placer en tête de classement pour la résolution collaborative de problèmes. Parmi les facteurs de succès, on trouve un corps enseignant bien formé, bien payé, et très respecté ; une recherche continuelle de bonnes pratiques et d'objectifs pédagogiques en phase avec leur époque ; et un niveau de priorité très élevé accordé par la population à l'éducation.

Une stratégie éducative claire a rythmé le développement du pays par sa pertinence et sa bonne exécution. La première phase, (1959-1978), motivée par la survie du pays, a posé les bases d'un système cohérent et homogène. La seconde phase (1979-1996), visant à l'efficacité, a augmenté considérablement la qualité de l'éducation de base et réduit l'échec. La troisième phase (1997-2011) a coïncidé avec la transition de Singapour de l'industrie à une économie de services à haute valeur ajoutée. Le programme « Ecoles qui pensent, nation qui apprend »[358] a été mis en œuvre, et les compétences cognitives comme la réflexion critique ont commencé à compléter la connaissance.

Singapour, pas plus dans le domaine éducatif qu'ailleurs, ne se sent arrivée et disposée et à se reposer sur ses lauriers. La remise en question et la quête d'amélioration sont permanentes. Au-delà de PISA, le pays reconnait le chemin restant à accomplir dans les *soft skills* (les compétences socio-émotionnelles) et la créativité. Qu'à cela ne tienne ! Dès 2012 un nouveau cadre éducatif, « Compétences et acquis des étudiants pour le 21ème siècle »[359], a guidé l'ensemble du programme. En 2019, Singapour a annoncé un nouvel ajustement de son système scolaire avec réduction de la place accordée aux examens, diminution de la très forte pression à l'école, et meilleure personnalisation du cursus aux élèves. En parallèle, les efforts pour développer les compétences digitales et la créativité se poursuivent[360].

----

[358] Thinking Schools, Learning Nation (TSLN) .
[359] "21st century competencies and student outcomes"
https://www.moe.gov.sg/education/education-system/21st-century-competencies
[360] Voir notamment la description du Digital Makers' Program de Singapour et l'accent sur la créativité.

Finlande

La Finlande aussi est coutumière du haut du classement. Les principes éducatifs retenus sont très différents de ceux de Singapour, avec un faible nombre d'heures, une très faible anxiété liée à l'école, une liberté pédagogique très forte accordée aux enseignants – eux-mêmes hautement respectés. La plus grande fierté de la Finlande est l'homogénéité de ses résultats, indépendamment de l'origine sociale ou de la situation géographique de ses élèves.

La dernière mue en date entreprise par la Finlande accorde une place croissante aux projets multidisciplinaires, qui permettent d'aborder toutes les matières sur une problématique donnée, plutôt que l'approche classique de l'étude de matières prises séparément.

France

La France a traditionnellement dans son système scolaire un très fort biais pour les connaissances. Or à la consternation générale, les résultat des élèves sur ces mêmes connaissances sont en chute constante, quel que soit le référentiel. La France est passée dans la mauvaise moitié des classements PISA, et figure parfois même en queue de peloton. Dans d'autres évaluations nationales, en mathématiques par exemple, les meilleurs élèves d'aujourd'hui sont tout juste au niveau des pires d'il y a trente ans[361]. De surcroit, l'école ne parvient pas à surmonter les inégalités sociales. Ces résultats inquiètent profondément le pays qui a pourtant fourni le quatrième plus gros contingent de Prix Nobel, le deuxième de médailles Fields en mathématiques…. et l'un des heureux vainqueur du prix Turing 2019 en informatique avec Yann LeCun.

La France n'a cessé de tenter de réformer son système, amplifiant au passage la méfiance et la réticence du corps enseignant. Les dernières réformes engagées vont dans le bon sens, avec le renforcement des efforts pour les petites classes et les élèves en difficulté, le changement de format du baccalauréat, la prise en compte renforcée des apports de la science dans la pédagogie, et l'intensification du travail collaboratif.

---

[361] La remarque est de S. Dehaene, citée par le Monde
https://www.lemonde.fr/societe/article/2019/04/05/mathematiques-le-niveau-des-ecoliers-plonge_5446009_3224.html

Etats-Unis

Le système éducatif américain de la maternelle à la terminale n'est pas réputé pour son excellence. Les résultats à l'évaluation PISA confirment cet état des choses : en 2015, les jeunes élèves des Etats-Unis se classaient au-dessous de la moyenne de l'OCDE dans toutes les catégories. Toutes les catégories, sauf une : la résolution collaborative de problèmes. Ils se classent même troisièmes en performance relative de résolution collaborative de problèmes. Ce n'est pas un hasard.

Au début des années 2000, une organisation non gouvernementale américaine, le Partnership for 21st Century Learning, a inventé le concept des 4Cs. Il décrit les 4 compétences essentielles selon elle pour l'éducation moderne, chacune commençant par la lettre C en anglais : *Creativity* (la créativité), *Critical thinking* (la pensée critique), *Communication* (la communication) et *Collaboration* (la collaboration)[362]. En 2010, les compétences du 21ème siècle ont été incluses dans le programme standard des écoles publiques, le Common Core[363]. Depuis la petite enfance, les activités de communication et de collaboration sont pratiquées en classe et font l'objet d'une note – ce qui est un garant de l'importance réelle dans le système.

Dans quelque rassemblement international qu'on les retrouve par la suite, les américains se distinguent souvent par leur facilité à communiquer et à collaborer.

Le système IB

De tous les systèmes scolaires d'une certaine ampleur, c'est indiscutablement celui du Baccalauréat International[364] (système IB[365]) qui est le plus en phase avec le Compas. Autant le système français est axé sur les connaissances, autant le système IB est centré sur l'élève. Contrairement aux autres, le système IB n'est pas un système national, mais transnational. Créé il y a une cinquantaine d'années, il est adopté

---

[362] http://www.battelleforkids.org/networks/p21
[363] https://en.wikipedia.org/wiki/21st_century_skills
[364] https://www.ibo.org/fr/about-the-ib/
[365] International Baccalaureate.

par environ 5 000 écoles dans le monde et couvre les âges scolaires de 3 à 19 ans – c'est-à-dire de la maternelle à la fin du secondaire.

L'objectif du programme IB annonce tout de suite la couleur : « Comment pouvons-nous être sûrs de mener [les élèves] dans la vie active avec les compétences dont ils ont vraiment besoin pour s'épanouir, réussir et être heureux ? ». Le programme vise le développement et le succès des élèves au-delà du cadre strictement académique.

L'ensemble du cursus est guidé par l'objectif de développer en chacun des élèves le « profil de l'apprenant de l'IB »[366]. Les élèves sont formés à devenir *chercheurs, informés, sensés, communicatifs, intègres, ouverts d'esprits, altruistes, audacieux, équilibrés, réfléchis*. Ceci n'est pas qu'une liste de mots. Les enseignants ont l'objectif du « profil de l'apprenant IB » solidement ancré dans toutes leurs pratiques éducatives[367]. Nous pouvons aussi remarquer immédiatement que le savoir ou les connaissances ne constituent que l'une des dix composantes du profil.

On le voit, si l'on fait exception du système IB, le Compas présente un contenu sensiblement différent de ce que la plupart des systèmes scolaires offrent aujourd'hui. C'est précisément pour cela qu'il ne s'inscrit pas en opposition avec ces différents systèmes scolaires. Il faut le voir comme complémentaire. Il constitue un référentiel vers lequel les systèmes scolaires ont d'ailleurs commencé à bifurquer lentement. Si le Compas rassemble les qualités et les caractéristiques nécessaires au succès dans la vie et au travail, pourquoi en effet ne pas les enseigner dès l'école ?

---

[366] https://www.ibo.org/fr/benefits-of-the-ib/the-ib-learner-profile/
[367] Dans l'une des écoles IB que nous avons visitées, une institutrice consacre chaque semaine à l'un des attributs ou de ses sous-attributs, en multipliant les activités adaptées à l'âge des enfants.

Quand enseigner le Compas ?

Apprendre pendant les périodes sensibles de l'enfance

Les prescriptions du Compas gagnent à être mises en place dès le plus jeune âge et affinées tout au long de l'existence. Plus la pratique sera précoce et plus elle sera aisée ; plus elle sera longue et plus les processus associés seront automatisés dans le cerveau jusqu'à devenir parfaitement naturels et presque inconscients. Ils seront déjà solidement établis quand l'inexorable déclin de la plasticité cérébrale fera sentir ses effets.

De plus, un petit nombre d'éléments du Compas sont associés à des périodes sensibles de l'enfance : c'est à ce moment-là qu'ils doivent être appris, faute de quoi ils ne pourront jamais l'être avec la même efficacité.

Les savoirs cardinaux du littérisme et de la numératie font partie de ces éléments à apprendre pendant l'enfance. L'acquisition du langage, si elle n'est pas réalisée dans les premières années de la vie, n'est pas rattrapable, comme l'ont démontré les difficultés extrêmes des enfants sauvages ou des enfants complètement désocialisés. De manière semblable mais moins radicale, l'alphabétisation est bien plus aisée à un âge précoce – or l'alphabétisation est évidemment la première étape du littérisme.

Périodes sensibles pour capacités cognitives

Le contrôle exécutif, et en particulier la mémoire de travail, sont indispensables à l'apprentissage qui est au cœur du Compas. Le contrôle exécutif est à développer jeune et fait sentir son impact sur le reste de la vie. Ainsi en a conclu une étude qui a suivi 1 000 enfants de la naissance à l'âge de 32 ans. Elle a déterminé que le niveau d'auto-contrôle à l'enfance était un prédicteur linéaire du succès à l'âge adulte en termes de santé physique, de finances personnelles, d'absence d'addictions et de commission de crimes[368].

---

[368] La maîtrise de soi à l'enfance prédit la santé, la prospérité et l'ordre public [50].

D'autres études encore[369] suggèrent que les capacités cognitives en milieu et fin de vie sont fortement corrélées à la capacité cognitive à 20 ans, mais pas à l'éducation ou aux activités liées à l'éducation qui peuvent avoir lieu après cet âge. L'effet de l'éducation sur les capacités cognitives connaîtrait ainsi un plateau à la fin de l'adolescence, renforçant la nécessité d'améliorer la qualité de l'éducation initiale.

Périodes sensibles pour capacités socio-émotionnelles

De même, comme le souligne Daniel Goleman, auteur du premier ouvrage magistral sur l'intelligence émotionnelle[370], « les leçons émotionnelles que nous apprenons aux enfants à la maison et à l'école façonnent nos circuits émotionnels, nous rendant plus aptes ou plus inaptes à la pratique de base de l'intelligence émotionnelle. Cela veut dire que l'enfance et l'adolescence sont critiques pour asseoir les habitudes émotionnelles essentielles qui gouverneront notre vie ».

En effet, comme l'intelligence cognitive, l'intelligence émotionnelle est un phénomène biologique et plus particulièrement neurologique. Certains traits ont une composante innée - par exemple, au moins partiellement, les traits de caractère comme l'assurance ou la timidité sur une dimension, la gaieté ou la mélancolie sur une autre dimension[371]. D'autres traits s'acquièrent tout particulièrement pendant les périodes de plasticité cérébrale maximale (jusqu'à l'adolescence) ou même avant si cela correspond à une période sensible spécifique. La capacité à s'apaiser, ou bien encore l'empathie, sont acquises et cultivées dès les premiers mois de la vie. Le cortex préfrontal, qui joue un rôle essentiel dans les mécanismes de contrôle exécutif comme l'inhibition (c'est-à-dire la maîtrise de soi), arrive à maturité vers la fin de l'adolescence,

---

[369] Voir Influence of young adult cognitive ability and additional education on later-life cognition [47].

[370] Il existe de nombreuses éditions de l'ouvrage de Goleman. Les dernières ont été enrichies de données issues des neurosciences qui expliquent bien les mécanismes à l'œuvre. Une partie importante des éléments rapportés ici proviennent de l'œuvre de Goleman [20].

[371] Avoir une composante innée ne signifie pas être immuable : ces traits peuvent évoluer.

entre seize et dix-huit ans. Ces périodes sensibles permettent de travailler les compétences socio-émotionnelles associées.

Au-delà de l'enfance et l'adolescence

Il faut pourtant garder à l'esprit qu'une partie importante du Compas peut s'acquérir, se développer et se cultiver tout au long de la vie.

L'une des convictions essentielles du *growth mindset*, l'état d'esprit de croissance, postule qu'à tout moment le travail permet de se développer et de progresser. Croire à ce postulat est souvent une prophétie auto-réalisatrice : on apprend mieux quand on pense que l'apprentissage est possible. Suivant ce principe, il n'est pas trop tard, pourvu qu'on ait conscience du besoin et qu'on veuille réellement apprendre et changer, dans les limites permises par la biologie. Cet apprentissage se réalise au moyen d'expériences personnelles et d'actions thérapeutiques ou éducatives ciblées[372].

Enfin, un petit nombre de capacités cognitives et socio-émotionnelles augmentent de manière avérée avec l'âge.[373] Dans le domaine cognitif, la compréhension verbale ou la capacité à écouter augmentent entre l'adolescence et l'âge adulte moyen. Il en va de même avec certaines capacités socio-émotionnelles, comme le souci du travail bien fait ou la capacité à plaire.

Nous avons balayé à grands traits le Compas, et compris pourquoi il s'applique tout particulièrement à l'ère de l'intelligence artificielle. La confirmation a été apportée de la forte demande du monde du travail. Le constat a été fait du décalage historique, quoiqu'en cours d'atténuation, du Compas avec les systèmes scolaires en vigueur, à quelques exceptions près. Pour pouvoir mieux acquérir ou transmettre le Compas, essayons maintenant d'en saisir la substantifique moelle.

---

[372] Les cas les plus impressionnants de "rééducation émotionnelle » sont observés dans les situations de stress post-traumatique, et démontrent que le réapprentissage est possible.

[373] Les exemples suivants sont tirés d'études scientifiques citées par le rapport du National Research Council : Education for Life and Work [32].

Chapitre 13.   Les fondamentaux

L e Compas du 21ème siècle, que nous avons introduit au chapitre précédent, est bâti autour d'une solide structure centrale. Celle-ci comporte d'abord un socle constitué des **savoirs cardinaux**. Le littérisme, la numératie et le littérisme numérique sont les fondations indispensables sur lesquelles s'appuie le reste du savoir. Le cœur est formé par la **capacité à apprendre**, considérablement éclairée ces dernières décennies par les sciences cognitives et la neuroscience. Enfin, la tête indique le **Nord moral**, comportant l'éthique et la raison d'être. Le Nord moral est destiné à nous guider dans nos actions et nos décisions, tout comme nous guide géographiquement l'Etoile polaire, appelée North Star en anglais.

Ces trois parties de nature différente déterminent donc respectivement un socle, un moteur de changement et une orientation supérieure. Voyons-en maintenant le détail.

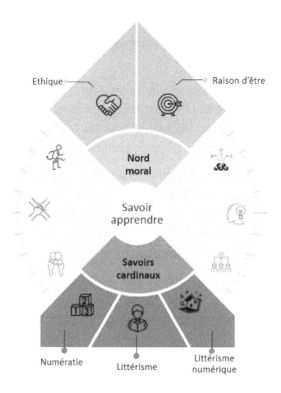

Figure 5: Les fondamentaux

Capacité à apprendre

Au cœur même du Compas figure ainsi la capacité à apprendre.

La prise de conscience de son importance n'est pas nouvelle. Dès les années 70, le futurologue Alvin Toffler avait énoncé son aphorisme prophétique : « Les illettrés du 21ème siècle ne seront pas ceux qui ne savent lire et écrire, mais ceux qui ne savent pas apprendre, désapprendre et réapprendre ».

Ce qui est plus nouveau, en revanche, c'est la connaissance scientifique des mécanismes de l'apprentissage. L'un des scientifiques les plus en pointe sur ces mécanismes est le psychologue cognitif et neuroscientifique français Stanislas Dehaene. Il définit quatre piliers de l'apprentissage : l'attention, l'engagement actif, le retour sur erreur, la consolidation. Ils ne seront que résumés ici, sans exposer la démarche scientifique qui permet de prouver leur validité, mais nous ne saurions trop recommander une lecture plus approfondie du domaine[374].

L'attention

Faire attention, c'est braquer un projecteur puissant sur l'objet de l'attention. Lorsque celle-ci se focalise, une cascade de réactions se déclenche dans le cerveau qui démultiplie la capacité à traiter le signal, depuis sa simple perception jusqu'à l'apprentissage.

A contrario, l'absence d'attention nous fera souvent passer complètement à côté de phénomènes, d'événements ou d'informations qui sont pourtant en évidence dès que notre focalisation y porte à nouveau. La distraction ou la stimulation excessive des sens a exactement le même effet que l'absence d'attention.

Chez les plus jeunes en particulier, même s'ils ne sont pas encore dotés de la parole, l'attention permet l'apprentissage social. Lorsqu'un adulte indique, souvent par un simple regard, qu'un objet ou un phénomène particulier mérite que l'on s'y penche, l'enfant se met automatiquement en mode apprentissage. Là encore, dans une belle preuve de confiance pédagogique, il active les mécanismes du cerveau qui amplifient la perception et le traitement de l'information sur laquelle son attention a été attirée.

L'engagement actif

Un cerveau passif n'apprend pas, ou très peu. Ce constat à lui seul explique en grande partie l'échec des cours magistraux - qui ont pourtant été le symbole du système scolaire pendant des siècles – par opposition aux pédagogies actives.

L'organisme actif mobilise des zones cervicales différentes, dans le cortex frontal, et débloque par là-même l'apprentissage. Le jeune ou moins jeune apprenant est investi dans son action cognitive, sa curiosité a été aiguillonnée. Il réfléchit, fait des hypothèses, compare les résultats avec ses prédictions, cherche des solutions. C'est un processus d'effort et de prise de risque. Pour que l'engagement soit maximal, la difficulté

---

[374] Lire pour cela « Apprendre ! », de Stanislas Dehaene [39].

de la tâche doit être suffisamment forte pour susciter l'intérêt, et suffisamment faible pour ne pas risquer le découragement.

Le retour sur erreur

Les erreurs des apprenants sont souvent stigmatisées et leur rôle dans l'apprentissage profondément incompris.

Bien au contraire, l'erreur est l'un des principaux mécanismes d'apprentissage ! Si le cerveau est un moteur d'inférences bayésien, il ne peut ajuster son modèle qu'en comparant les résultats attendus avec la réalité. Et lorsqu'il prend conscience de son erreur, la surprise engendre une série de réactions dans son cerveau qui amplifient l'apprentissage. Ainsi un nourrisson fixe-t-il plus longtemps une scène totalement inattendue que celle à laquelle il s'est habitué ou qu'il a anticipée ; les électroencéphalogrammes confirment un pic d'activité caractéristique marquant la surprise.

Mais attention : l'erreur n'est salutaire que dans la mesure où le retour sur erreur est effectué dans les règles de l'art. Bien entendu, l'erreur ne doit pas être considérée comme négative, marquant une faiblesse ou un échec, mais comme une opportunité d'apprentissage. La qualité et la précision du retour sur erreur déterminent la qualité de l'apprentissage.

La consolidation

Pendant son activité éveillée, le cerveau accumule une quantité considérable de données. Qu'en fait-il, et où vont-elles ? A chaque période de sommeil, le cerveau procède à une grande activité de consolidation. Il trie les données qui doivent être conservées et les transfère physiquement, au terme d'un nouveau visionnage accéléré, dans une zone plus profonde du cerveau. Ce faisant, il libère des ressources cérébrales pour la journée à venir, et renforce les souvenirs qu'il a stockés dans une aire appropriée.

La consolidation pendant le sommeil est non seulement bénéfique à la constitution de souvenirs, mais elle permet aussi d'amener de la clarté dans les idées. Ce n'est pas qu'une croyance populaire ; c'est aussi un phénomène mesuré expérimentalement, en comparant, avec et sans sommeil, la capacité à généraliser des concepts abstraits.

Une autre modalité de la consolidation est la répétition espacée. A chaque apprentissage succède une décroissance dans le temps du souvenir de ces connaissances. Mais si l'on refait un cycle de consolidation de ces connaissances, en les réactivant puis en dormant, alors ces connaissances s'ancrent un peu plus dans la mémoire. Ainsi le concept de répétition espacée est-il né il y a environ un siècle, proposant de réviser des connaissances à intervalles stratégiques pour mieux les mémoriser, en insistant sur les connaissances les plus fragiles.

Comment apprendre à apprendre ?

Pour apprendre à apprendre, il convient de développer chacun des catalyseurs de l'apprentissage exposés plus haut. Il faut donc, pour commencer, que l'apprenant ou l'enseignant ait la connaissance des quatre piliers et une compréhension suffisamment fine. On ne peut en deviner l'importance considérable à moins de l'étudier, et il est aisé d'en faire une interprétation complètement erronée !

Après la compréhension, il est nécessaire de pratiquer chacun des piliers.

L'attention comme le contrôle exécutif [375] se développent spontanément avec la maturation, mais leur développement peut être accéléré par l'entraînement et l'éducation. Faire attention est en soi un entraînement pour les jeunes enfants. Une multitude d'activités améliorent les fonctions exécutives des enfants : les jeux sur ordinateurs, les jeux ailleurs que sur ordinateur, les activités physiques comme la gymnastique et les arts martiaux, les activités de yoga et de méditation, et enfin l'éducation scolaire elle-même ! La pratique de la musique, qui implique une coordination sophistiquée des mouvements, est aussi reconnue comme très bénéfique. De son côté, l'enseignant – de profession ou d'un jour – essaiera de capter et de maintenir l'attention de l'enfant, et évitera de plonger celui-ci dans un environnement où les distractions visuelles ou auditives sont trop nombreuses.

----

[375] Le contrôle exécutif est un ensemble de fonctions qui sont nécessaires pour se concentrer et penser, quand une réponse impulsive serait malvenue. Les fonctions exécutives de base comprennent la flexibilité cognitive, l'inhibition et la mémoire de travail. Des pratiques reconnues permettent d'en améliorer le développement chez les enfants [19].

Pour susciter **l'engagement actif**, de nombreuses solutions de bon sens conviennent : travaux pratiques, discussions, projets en petits groupes – à savoir toutes les configurations qui exigent l'implication active du sujet. Gare aux mauvaises interprétations ! S. Dehaene rapporte le cas d'un directeur d'école qui, croyant favoriser l'engagement actif de ses élèves, avait fait installer des pédaliers sous leurs bureaux. L'engagement actif est intellectuel, et peut se faire sans le moindre mouvement physique[376]. En revanche il doit susciter l'effort cognitif, avec des activités bien calibrées (suffisamment difficiles mais pas infaisables). Les activités éducatives doivent être structurées de sorte à correspondre à l'objectif pédagogique tout en laissant de la place à l'engagement de l'apprenant.

Pour faire profiter l'apprenant du **retour sur erreur**, il peut être utile de lui faire comprendre au préalable le côté positif de l'erreur et donc de dédramatiser complètement l'erreur – c'est grâce à elle que l'apprentissage peut se faire. Les contrôles de connaissances apparaissent alors sous un jour entièrement nouveau : ils deviennent l'occasion de vérifier ses connaissances et d'en poursuivre l'apprentissage. Ceci n'est malheureusement pas la connotation actuelle des tests et examens, la plupart du temps sanctionnés par une note, et pas toujours suivis de la démarche corrective nécessaire. On l'a compris, chaque erreur, pour être utile, doit faire l'objet d'un retour sur erreur bienveillant mais précis et de qualité.

C'est le cerveau lui-même qui se charge du processus de **consolidation**. Encore faut-il ne pas le contrarier. Le sommeil est essentiel. La recommandation principale est de respecter le rythme de l'apprenant. Lorsqu'un nourrisson fait la sieste, plusieurs fois par jour, il consolide ses connaissances – c'est une période d'activité intense et non pas de cessation momentanée d'activité. La supprimer serait pénaliser gravement le bébé. Quand un adolescent éprouve des difficultés à se lever tôt, rien ne sert de s'acharner à le contraindre – il vaut beaucoup mieux tenter d'adapter les rythmes scolaires en concertation avec le collège ou le lycée. Enfin quand un adulte veille tard et lutte contre le

---

[376] L'anecdote est elle-aussi rapportée dans « Apprendre ! » [39].

sommeil pour tenir ses engagements, il ne se rend pas service – il vaudrait mieux, s'il le peut, bénéficier d'une courte nuit de sommeil et se réveiller tôt, armé d'une plus grande clarté d'esprit. La seconde recommandation ayant trait à la consolidation est de distribuer les apprentissages : mieux vaut réviser fréquemment et par petites doses qu'y consacrer une durée plus longue mais ponctuelle.

Métacognition

Aux quatre piliers mis en avant par Stanislas Dehaene, nous ajouterons l'importance de réfléchir à son propre apprentissage dès l'atteinte d'une maturité suffisante. Dans un rapport portant sur des dizaines d'années de recherche sur les sciences de l'apprentissage, l'Académie des Sciences américaine conclut justement à l'efficacité d'une approche métacognitive de l'éducation[377]. Cette métacognition, ou réflexion sur le savoir, se situe « au-dessus » des sujets à apprendre. Elle consiste non seulement à appliquer des stratégies d'apprentissages mais à le faire de manière bien consciente, et à se pencher sur ses propres capacités à apprendre dans différents contextes[378].

Kimberley Tanner propose des recettes pour promouvoir la métacognition[379]. Ce sont des questions à se poser avant, pendant et après les activités liées à l'apprentissage. Par exemple, avant les cours on pourra réfléchir à ce que l'on croit déjà connaître, les questions que l'on a à ce stade et ce que l'on cherche à retirer du cours. Pendant le cours on pourra se demander quelles pensées nous viennent à l'esprit, si certains éléments semblent confus, ou si l'on est capable de distinguer les grands messages des détails. L'après-cours pourra donner lieu à d'autres interrogations : quelle était l'essence du cours, qu'a-t-on trouvé de vraiment intéressant, en quoi ce que l'on comprend maintenant est différent de ce que l'on croyait savoir, a-t-on encore des

---

[377] Pour en savoir plus, se référer à « Comment les gens apprennent » (2000) du National Research Council https://www.nap.edu/catalog/9853/how-people-learn-brain-mind-experience-and-school-expanded-edition
[378] Voir l'introduction à la métacognition proposée par Nancy Chick du Center for Teaching de Vanderbilt University, dont sont issus certains éléments présentés ici : https://cft.vanderbilt.edu/guides-sub-pages/metacognition/.
[379] Voir https://www.lifescied.org/doi/10.1187/cbe.12-03-0033

questions, sur quoi faut-il se concentrer, etc. D'autres séries de questions existent au moment de l'apprentissage proprement dit ou des devoirs, à l'occasion des contrôles de connaissance, et au moment de refermer ledit cours.

Tanner ouvre son article par une jolie citation qui nous permettra de conclure : « Apprendre à apprendre ne peut être laissé aux étudiants. Ce doit être enseigné »[380].

Ethique

Avec l'avènement de l'intelligence artificielle, un nouveau monde est à bâtir. Cette édification exige de la part de tous une solide référence morale. Les questions éthiques, en effet, se posent à tous les étages.

L'éthique des machines

D'abord, de quelle éthique doter, très concrètement, les systèmes que l'on conçoit dès aujourd'hui pour nous faciliter la vie ? Puisque la machine doit bien appliquer une règle, qu'elle soit programmée explicitement ou apprise à partir d'exemples, elle nous force à répondre aux questions que nous avions soigneusement éludées jusqu'à présent.

Le cas emblématique est le problème dit de la poussette[381]. Imaginons, l'espace d'un instant, les freins d'une voiture autonome lâcher soudainement, alors qu'elle est lancée à pleine vitesse ; des piétons traversent la route à ce moment-là. Qui la voiture doit-elle sauver des passagers ou des piétons ? Elle ne peut sauver tout le monde et se voit donc condamnée à faire un choix. Comment ce système autonome décidera-t-il de qui doit vivre et qui doit mourir ? Se penchant sur ce problème de « Machine morale », le chercheur français Jean-François Bonnefon a recueilli 40 millions de décisions simulées par des millions de personnes à travers le monde [382]. Il en ressort que certaines préférences sont universelles : épargner les humains plutôt que les

---

[380] La citation est de Gall et ses collègues.
[381] Plus connu sous le terme anglais de « Trolley problem ».
[382] Voir son site web dédié http://moralmachine.mit.edu/ ou l'article de Nature https://www.nature.com/articles/s41586-018-0637-6 [36].

animaux, sauver le plus grand nombre d'individus possible, et privilégier les enfants. Mais il y a aussi des préférences individuelles et même des préférences culturelles assez marquées. Le groupe défini par les chercheurs comme celui des pays du Sud tient à sauver les femmes, les personnes au statut social élevé et les personnes en bonne santé. Le groupe de l'Est, essentiellement asiatique, accorde davantage d'importance aux personnes âgées et aux individus respectueux de la loi. Le groupe de l'Ouest affiche sa préférence pour l'inaction, à savoir laisser la voiture poursuivre sur sa lancée.

Les fabricants automobiles sont confrontés à ces choix compliqués dans la conception de leurs véhicules. Une marque de luxe a cru bon d'annoncer qu'elle sauverait d'abord les passagers de ses voitures. Ce faisant elle a déclenché un tel tollé qu'elle a dû modifier sa position, tout en alléguant avoir été mal comprise[383]. Un autre constructeur a suggéré de laisser les propriétaires des véhicules paramétrer eux-mêmes leurs propres véhicules. Dès que le contexte devient ainsi personnel, les préférences altruistes passent instantanément à la trappe : la décision majoritairement exprimée est de sauver les passagers de la voiture !

Les questions éthiques s'accumuleront avec la multiplication de systèmes autonomes. Quand viendra le robot agent de sécurité publique ou privée, de quelles règles sera-t-il doté ? Sera-t-il armé ? Comment devra-t-il intervenir très concrètement si un individu menace la vie d'un autre ? Un intérêt évident présenté par le robot est qu'il peut être programmé pour ne jamais tirer le premier : il aura le luxe de répliquer plutôt qu'attaquer.

Mise en place de l'arsenal juridique
Les Etats commencent à réfléchir aux arsenaux juridiques à mettre en place dans l'utilisation et la conception de l'intelligence artificielle. Les principes sont loin d'être universellement partagés : d'abord parce que l'éthique n'est pas universelle, ensuite parce que certains Etats utilisent eux-mêmes l'IA à des fins de contrôle social très décriées.

---

[383] https://jalopnik.com/now-mercedes-says-its-driverless-cars-wont-run-over-ped-1787890432

Peut-on accepter une utilisation étatique de l'intelligence artificielle qui, au mépris des droits humains fondamentaux, vise à assujettir les individus ? Doit-on laisser un algorithme prendre ou suggérer fortement une décision – par exemple le refus d'un prêt bancaire – sans être en mesure de l'expliquer ? Que faire de cet autre algorithme nourri pendant son apprentissage supervisé d'innombrables biais humains bien présents dans la société, défavorisant par exemple les femmes dans les offres d'emploi et les membres de certaines communautés ethniques dans les décisions de justice ? Est-il raisonnable, à ce propos, de confier des décisions de justice à des machines ? Un regard éthique devra être porté sur toutes ces interrogations.

Comme nous l'avons largement décrit dans la première partie, l'Europe est sans nul doute la plus en pointe et la plus protectrice des droits de ses citoyens[384]. Elle a définitivement adopté en avril 2019 son « Guide d'éthique pour une IA digne de confiance », seulement indicatif à ce stade mais probablement destiné à avoir un aspect plus contraignant à l'avenir. Selon ses recommandations, l'IA doit conserver un objectif éthique, garanti par le respect des droits fondamentaux, de la règlementation, et des principes et des valeurs de base. L'objectif éthique postule la centralité humaine et se traduit par des principes de bienfaisance, de non-malfaisance, d'autonomie des humains, de justice et de transparence.

Au-delà de la loi

L'arsenal juridique progresse, et c'est une bonne chose car il signale la plupart du temps un minimum absolu auquel il est indispensable de se conformer. Mais l'éthique va bien au-delà de la conformité à la loi.

Ce qui est légal n'est pas toujours légitime pour autant. En dehors du monde de l'IA, l'optimisation fiscale est légale pour les particuliers et les entreprises, mais n'est éthique ni pour les uns ni pour les autres. Vendre des cigarettes aux adultes ou des boissons sucrées aux enfants, cela reste permis mais ce n'est en rien éthique. Envoyer ses déchets non

---

[384] Pour plus de détails voir le Chapitre 5 de la première partie, et plus précisément la section intitulée « Garde-fous éthiques ».

recyclables dans des pays qui n'ont pas les moyens de les traiter, c'est aussi non éthique, si l'on étire un peu le concept.

De la même façon, de multiples choix relatifs à l'IA gagneraient à être passés au filtre de l'éthique. En Chine, seconde superpuissance mondiale de l'intelligence artificielle, le secteur d'activité le plus représenté parmi les 100 premières entreprises de l'IA est la sécurité[385], en particulier par le biais de la reconnaissance faciale. Sachant l'usage fait de la reconnaissance faciale dans ce pays, de régulation sociale voire même de surveillance de groupes ethniques, est-il éthique d'y investir ? Certains gérants de fonds occidentaux ont commencé à se poser la question[386]. Avoir une activité digitale dans ce même pays implique d'y stocker ses données ; or en vertu des lois sur la cybersécurité l'Etat chinois pourrait se les approprier sur simple demande. Une opportunité d'affaires justifie-t-elle d'accepter cette contrainte ? Les employés de Google se sont en tout cas opposés à leur direction qui envisageait d'obtempérer aux contraintes gouvernementales pour pénétrer à nouveau le marché chinois – et c'est la direction qui a fini par plier. Aux Etats-Unis aussi, de nombreux employés de Google, Microsoft et Amazon s'opposent à ce que leur technologie soit utilisée dans des projets militaires américains – et font parfois reculer leurs dirigeants.

L'intelligence artificielle progresse vite et de nombreux cas se présenteront où seule la conscience individuelle permettra de trancher. Le choix pourra avoir des enjeux énormes. C'est le propre de l'IA que de se contenter de moyens dérisoires – un ordinateur et une connexion internet – pour se trouver en mesure de lancer de véritables bombes atomiques[387]. La plupart du temps, les situations seront nouvelles, la loi n'aura pas eu le temps de s'intéresser au sujet. En d'autres circonstances, la loi existera mais sera contournée. Comme lors de la nouvelle fracassante du premier bébé génétiquement modifié, début

---

[385] https://www.technologyreview.com/f/613296/what-you-may-not-understand-about-chinas-ai-scene/
[386] https://www.economist.com/business/2019/04/06/google-and-the-ethics-of-business-in-china
[387] Voir la première partie, chapitre 5, en particulier la section sur l'Usage ouvertement malveillant de l'IA.

2019 en Chine, les autorités affirmeront ne pas être au courant et écarteront prestement le coupable apparent – mais la boite de Pandore aura été ouverte.

Au bout du compte, seule une très forte sensibilité éthique imprégnant l'ensemble de la société, caractérisée par une familiarité avec les raisonnements éthiques, évitera peut-être des décisions catastrophiques.

Construire le monde de demain

Des orientations plus importantes encore devront être déterminées : celles qui façonneront le monde de demain. Selon le principe de Gabor[388], « tout ce qui est possible sera nécessairement réalisé » – au sens où l'avancée de la technique est une force inarrêtable. N'est-il pas dangereux que de plus en plus de questions sur le facteur humain et le libre-arbitre soient transférés « du département de philosophie vers le département d'ingénierie »[389]? Comment conserver notre pouvoir de décision et garder à l'esprit l'autre principe, celui que Gargantua a transmis à son fils Pantagruel sous la plume de Rabelais il y a presque 500 ans : « Science sans conscience n'est que ruine de l'âme » ?

Quelles places respectives voudra-t-on donner à l'être humain et à la machine ? Parviendra-t-on à réaliser le rêve d'un monde où les humains sont plus humains précisément parce que les machines font leur travail de machines ? Quelles valeurs souhaitera-t-on privilégier ? De nombreuses décisions devront être prises qui ne relèveront pas seulement des éthiciens de l'IA, mais bien de la société dans son ensemble.

Tentera-t-on de préserver un pré-carré pour l'humain, même si le progrès en tant que tel est très difficile à contrôler ? Dans la vie quotidienne, sera-t-il tolérable que les décisions des individus soient *de facto* contrôlées par des algorithmes émettant des recommandations

---

[388] Physicien hongrois, Prix Nobel 1978.
https://fr.wikipedia.org/wiki/Dennis_Gabor
[389] Propos de Yuval Noah Harari dans un débat a Stanford :
https://www.wired.com/story/will-artificial-intelligence-enhance-hack-humanity/.

de moins en moins vérifiées ou remises en cause, renforçant les bulles de filtration et ouvrant la voie à toutes les manipulations ? Dans le monde du travail, lors du grand remplacement des humains par les machines voué à se produire progressivement, les décisionnaires suivront-ils une logique autre qu'économique pour en décider du rythme, ainsi que de l'accompagnement des employés affectés ? La société s'entendra-elle pour mettre en œuvre la vision de la Radicale, exprimée dans la deuxième partie de ce livre, ou évoluera-t-elle à l'inverse vers celle du Pessimiste ? Selon ces deux visions, la fin du travail tel que nous le connaissons est inévitable. Le Pessimiste entrevoit une explosion des inégalités et une situation intenable pour une large partie de l'humanité. Mais selon la Radicale, le génie humain saura accoucher d'un nouveau contrat social et d'un nouveau modèle de redistribution des richesses[390].

En parallèle, le jour viendra certainement où les robots aussi auront des droits. Peut-être les auront-ils demandés, ou plus vraisemblablement les humains auront décidé de leur en attribuer. Ces réflexions animent déjà certains futuristes. Demain, elles nécessiteront la contribution de toute la société.

L'enjeu reste de déterminer et d'appliquer les principes éthiques qui permettront à l'humanité de s'épanouir à l'ère de l'intelligence artificielle. Pour cela, la formation à l'éthique de toutes les composantes de la société semble indispensable.

Comment former à l'éthique ?

Cette question centrale de la formation à l'éthique, Platon se la posait déjà. Une approche communément adoptée dans les systèmes de pensée libre vise non pas à la transmission de valeurs ou normes prédéfinies, mais plutôt à l'entrainement au processus de réflexion éthique. Le développement de la compétence éthique se traduit par la capacité à réfléchir de manière critique, à se forger un jugement qui soit défendable par une argumentation éthique, et en dernier lieu à assurer la cohérence entre ce jugement éthique et les actes. L'école de Platon

---

[390] Voir la discussion entre les quatre amis dans la deuxième partie, Chapitre 6.

fait l'hypothèse que c'est la qualité du raisonnement, et non l'inculcation, qui doit mener au Bien souverain.

Cette réflexion peut se mener à l'école. La première étape vise à prendre conscience de ses illusions ou des déterminismes qui influencent la pensée, et à en faire abstraction. Dans une seconde étape, la réflexion aboutit à une conclusion logique et se prolonge en des choix éclairés et cohérents. Par la formation aux cultures et aux humanités – la littérature, l'histoire, la sociologie -, la pensée gagne en finesse et en recul, s'extrayant de son contexte de temps et d'espace. La confrontation des idées, l'ouverture à la contradiction dans les débats entre élèves nourrissent directement la réflexion. Le processus entier est guidé avec bienveillance par les interventions méthodologiques ou les incitations à la remise en cause des enseignants.

Cette démarche est par exemple adoptée dans la classe de « Théorie de la connaissance » [391] ou épistémologie du système IB. C'est essentiellement un cours de pensée critique avec des ramifications éthiques. Cette matière n'est pas qu'une simple façade : elle comporte 300 heures de cours pendant les deux dernières années de lycée et la réussite à l'examen conditionne l'obtention du diplôme. La réflexion débute par la déconstruction de la façon dont on connait ce qu'on croit connaitre et dont on croit connaitre ce qu'on connait, analysant et tentant d'évacuer les biais qui filtrent notre connaissance. Elle enchaine ensuite sur l'examen critique de multiples sujets, depuis la fécondation in vitro jusqu'à notre voiture autonome. Elle peut se poursuivre par des jeux de rôles, par exemple lors de débat où chaque partie est chargée de défendre une thèse donnée à l'occasion d'un dilemme éthique. Les problématiques émergentes liées à l'intelligence artificielle y sont parfaitement abordables.

Par ailleurs, cette démarche d'entraînement au processus de réflexion éthique totale ne peut, par essence, s'accommoder de restriction de liberté de pensée. Accepter de s'y engager, c'est déjà choisir le cadre éthique dans lequel on se place. Ce choix effectué, la qualité du raisonnement éthique doit logiquement mener aux valeurs humanistes.

---

[391] L'appellation officielle est "Theory of Knowledge".

Mais tous n'acceptent pas ce système de pensée. Certains régimes autoritaires, y compris parmi les plus grandes puissances de l'intelligence artificielle, imposent d'entrée un paradigme éthique différent où ce ne sont pas les libertés individuelles qui priment, mais les intérêts nationaux. L'éthique n'est pas universelle, elle est culturelle. Les implications du fondement éthique originel sont telles qu'un choc des civilisations à l'aune de l'intelligence artificielle est loin d'être improbable. L'IA ne s'arrêtant pas aux frontières physiques, la confrontation risque d'être d'autant plus violente.

Raison d'être

Keynes, dans son écrit de 1930, ne se limite pas à annoncer le chômage technologique [392] . Il ajoute : « Ceci est simplement une question temporaire de mauvaise adéquation. Cela veut simplement dire que sur le long terme, l'humanité résout son problème économique. (...) Le problème économique n'est pas le problème permanent de la race humaine. Pourquoi, vous demandez-vous peut-être, est-ce si surprenant ? C'est surprenant parce que si au lieu de regarder vers le futur, on regarde dans le passé, on s'aperçoit que le problème économique, la lutte pour la survie, a jusqu'alors été le problème principal de la race humaine (...). Si le problème économique est résolu, l'humanité sera privée de sa raison d'être traditionnelle ».

L'occasion de la raison d'être

Voilà. Depuis des siècles, la lutte pour la survie économique a été l'une des préoccupations essentielles de l'humanité. Le travail s'est retrouvé propulsé dans le rôle de raison d'être par défaut. Ce faisant il a occulté la recherche de cette mission supérieure à trouver dans notre passage sur Terre. Avec la transformation drastique et peut-être la disparition du travail au sens traditionnel du terme, il est grand temps de se repencher sur la raison d'être véritable.

---

[392] La Modérée y faisait référence dans la deuxième partie, chapitre 6, pour illustrer à quel point les prédictions de fin du travail sont anciennes et peuvent s'avérer erronées.

Keynes enchaîne : « Cela sera-t-il une bonne chose ? Si l'on croit aux vraies valeurs de la vie, cette perspective laisse entrevoir la possibilité d'une bonne chose ».

La raison d'être, une fois identifiée et pratiquée, s'exprime par l'effort continu en vue d'un impact significatif sur le monde, sur la société ou sur la vie de quelqu'un. C'est à la fois une quête et un accomplissement qui procurent une satisfaction profonde. Elle est aussi réputée améliorer la santé physique et mentale de ceux qui ont eu la chance de la découvrir et de s'y consacrer[393].

La fin de l'emploi, ce n'est pas la fin du travail. Il reste encore d'innombrables choses à accomplir, qui n'appelleront peut-être pas à une rémunération au sens traditionnel du terme. Faire progresser le savoir pour ceux qui le souhaitent, ou construire, peindre, assouvir ses passions. S'épanouir à l'abri des contraintes matérielles. Renforcer son humanité en en appliquant les principes fondamentaux. S'occuper des autres, de ses proches, de la communauté, du bien commun. Eduquer, transmettre, compatir, aider.

Oser sa raison d'être

Keynes ne peut pourtant s'empêcher de faire part de ses doutes : « Je me méfie du réajustement des habitudes et des instincts de l'homme ordinaire, qui ont été ancrées en lui pour un nombre incalculable de générations, alors qu'on lui demandera de s'en débarrasser en quelques décennies. » Il ne croit pas à la capacité des humains à s'affranchir d'un travail souvent alimentaire.

La génération X, celle née entre le milieu des années 60 et le milieu des années 80, semble lui avoir donné raison. Quand ils se décident à agir en accord avec leur pensée et leurs valeurs, ses représentants attendent souvent le milieu d'une carrière traditionnelle – voire même au-delà- pour laisser tomber la voie classique au profit d'une alternative dotée de plus de sens. Cette génération conserve une capacité étonnante à ne pas dévier d'un cap dont elle sent pourtant qu'il est inadéquat, que le temps et l'énergie investis ne sont pas utilisés à bon escient, que

---

393

https://greatergood.berkeley.edu/article/item/can_purpose_keep_you_alive

l'environnement professionnel ou social draine plus qu'il ne nourrit. Est-elle prisonnière de contraintes économiques ? De pressions sociales ? Du train-train quotidien ?

Sans-doute Keynes serait-il heureux de constater que les milléniaux, et plus les encore les membres de la génération Z, nés entre 1995 et 2010, semblent avoir beaucoup moins d'appréhension que leurs ainés à privilégier le sens aux autres attributs possibles du travail – et ce de plus en plus tôt dans leur parcours professionnel. Tel jeune diplômé d'une école de commerce se lance non pas dans la finance mais dans le développement durable. Tel jeune ingénieur renonce à une carrière traditionnelle dans un grand groupe. La « dissonance cognitive entre les réalités des entreprises et l'impératif climatique »[394] est souvent un déclencheur de réflexion, d'attention accrue à l'orientation ou la réorientation, voire de retrait volontaire du monde du travail. Outre la lutte contre le changement climatique, d'autres problématiques captent la jeunesse dès son orientation initiale : l'inclusion des différents groupes sociaux et ethniques, l'accès accru à l'énergie, aux soins vitaux, aux services bancaires essentiels, au monde digital.

Même des années avant leur entrée dans la vie professionnelle, la génération Z n'hésite pas à affirmer ses aspirations, sans se priver de secouer au passage le vieux monde. Ainsi de la jeune suédoise Greta Thunberg, âgée de 15 ans à peine quand sa grève de l'école le vendredi a gagné un écho médiatique considérable. A une vitesse fulgurante, elle a su rallier la jeunesse du monde entier au combat contre le changement climatique, tout en critiquant très durement pour son inaction l'ensemble de la classe politique lors des tribunes prestigieuses qui lui ont été accordées, des parlements nationaux à la COP et au Forum Economique Mondial.

Favoriser l'éclosion de la raison d'être

Que peuvent faire les parents pour favoriser l'éclosion d'une raison d'être ?

---

[394] https://www.lemonde.fr/campus/article/2019/04/16/une-perte-de-sens-totale-le-blues-des-jeunes-ingenieurs-face-au-climat_5450927_4401467.html?xtmc=quete_de_sens&xtcr=12

Ce sont d'abord leurs propres conseils qu'ils doivent surveiller. Car leurs recommandations représentent probablement ce dont eux ont souffert ou manqué, et dont ils veulent, avec la meilleure des intentions, faire bénéficier leur progéniture. Or la raison d'être est éminemment personnelle. Nul ne peut prétendre la forger pour un autre, ni même la comprendre à coup sûr. L'accepter inconditionnellement est déjà une immense reconnaissance. Encore faut-il garder à l'esprit qu'il n'y a pas un âge particulier où apparaît la raison d'être, et qu'elle pourra naturellement changer significativement avec la maturation.

Le rôle le plus important des parents est peut-être de créer des choix, d'élargir le champ des possibles. Ils ne devront pas hésiter à encourager la curiosité et l'engagement de leurs enfants, stimulant et assouvissant leur soif de découverte. Plus des domaines divers et variés seront explorés, par la lecture, les médias, les rencontres ou en multipliant les expériences directes, plus le domaine élusif de la raison d'être aura des chances d'être découvert. Qu'est-ce qui motive au point de justifier, à l'occasion, les sacrifices ? Qu'est-ce qui fait réagir le plus, choquant tellement que cela pousse inévitablement à l'action ? Quelle est cette chose qui procure de l'énergie, et qui pourrait faire l'objet d'une conversation passionnée pendant des heures ?

Enfin, les parents auront à cœur de donner du courage. On ne vit qu'une fois et il est aisé de se laisser porter par le quotidien jusqu'au bout d'une vie, sans avoir osé faire ce que l'on souhaitait vraiment, en raison de contraintes matérielles ou à l'inverse d'un confort tranquille, de pressions sociales ou parentales, ou de toute autre raison. Les regrets risquent d'être aussi amers qu'inutiles et improductifs. Trop tard, c'est trop tard. Si l'on imagine une société plus ouverte aux explorations et aux contretemps, si l'on peut identifier des filets de sécurité suffisants, alors il ne faut pas hésiter à sortir des sentiers battus, privilégier l'audace à la facilité insipide, favoriser l'aspiration forte plutôt que les souhaits des autres ou de la société.

Se garder d'influencer outrancièrement, faire découvrir un éventail aussi grand que possible et donner du courage : voilà trois choses utiles que pourront faire les parents pour permettre à leurs enfants, jeunes et moins jeunes, de découvrir progressivement leur raison d'être.

Savoirs cardinaux

Nécessaire savoir

La transmission du savoir est le domaine sur lequel l'école, traditionnellement, s'est concentrée. S'il est vrai que l'importance qui lui a été accordée a longtemps été disproportionnée, il n'en reste pas moins que toute activité exige impérativement une certaine dose de savoir, y compris des connaissances ou du savoir-faire spécialisés, qu'il faut soit posséder (ce qui sera de plus en plus rare) soit être en mesure d'acquérir (ce qui sera de plus en plus fréquent). Par ailleurs, le savoir, lorsqu'il est assimilé suffisamment profondément pour être transférable, devient d'autant plus précieux en renforçant notre machine à apprendre.

Le savoir sous-tend d'autres éléments du Compas. L'expertise est nécessaire à la créativité, comme nous le découvrirons. Le savoir constitue aussi un soubassement de la pensée critique comme de l'éthique : la maîtrise d'un processus de raisonnement s'avère inutile en l'absence du terreau où l'exercer ou de la matière qui peut l'alimenter.

Ne nous y trompons pas : le savoir est donc bel et bien nécessaire. Il n'est critiquable que dans la mesure où il évincerait les autres éléments du compas, ou bien serait appris pour les mauvaises raisons (les examens !) et de la mauvaise façon (le bachotage superficiel !).

Enfin et surtout, certains savoirs servent de fondements à tous les autres ; nous les appellerons les savoirs cardinaux. Parmi ceux-ci, le plus nouveau et pertinent ici est le *littérisme numérique*. Nous nous y appesantirons après avoir rapidement évoqué les plus classiques : le *littérisme* et la *numératie*.

Littérisme et numératie

Les termes semblent barbares en français quand leurs équivalents anglais *literacy* et *numeracy* sont si fréquents. Il n'en existe pourtant pas de meilleurs dans notre langue, sauf éventuellement la *littératie* qu'emploient nos amis canadiens. Le *littérisme*, rappelons-le, désigne la capacité à utiliser et à communiquer une information écrite dans la vie courante. La *numératie*, elle, fait référence à la capacité à créer et utiliser des informations et idées mathématiques.

Ces définitions vont donc bien au-delà de la capacité à compter ou à lire et écrire - et c'est pour lever l'ambiguïté que l'on n'utilise pas ici le terme d'alphabétisme. Les compétences à l'œuvre sont typiquement celles mesurées au niveau international par les épreuves classiques de PISA[395], ou encore de TIMMS et de PIRLS pour la numératie et le littérisme respectivement. Il existe un équivalent pour les adultes, l'évaluation PIAAC, également organisée par l'OCDE sur une base décennale. Pour les adultes comme pour les enfants, de grandes disparités existent même au sein des pays avancés de l'OCDE. Quel que soit l'instrument de mesure pour les savoirs cardinaux des enfants, la performance de la France a régressé assez significativement au fil des années[396].

Ces savoirs cardinaux, pris isolément, sont très insuffisants en dehors de la vie quotidienne. Mais ils sont absolument essentiels car ils conditionnent l'accès à tous les autres. Le littérisme est un passage obligé vers la culture et les humanités, domaines essentiels pour façonner le monde de demain. Son rôle est tout aussi important dans la quasi-totalité des compétences du Compas. La numératie, elle, est l'une des clés d'entrée principales vers les sciences et la technologie. Elle est par ailleurs indispensable pour quiconque veut s'impliquer activement dans le développement de l'intelligence artificielle.

Pour améliorer la qualité de la formation au littérisme et à la numératie, les facteurs clés de succès sont connus : un corps enseignant bien formé et valorisé par la société, l'utilisation de l'arsenal du 21ème siècle en termes de moyens technologiques et de méthodologie scientifique, et des interventions adaptées aux besoins spécifiques des enfants.

Littérisme numérique

Tous les ans, dans sa classe de dernière année de primaire d'une école internationale du système IB, Laura, l'institutrice, demande à ses petits élèves de faire un exposé sur le *poulpe des arbres.* De nom latin *octopus paxarbolis*, l'espèce endémique de la Côte Ouest du continent nord-

---

[395] Voir la discussion au chapitre précédent dans la section : « Le Compas et les systèmes scolaires ». D'autres évaluations plus continentales ou régionales existent.

[396] Voir les résultats de PISA, TIMMS et PIRL (https://timssandpirls.bc.edu/)

américain est en danger d'extinction. Heureusement, elle est très bien documentée sur un site internet dédié [397] que les élèves trouvent immédiatement via une recherche sur Google. La page d'accueil comporte une description générale agrémentée d'une photo de l'animal dans son habitat naturel. La rubrique « Dernières nouvelles » rapporte notamment une découverte scientifique sur les poulpes datant de quelques semaines à peine, ainsi qu'une série d'informations récentes publiées de manière hebdomadaire. Le sujet semble d'actualité. Pourtant, les meilleurs élèves passent très peu de temps sur leur exposé. Car *octopus paxarbolis* est un canular monté de toutes pièces[398] – et s'en rendre compte est le seul but de l'exercice.

Trente ans après l'invention de l'internet, la capacité à utiliser les technologies du numérique relève souvent de la survie dans la vie quotidienne, dans les études et au travail. Les générations les plus âgées comptent quelques victimes inévitables de la fracture digitale – elles ne parviendront que très difficilement, au mieux, à pénétrer l'univers du numérique. Ailleurs, il règne un sentiment de maîtrise. De fait, le matériel est devenu plus convivial et fonctionne souvent parfaitement dès sa mise en marche ; les sites web et les applications permettent une expérience utilisateur tellement optimisée que l'utilisateur est guidé sans effort dans son parcours devenu intuitif. De plus, une méta-compétence se manifeste dans l'utilisation de la technologie numérique : une messagerie vidéo ressemble beaucoup à une autre, un site de e-commerce fonctionne à peu près toujours de la même façon, les procédures d'inscription ou de paiement quel que soit le site se sont standardisées – alors forcément l'aisance s'accroît avec la consommation numérique. Les petits efforts d'adaptation d'une application ou d'une version à l'autre sont de plus en plus aisés à surmonter. Même la conception est facilitée : n'importe qui ou presque peut aujourd'hui créer un site web et le mettre en ligne, sans écrire une seule ligne de code.

---

[397] https://zapatopi.net/treeoctopus/
[398] https://en.wikipedia.org/wiki/Pacific_Northwest_tree_octopus

Pourtant, l'impression de maîtrise est trompeuse. Le littérisme numérique, pris ici dans son sens le plus large d'utilisation efficace et appropriée du numérique, est très inégalement partagé. Il ne suffit pas de lire les informations sportives ou financières sur son application mobile, de s'adonner aux médias sociaux ou d'écouter de la musique sur son site de streaming pour être lettré numérique. Ironiquement, les moins conscients de leurs faiblesses sont …. les *digital natives* ! Le concept, inventé au début des années 2000, postulait que toute personne née à partir de la décennie 1980 et suffisamment exposée au numérique serait dotée d'une compétence spontanée et automatique. Les études menées une dizaine d'années plus tard allaient le démentir, battant en brèche le mythe des *digital natives* : ils ne sont pas intrinsèquement compétents, ils surestiment largement leur niveau de compétence, et ils bénéficient grandement de formations quand elles leur sont dispensées[399].

Car être lettré numérique ne se limite pas à utiliser son matériel grand public ou les applications courantes. Les applications de traitements de texte et de présentation, les tableurs et leurs dernières évolutions, les outils collaboratifs de partage d'information, de planification, de co-création, d'idéation et d'analyse, tous font désormais partie de la palette indispensable dans le monde des études et du travail. Bientôt s'y ajouteront les technologies de la réalité virtuelle, de l'impression 3D, et bien entendu de l'intelligence artificielle.

Plus encore que l'utilisation fonctionnelle des applications, c'est la sagesse d'utilisation qui caractérise réellement le littérisme numérique. Le canular du poulpe des arbres est loin d'être récent – il date même de 1998 ! Pourtant, beaucoup s'y laissent encore prendre et un nombre bien plus grand encore se laisse berner par ses descendants plus sophistiqués. Quant à savoir repérer un *deepfake*, ces faux hyperréalistes produits par l'intelligence artificielle[400], cela nécessite aujourd'hui d'être particulièrement averti puisque dans cette nouvelle

---

[399] Voir par exemple l'étude de Sam Nataraj [22] ou l'article de la Fondation EDCL (http://ecdl.org/policy-publications/digital-native-fallacy).

[400] Voir le Chapitre 4 de la première partie sur les risques de l'intelligence artificielle.

course à l'armement, les technologies de création de faux devancent encore les technologies de détection.

Comment enseigne-t-on le littérisme numérique ? En multipliant l'exposition aux outils du numérique tout en accompagnant les apprenants. Dans la classe de Laura, les élèves de dernière année de primaire ont tous une tablette numérique. Ils savent que toute la connaissance du monde est à leur portée via leur connexion internet. Ce que leur enseigne Laura et tous les professeurs pour le reste de leur scolarité, c'est à faire sens de cette information. Et d'abord, d'en évaluer la véracité. Il leur est ainsi demandé de trouver trois sources présumées indépendantes avant de pouvoir conclure à la vraisemblance de l'information. Mais ils savent que ce n'est jamais une certitude.

Au fil des années, ils apprennent à connaître et gérer les différents dangers liés à l'univers numérique. Quels sont les risques sur la vie privée de laisser des informations personnelles sur le net ? La confidentialité est-elle vraiment respectée dans des groupes supposés fermés ? Une rencontre apparemment anodine peut-elle se transformer en menace sérieuse pour la sécurité ? Peut-on se faire manipuler en étant dans une bulle de filtration ou en étant victime d'un faux délibéré ? Au-delà des risques, quelle est l'étiquette dans un groupe de discussion ou de travail en ligne ?

Ce qui était vrai pour le numérique en général est en passe d'être reproduit et amplifié avec l'intelligence artificielle. Il y a 20 ans sont apparus les *digital natives*, aujourd'hui naissent les *AI natives*. Ils sont immergés dans l'intelligence artificielle, mais ils n'ont aucune raison de la comprendre spontanément, bien au contraire. Cynthia Breazeal, professeur au MIT et grande spécialiste des robots personnels, rapporte l'anecdote d'un groupe de jeunes enfants réunis autour d'un terminal d'Alexa, cet élégant petit cylindre noir qui constitue l'assistant personnel d'Amazon. Alors qu'ils lui posent une question difficilement intelligible, Alexa répond qu'elle ne comprend pas. Une enfant, très positive, s'exclame alors : « ce n'est pas grave, nous allons demander à une autre Alexa ».

Cynthia Breazeal et son équipe ont mis au point un programme remarquable d'éducation des jeunes à l'IA, de la maternelle à la terminale [401] . Le programme couvre aussi bien la compréhension générale de l'IA que les notions algorithmiques ou l'éthique. Les modules, soigneusement adaptés à l'âge des petits apprenants, alternent activités en ligne ou complètement déconnectées. Par exemple, dans une école de Philadelphie, plus de 200 étudiants abordent l'éthique à travers la conception, lors d'un atelier, d'une version améliorée de Youtube. Au gré de leur réflexion, ils identifient de multiples parties prenantes avec des objectifs différents, et se rendent compte que leur conception peut favoriser ou pénaliser les uns ou les autres. Ils prennent ainsi conscience de la responsabilité éthique des concepteurs. Ailleurs, les petits élèves construisent des robots dont chaque composant est matière à apprentissage technique : capteurs, mémoire, programmation, le tout en ayant spécifié les objectifs de conception. Ailleurs encore, les élèves visualisent la logique algorithmique, de manière interactive sur leur ordinateur, à travers des jeux très accessibles qui relient une activité de leur vie enfantine à un modèle d'intelligence artificielle. Avec *shifumi*, ils comprennent l'apprentissage par renforcement ; avec le remix musical, ils étudient les probabilités et les variables aléatoires ; avec le tri de légumes, ils voient à l'œuvre les différents algorithmes de classification et en comprennent la logique (sans avoir besoin d'écrire la moindre ligne de code).

En fin de compte, dans les établissements les plus avancés du monde, en Amérique, en Asie ou en Europe, l'apprentissage numérique est multiforme. Les écoles possèdent aussi bien des *fab labs* [402] , imprimantes 3D et autres supports d'apprentissage et de création, que des modules de programmation ou de formation poussée mais dépourvue de tout code. Bientôt, ils sont familiarisés à l'intelligence artificielle. Ils apprennent notamment à distinguer les grands modèles algorithmiques ; ils connaissent les domaines d'utilisation, les forces et les faiblesses de chacun d'entre eux au point d'évaluer la pertinence à problème donné. A terme, ils seront à même d'avoir une discussion

---

[401] https://www.media.mit.edu/projects/ai-ethics-for-middle-school/overview/
[402] *Fabrication laboratories* ou ateliers de fabrication où les technologies du numérique (imprimantes 3D, etc…) permettent la création.

animée avec la machine et d'être en désaccord avec ses conclusions – si elle a été improprement utilisée ! On leur enseigne aussi à se prémunir de ses risques – même quand ceux-ci tiennent plus à la nature de la technologie et aux données utilisées qu'à la malveillance intentionnelle, comme dans le cas des biais[403]. Leur enseignement est complété par le littérisme des données, où ils apprennent à gérer, analyser et interpréter les données. A chaque étape ils prennent du recul, s'interrogeant sur ce que la machine apporte, sur ses limitations, sur les précautions à prendre lors de son utilisation et de l'interprétation des résultats.

Certes, l'établissement de Laura peut paraître privilégié et les frais de scolarité y sont élevés ; certaines écoles de la côte Est des Etats-Unis peuvent elles aussi paraitre élitistes. Mais d'autres configurations d'enseignement du numérique existent. A l'école publique singapourienne, qui est quasiment gratuite, tous les établissements qui le désirent sont équipés d'une plateforme de programmation ludique[404]. Héritière des jeux de construction traditionnels, elle met la programmation à la portée des plus petits. Les professeurs y sont formés, et l'utilisent pour faire réfléchir leurs élèves à des solutions innovantes aux problèmes réels. Les réalisations des petits élèves du primaire sont célébrées par les autorités et exposées fièrement lors de salons spécialisés. Un autre programme public lancé par Singapour est AI4K[405], acronyme de « AI for kids », réservé aux enfants de 10 à 12 ans. L'initiation d'une demi-journée en présentiel est précédée d'activités en ligne, et sensibilise à tous les aspects de l'IA que nous avons évoqués précédemment.

Dans les écoles, les *fab labs* ou les ateliers de programmation du monde entier, le but de l'opération va bien au-delà l'apprentissage d'un langage comme le *scratch* ou le *python*, ou la maitrise d'une technologie

---

[403] Voir le Chapitre 5 de la première partie sur les risques de l'intelligence artificielle.
[404] Il s'agit en l'occurrence des micro:bits (https://microbit.org/).
[405] https://www.aisingapore.org/industryinnovation/ai4k/

particulière – ceux-ci seront vraisemblablement obsolètes quelques années plus tard de toute façon. Ce qui est réellement visé est la sensibilisation à la création digitale, la mise en place de méthodologies transférables, le recul par rapport aux technologies, la collaboration autour d'un projet numérique, l'établissement d'une confiance en soi dans cette première étape du littérisme numérique voué à se développer tout au long de la vie. Bref, l'objectif est la construction d'une identité d'utilisateur – et dans une certaine mesure de concepteur - des technologies du numérique et de l'intelligence artificielle.

Chapitre 14.   Les compétences socio-émotionnelles

Les flancs du Compas du 21ème siècle sont garnis de trois compétences cognitives et trois compétences socio-émotionnelles. Dans la jungle des compétences, nous aborderons les compétences cognitives au chapitre suivant, et commencerons tout de suite par les compétences socio-émotionnelles. Voyons en quoi elles consistent, pourquoi nous les avons sélectionnées et surtout comment faire pour les acquérir et les développer.

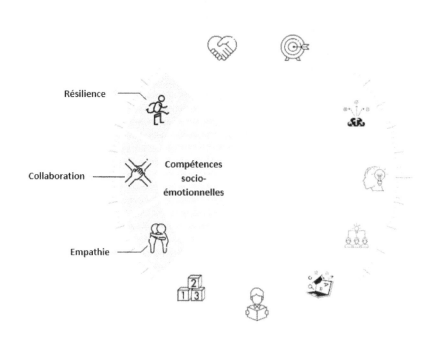

Figure 6: Compétences socio-émotionnelles

De quoi parle-t-on exactement ?

Des compétences parfois mal définies et souvent mal désignées

Les compétences cognitives déterminent notre capacité à traiter l'information ; les principales sont la mémoire et tous les aspects du raisonnement.

Les compétences socio-émotionnelles s'attachent à tout le reste ; c'est pour cela qu'il arrive de les désigner simplement du nom de compétences non-cognitives. En pratique, elles ont trait aux émotions et aux liens sociaux. Elles comprennent deux grandes familles : les capacités intrapersonnelles, centrées sur la maîtrise de soi, et les capacités interpersonnelles qui caractérisent nos interactions avec autrui.

Quant aux compétences du 21ème siècle, elles désignent tantôt les seules compétences socio-émotionnelles, tantôt l'ensemble des compétences cognitives et non-cognitives qui semblent appropriées à notre siècle, et y ajoutent même parfois le savoir.

Il y a profusion de compétences cognitives et socio-émotionnelles. Si la multiplicité des compétences est bien réelle, l'impression de foisonnement est renforcée par le fait que les termes sont imprécis. Nombre d'entre eux sont quasi synonymes et désignent le même concept (comme la flexibilité et l'adaptabilité, ou encore la collaboration et le travail d'équipe), ou présentent un fort degré de recouvrement.

Enfin, les compétences sont de nature différente. Certaines sont dites réflexives : employées essentiellement en psychologie, elles sont « découvertes » expérimentalement au cours de l'élaboration, par l'analyse factorielle, d'un modèle aux dimensions indépendantes. C'est le cas du modèle le plus répandu des 5 traits de personnalité[406]. Cinq dimensions (l'ouverture à l'expérience, le caractère consciencieux[407], l'extraversion, l'amabilité, le caractère névrotique) ont été nommées

---

[406] https://fr.wikipedia.org/wiki/Mod%C3%A8le_des_Big_Five_(psychologie)
[407] Parfois appelée conscienciosité en référence peut-être à l'anglais « conscientiousness ».

après avoir été décrites dans un modèle reflétant au mieux la diversité psychologique. Chacune de ces dimensions est elle-même constituées de facettes de personnalité intercorrélées. Le caractère consciencieux, par exemple, se caractérise habituellement par la résilience et la persévérance, la forte capacité de travail, le sérieux et la fiabilité, l'autodiscipline, la méthode et l'organisation.

A l'inverse, d'autres compétences sont non pas réflexives mais formatives : elles sont formées de toutes pièces et comportent ce que leur créateur veut bien inclure. C'est ainsi que les compétences identifiées par le Forum Economique Mondial ou par la base O*Net ont vu le jour – et c'est pour cela qu'elles peuvent paraître moins rigoureuses.

Le Compas se restreignant à 6 compétences (3 cognitives et 3 non-cognitives), des choix drastiques ont dû être faits sur les plus parlantes et les plus pertinentes d'entre elles pour notre usage. Elles ne sont pas nécessairement homogènes et peuvent appartenir à plusieurs univers.

Des compétences indépendantes

Les compétences cognitives sont complètement indépendantes des compétences socio-émotionnelles. Sans-doute avez-vous déjà croisé cette personne extrêmement intelligente, au sens où elle possède un QI élevé, mais en l'occurrence complètement dépourvue de qualités socio-émotionnelles ? Brillante dans ses concepts et sa réflexion, cette personne se trouve soudain maladroite en société, manifestement peu à l'aise voire pas du tout à sa place, éprouvant parfois du mal dans ses relations amicales ou intimes, incapable de comprendre l'environnement émotionnel dans lequel elle baigne et bien souvent incapable d'identifier, d'exprimer et de contrôler clairement ses propres émotions.

A l'autre bout du spectre, ne vous souvenez-vous pas de cet individu très ordinaire en termes de capacités cognitives, qui en revanche semble un véritable magicien émotionnel ? Il n'a pas son pareil pour comprendre et lire les caractères ou les situations, nouer des relations fortes et durables, s'insérer dans les groupes, prévenir ou gérer les crises humaines sans effort apparent, et parvenir à convaincre avec élégance. Il semble plus en paix avec lui-même et satisfait de sa vie, pardonne rapidement, ne rumine pas sur ces petits incidents qui après tout n'en valent pas la peine et sont simples à surmonter.

Des compétences enchevêtrées

Pourtant, bien que les compétences cognitives et non cognitives soient complètement indépendantes, les effets croisés des unes sur les autres sont multiples.

Quand une émotion négative forte s'empare de nous, que ce soit la colère, la peur, l'angoisse, l'anxiété ou le pessimisme, c'est qu'un signal extérieur a atteint notre cerveau émotionnel et a été interprété par notre amygdale cérébrale. Celle-ci, à son tour, se décharge jusqu'au cortex préfrontal, siège du contrôle exécutif. Son intensité peut être telle qu'elle y perturbe profondément le contrôle exécutif, paralysant la mémoire de travail, inhibant l'attention, bref, nous empêchant de penser correctement. Cette émotion négative nous fait perdre tous nos moyens intellectuels. A l'inverse, une motivation forte ou un stress léger, tous deux des émotions positives, parviennent à améliorer le fonctionnement des capacités cognitives ou motrices, conduisant parfois leur heureux bénéficiaire jusqu'aux performances les plus élevées dans un état de béatitude absolue.

Réciproquement, les capacités cognitives peuvent aussi voler au secours des émotions. Lorsque nous sommes saisis d'une émotion négative, par exemple une rage violente, deux stratégies principales existent pour tenter de la surmonter. La première consiste à se détourner littéralement de la rage, en se distrayant, en se divertissant, en pensant à complètement autre chose. La seconde, au contraire, vise à confronter la rage en s'attaquant à sa cause. C'est là que les capacités cognitives viennent à la rescousse. La cause justifie-t-elle réellement d'entrer dans une telle colère ? Y a-t-il une interprétation, un point de vue différents qui mériteraient de reconsidérer son émoi ? La raison peut dans ces cas-là dompter l'émotion.

Résilience

A l'été 2016, Alex Honnold s'entraîne pour réaliser la première ascension du mythique El Capitan en solo intégral, sans aucun système d'assurage. Pour la première fois de sa vie, lui qui est quasiment infaillible (sinon il serait déjà mort) tombe et s'en tire avec un léger tassement de vertèbres. Il ne renonce pas. Quelques semaines plus tard, il tombe à nouveau et se tord la cheville. Sa rééducation est vite vue : il l'effectue sur un mur d'escalade, botte orthopédique au pied. Le 30 avril 2017, son ami Ueli Steck, une légende de l'alpinisme, meurt dans l'Himalaya. Mais rien n'arrête Honnold. Le 3 juin 2017, il devient le premier et le seul à ce jour à avoir vaincu sans équipement El Capitan[408].

Honnold est un personnage extraordinaire. D'autres comme lui sont connus pour leur résilience : Tiger Woods qui gagne un tournoi majeur de golf 11 ans après le précédent, intervalle entrecoupé de frasques personnelles et de multiples opérations au dos ; Elon Musk dont les trois premières fusées ont explosé et dont la quatrième, alors que les fonds étaient à sec, était annonciatrice du formidable succès de SpaceX ; les astronautes d'Apollo 13 dont le retour sur Terre fut objectivement miraculeux ; ce pêcheur salvadorien qui survécut 438 jours perdu en mer.

Mais ni les épreuves de la vie ni la résilience ne sont le propre des gens exceptionnels. La perte d'un être cher, l'échec scolaire ou universitaire, un projet qui ne veut pas se concrétiser, un licenciement soudain sont des épreuves que les gens ordinaires sont amenés à traverser – et ils font souvent preuve d'une étonnante résilience.

Définition

La résilience est la capacité à se remettre d'un contretemps, d'une contrariété, d'un échec, d'une perte ou d'un drame personnel, et à savoir reprendre le cours de sa vie.

Cette capacité à rebondir rapidement après un évènement souvent inattendu et aux effets initialement très négatifs est l'un des plus forts prédicteurs de succès dans la vie. Elle est considérée comme l'une des composantes de la conscienciosité, dont une étude récente rappelait

---

[408] Son histoire est racontée dans un documentaire, « Free Solo », primé aux Oscars en 2018.

qu'elle était la plus fortement annonciatrice du succès à long-terme parmi les compétences socio-émotionnelles[409].

Des compétences voisines figurent dans l'environnement immédiat de la résilience, telles la force mentale, la détermination ou le courage. Leurs nuances parfois subtiles n'empêchent pas ces compétences voisines d'être largement corrélées à la résilience. La force mentale caractérise ainsi la capacité à gérer le stress, la pression, le changement. La détermination marque elle la résolution, la fermeté, l'intensité de la volonté à réaliser un objectif. Le courage, au sens anglais de *grit*[410], se définit comme la passion et la persévérance pour les objectifs à long-terme. Contrairement à la résilience, ces compétences voisines ne présupposent pas l'existence d'un échec à surmonter, mais ils signalent la volonté marquée d'atteindre un objectif, quelle qu'en soit la difficulté.

La résilience et les compétences corrélées s'appuient elles-mêmes sur d'autres qualités comme la maîtrise de soi, la gratification différée et l'optimisme. La maitrise de soi permet de ne pas se laisser submerger par les émotions négatives et incapacitantes en cas d'échec. La gratification différée consiste à accepter et même préférer une situation présente moins satisfaisante en vue d'un état futur bien plus favorable[411]. L'optimisme et une vision généralement positive de la situation invitent à profiter de l'évènement pour en tirer les leçons et s'extirper de la situation délicate. Ces qualités permettent non seulement de rebondir après un échec mais aussi, dans une certaine mesure, d'altérer le cours des choses et de se mettre en position d'éviter que l'échec ne se produise.

---

[409] Voir l'étude déjà citée sur l'Education pour la vie et le travail [32].

[410] Le *grit* a été très largement étudié par Angela Duckworth, qui l'identifie comme l'une des plus importantes conditions de succès à l'école et au-delà. Voir son excellente Ted Talk :
https://www.ted.com/talks/angela_lee_duckworth_grit_the_power_of_passion_and_perseverance?language=en

[411] L'exemple le plus célèbre est une expérience menée sur des enfants de 4 ans, les laissant choisir entre un chamallow maintenant ou deux chamallows dans quinze minutes. Les petits ayant choisis d'attendre se sont avérés avoir de meilleurs parcours de vie que les autres.

Eviter l'échec ne sera pas donné à tout le monde dans les années et les décennies à venir.

Les changements, nous l'avons vu en détails dans la deuxième partie, vont se succéder à une cadence et à une intensité de plus en plus importante. La technologie résoudra les défis les plus importants de l'humanité et simplifiera considérablement la vie quotidienne. Pour ceux qui seront correctement armés, ces changements seront une aubaine. Mais pour tous les autres, et ce sera la majorité, c'est peut-être un futur incertain qui s'annonce. La technologie risque en effet d'avoir un effet dévastateur sur l'emploi tel que nous le connaissons aujourd'hui. Les effectifs fondront dans un grand nombre de métiers. Il n'y aura pas de garantie que de nouveaux débouchés, aujourd'hui inconnus, se présentent en quantité suffisante pour alimenter la population déplacée dans son travail.

De plus, certains évènements vont prendre un tour inattendu, du moins pour ceux qui les subiront. Il pourra arriver, par exemple, qu'un individu pense avoir pris toutes les mesures nécessaires pour s'assurer un avenir confortable, et se trouve embarqué dans un tourbillon de phénomènes perturbateurs non anticipés. Imaginez le financier, l'ingénieur, le développeur, le médecin qui font des études longues, difficiles et prestigieuses pour s'apercevoir au bout de dix ans de pratique que leur emploi leur échappe. Ils pourraient réaliser alors que leur métier est en voie de disparition ou, dans un scénario plus probable, qu'il est dans une phase de métamorphose profonde. Qui sait si ces professionnels consciencieux ne verront pas leur avantage concurrentiel sur le marché du travail réduit, voire anéanti, au point d'être exclus du monde de l'emploi ?

Se retrouver exclu du monde de l'emploi, parfois de manière complètement inattendue et avant que la société n'ait redéfini le rôle du travail, pourra être hautement déstabilisant. La résilience sera alors impérative pour poursuivre sereinement sa route.

Comme d'autres compétences socio-émotionnelles, la résilience risque d'apparaître aux yeux de certains comme un trait de caractère, sinon immuable, du moins difficile à faire évoluer. Ce n'est heureusement pas le cas. Peut-être y a-t-il une composante génétique déterminant un niveau de base, mais il est toujours possible de cultiver sa résilience.

Le point de départ est sans-doute d'accepter l'évènement déclencheur de l'échec ou du drame. Souvent, celui-ci est une externalité : un évènement tiers sur lequel on n'a pas prise. Ceci n'est pas une incitation à renoncer à l'action et à accepter passivement d'être ballotté au gré des évènements. Mais certains faits sont très clairement au-delà de notre contrôle. Pour la majorité d'entre nous, il en sera ainsi de la montée en puissance de l'intelligence artificielle[412]. Rien ne sert alors de s'acharner sur la cause et de ruminer longuement sur ce que serait la vie sans ce coup dur. Il est préférable, à l'inverse, d'intégrer la nouvelle réalité dans son raisonnement et de réfléchir à la meilleure façon d'y réagir – c'est le seul élément qui soit de notre ressort et auquel il faille consacrer son temps et son énergie.

Adopter une vision optimiste de l'avenir et s'efforcer de garder espoir facilite nettement la capacité à rebondir. Se dire que l'évènement négatif ne trahit pas une tare dont on est irrémédiablement marqué permet de tourner la situation en occasion d'apprentissage. D'ailleurs, l'adversité n'est-elle pas nécessaire au développement de la résilience ? Plus généralement, comment transformer ce coup dur temporaire en succès à long-terme ? Que retirer de l'évènement ? Comment s'adapter ? Quelle stratégie adopter ou quelles compétences développer ? La croyance en ses chances augmente drastiquement la probabilité de s'en sortir. La confiance en ses capacités produit un effet positif profond sur les capacités elles-mêmes. Avoir l'esprit de croissance, ce *growth mindset* de Carol Dweck, facilite le développement personnel ambitionné. Le simple fait d'y croire augmente les chances de succès. Cette foi en soi s'enrichit des encouragements pour ses résultats et même pour ses efforts, s'ils ne sont pas encore couronnés de succès. Dans une expérience tentée à l'école, l'explication fournie aux élèves des mécanismes neurologiques sous-jacents à l'apprentissage, où la

---

[412] Cela ne veut évidemment pas dire que l'on ne peut pas tenter de forger un monde meilleur, mais il faut reconnaitre que beaucoup n'auront pas nécessairement leur destin entre leurs mains.

pratique renforce les circuits neuronaux et donc la performance, a contribué de manière significative à l'augmentation des notes des élèves[413].

La clarté sur la raison d'être augmente elle aussi la résilience. Chez un adulte, bien discerner sa mission de long terme et sa contribution à la société malgré des évènements chaotiques facilite le retour à l'action et les projets d'avenir. Chez un enfant, aider ses pairs, mettre à profit ses qualités et ses forces pour un projet positif accroissent son sentiment d'utilité et d'accomplissement. L'adulte comme l'enfant peuvent surmonter plus aisément les difficultés dans lesquelles ils sont plongés.

Enfin, le soutien de l'entourage social forme l'ultime rempart dans la capacité à rebondir. Le réseau social met en valeur la personne abimée, lui rappelle ses talents et ses succès, aide à se retrouver et élaborer des projets futurs. Il sert de dernier pilier quand les autres s'effondrent. Et quand les raisons de garder espoir semblent avoir disparu, les membres du réseau sont encore là pour fournir un précieux réconfort sous forme d'amitié ou d'amour inconditionnel – l'essence-même de l'humanité.

Quatre des principaux éléments dans le renforcement de la résilience sont donc : l'acceptation de l'évènement négatif et la focalisation sur la solution ; la vision positive et la confiance en sa capacité à se développer ou à trouver une solution ; la confiance en sa raison d'être ; et le support d'un réseau social solide. Ces principes gagnent à être cultivés dès l'enfance, alors que la plasticité neuronale permet un meilleur ancrage, mais peuvent aussi être travaillés à l'âge adulte.

Empathie

« Ma mère a été la personne la plus influente de ma vie. J'ai vu ses épreuves en tant que mère célibataire. Elle m'a appris les valeurs du travail et de la responsabilité, mais aussi de la compassion et de l'empathie – être capable de regarder le monde à travers le regard de

---

[413] Carol Dweck présente de manière synthétique un grand nombre de ses études lors d'une conférence à Stanford
https://www.youtube.com/watch?v=hiiEeMN7vbQ.

quelqu'un et de se mettre dans sa peau ». Ce message de la fête des mères de 2013, c'est un certain Barack Obama qui le prononce. Obama aura fait preuve de cette empathie tout au long de sa vie politique et il lui en attribuera une grande partie du succès[414].

Une multitude de concepts derrière un terme attrape-tout

Au premier abord, l'empathie est définie comme la capacité à comprendre l'état d'autrui et / ou à éprouver ses sentiments. Mais derrière cette définition synthétique se cache en réalité une absence totale de consensus. Les débats passionnés d'experts foisonnent depuis deux décennies. Même Barack Obama, cité plus haut, emploie le même mot pour désigner des concepts différents et fait parfois des distinctions sujettes à caution entre empathie, sympathie et compassion. Un chercheur[415] est parvenu à distinguer huit phénomènes proches et liés mais conceptuellement distincts pouvant répondre, au gré des circonstances et des études, à l'appellation d'empathie. Il arrive que ces huit phénomènes différents soient éprouvés tour à tour au cours d'une même interaction sociale.

En simplifiant à l'extrême, mentionnons deux grandes familles.

L'empathie cognitive désigne la compréhension de l'état interne d'autrui, ses pensées et ses sentiments. On y parvient souvent en imaginant cet état par la **prise de perspective**, en se mettant à la place d'autrui, soit en projetant sa propre personne dans la situation de l'autre, soit en essayant de deviner le point de vue de l'autre dans la situation de l'autre. Ce n'est pas un sentiment ni une émotion mais bel et bien un état cognitif.

L'empathie affective, elle, consiste à apporter une réponse émotionnelle appropriée à l'émotion de l'autre. Cette réponse peut être

---

[414] Voir les innombrables références à l'empathie dans les discours d'Obama http://cultureofempathy.com/Obama/Quotes.htm.

[415] Il s'agit de Daniel Batson, auteur de l'article qui est repris en premier chapitre de « The Social Neuroscience of Empathy » [21] (2009, MIT Press). https://www.researchgate.net/profile/Nancy_Eisenberg/publication/2487026 18_Empathic_Responding_Sympathy_and_Personal_Distress/links/02e7e539 bd3a87471b000000/Empathic-Responding-Sympathy-and-Personal-Distress.pdf

une émotion identique ou différente de celle vécue par l'objet de l'empathie. L'empathie affective commence par la détection et l'identification des émotions de l'autre (aussi appelée l'**exactitude empathique**), puis par la reconnaissance de ses sentiments (qui n'est autre que la **sympathie**). Elle peut éventuellement se poursuivre par l'adoption de la posture d'autrui sous l'effet de gènes miroirs (**empathie mimétique**). Elle pourra évoluer en une compassion pour autrui (le **souci empathique**) ou bien un sentiment personnel d'inconfort et de stress (le **stress empathique** ou stress personnel), qui est lui autocentré.

Pourquoi l'empathie est importante

L'émergence de l'ère de l'intelligence artificielle amène pour beaucoup d'humanistes l'occasion inespérée de remettre l'humain au centre de notre vie. Dans leur vision, les machines font du travail de machine et les humains s'occupent des autres humains. Ce scénario riche de relations interpersonnelles plus nombreuses et plus intenses réclame davantage d'intercompréhension, de solidarité, de collaboration, de justice et de morale ; bref, davantage de la compétence qui sous-tend toutes les caractéristiques précédentes : l'empathie.

L'empathie a en toutes circonstances de multiples bénéfices intrapersonnels et interpersonnels [416]. Sur le plan relationnel, les personnes empathiques ont une vie sociale qu'ils jugent plus satisfaisante. Elles rendent aussi les interactions plus agréables pour leurs interlocuteurs. Ceux-ci, destinataires de l'empathie, ressentent l'adaptation des sentiments de l'autre aux leurs. Ils sont réconfortés en constatant que leurs émotions suscitent une réaction émotionnelle appropriée en face, plus encore qu'ils ne se réjouissent que leur position ou leur état soit compris intellectuellement.

Les individus empathiques sont aussi plus susceptibles de mener des actions socialement bénéfiques : ils sont mus par un besoin de justice, ils s'engagement plus souvent dans le volontariat, donnent plus aux

---

[416] Cité par William Chopik dans son article "Differences in Empathic Concern and Perspective Taking Across 63 Countries"
https://www.ipearlab.org/media/publications/ChopikOBrienKonrathInPress.pdf

œuvres caritatives et aident davantage les personnes dans les besoins. Quand ils agissent sous l'influence du souci empathique, leur action est altruiste. En revanche, si leur action est dictée par le stress empathique, leur aide vise d'abord à les satisfaire eux-mêmes – c'est ce que l'on appelle parfois se donner bonne conscience. Mais dans les deux cas de figure, indépendamment de leur motivation, ils aident[417] !

Les personnes empathiques contrôlent également leur agressivité ou leur comportement antisocial, réduisant l'impact potentiellement négatif sur la société. A contrario, l'absence d'empathie (et en particulier d'empathie affective) est la caractéristique des psychopathes.

L'empathie est un facteur de succès pour de nombreuses professions aujourd'hui où la résonance avec l'autre est nécessaire : la vente, le coaching, le management. L'empathie joue un rôle déterminant dans toutes les entreprises de collaboration. Dans les situations de collaboration, en particulier lorsqu'elles s'accompagnent de négociation, les études soulignent que l'empathie cognitive est en général préférable à l'empathie affective. En analysant la situation de manière rationnelle et de plusieurs points de vue, les résultats de la collaboration peuvent être au global meilleurs que ceux obtenus par réponse émotionnelle, qui tendent à favoriser irrationnellement un groupe d'individus.

Enfin, sur le plan personnel, les individus empathiques ont tendance à être plus satisfaits de leur vie, plus intelligents émotionnellement et dotés d'une plus grande estime de soi.

Au bout du compte, les membres d'une société plus empathique connaissent une vie interpersonnelle et intrapersonnelle plus satisfaisante tout en contribuant à l'amélioration de la société – une dynamique idéale alors que s'impose l'intelligence artificielle. Celle-ci, on l'a vu dans la première partie de cet ouvrage, est probablement plus performante que les humains en termes d'exactitude empathique. Elle est aussi capable de simuler le souci empathique en produisant des émotions. Mais cette simulation n'est évidemment que superficielle, et la machine ne comprend de toute façon pas ce dont il s'agit. En

---

[417] Un stress personnel trop fort peut au contraire susciter la personne à se détourner sans aider.

attendant l'intelligence artificielle généralisée, seul l'humain pourra produire une réponse empathique profonde et subtile.

Comment former à l'empathie

Certains traits de l'empathie peuvent être détectés dès la deuxième année de la vie, ce qui suggère une prédisposition génétique se manifestant avec la maturation du cerveau. Le nourrisson éprouve par mimétisme les sentiments d'autrui, à un âge où il ne sait encore distinguer clairement le soi de l'autre. Il adopte bientôt des comportements empathiques plus sophistiqués, cherchant à consoler qui un petit frère, qui une grande sœur.

S'ajoutant à la disposition innée, il est maintenant acquis que la formation à l'empathie est possible pendant un long intervalle de temps : typiquement depuis l'âge de la maternelle jusqu'aux années d'université, et même au-delà à l'âge adulte[418]. Plusieurs programmes pilotes ont fait leurs preuves dans les écoles, notamment aux Etats-Unis, y compris dans les territoires jugés très difficiles. Les programmes existent sous différents formats. Certains font l'objet d'un cours spécifique, entièrement dédié au savoir-être, aux compétences personnelles et relationnelles[419]. Dans d'autres cas, ces notions sont incluses dans les cours réguliers.

Le point de départ, quel que soit l'âge de l'apprenant, est de le sensibiliser au concept d'empathie – cette prise de conscience a un effet positif immédiat sur le niveau d'empathie lui-même. L'autre action fondamentale est de former la personne à détecter ses propres émotions, à les identifier et à les nommer. Cette compréhension est un prérequis à l'exactitude empathique chez les autres. C'est en effet souvent l'inexactitude empathique, à savoir une mauvaise interprétation de l'état et des intentions de l'un des protagonistes, qui est à l'origine des conflits à l'école, dans la rue ou au travail.

---

[418] Voir le chapitre 7 par N.D. Feshbach et S. Feshbach dans l'ouvrage collectif précédemment cité [21].
[419] Voir notamment la description encourageante et quelque peu grisante en toute fin de l'ouvrage de Goleman [20].

Les jeux de rôle, où l'individu assume l'identité d'un personnage réel ou fictif, forment une moyen éprouvé d'augmentation de l'empathie tant affective que cognitive. Très efficace également, la prise de perspective pousse le sujet à prendre conscience des positions ou de l'état de l'autre. C'est l'un des exercices les plus classiques dans les groupes de travail ou dans la résolution de conflit, où l'on demande à chaque partie de formuler clairement la position de l'autre. Il arrive aussi que des scènes d'interaction sociale plus ou moins conflictuelles soient filmées, et que l'on demande a posteriori à chacun des protagonistes de décrire ses sentiments et ses opinions à chaque étape ; cette description est alors partagée avec la partie adverse qui peut comparer son interprétation de la position de l'autre avec la version donnée par l'intéressé lui-même.

D'autres facteurs sont identifiés comme augmentant l'empathie. Ils sont aussi divers que l'observation du malheur des autres ou de contenu dysphorique, la formation à modéliser le comportement des autres, l'éducation musicale ou l'apprentissage collaboratif.

Les possibilités sont donc nombreuses pour favoriser le développement de l'empathie pendant l'enfance comme l'âge adulte.

Collaboration

Quand vous aurez terminé la lecture de ce paragraphe, posez votre livre ou votre tablette quelques minutes, levez la tête, regardez autour de vous et demandez-vous ce qui dans votre entourage n'est pas le fruit d'une collaboration. Dans un ouvrage sur la cognition, Hutchins proposa cet exercice et ne trouva dans son propre environnement qu'un petit caillou posé sur son bureau à remplir cette caractéristique[420]. Et vous, qu'avez-vous trouvé ?

Vous pouvez maintenant reprendre votre lecture. Remarquez que même ce livre, pour apparemment solitaire que soit la pratique de l'écriture, résulte d'une intense activité collaborative. Les idées de l'auteur se sont affinées sous l'impulsion d'un groupe d'experts

---

[420] L'injonction figure dans « Cognition in the Wild » de Hutchins (1905). L'anecdote est rapportée par Patrick Griffin et ses collègues [41].

constitué progressivement. De discussion en discussion, en tête à tête ou en petit groupe, le contenu du livre a pris forme. Encore n'était-ce que le début. Grâce aux plateformes internet spécialisées, l'auteur a pu trouver un premier graphiste au Pakistan pour réaliser les schémas du livre, un second en Serbie pour en réaliser la couverture. Il s'est adjoint les services d'une correctrice en Angleterre pour la version anglaise de son ouvrage. Le talent de celle-ci s'est avéré tel que sous son influence, l'auteur en est parfois venu à retravailler le manuscrit original. Sa route a également croisé celle d'influenceurs ; l'un souhaitait amener du contenu de qualité à ses lecteurs, l'autre voulait se repositionner dans le domaine couvert par le livre, tous deux ont donc activement participé à la promotion du livre. A chaque étape, ces interactions ont constitué autant d'éléments de collaborations fructueuses, fruits de multiples échanges, objets de négociations implicites ou explicites, points de départ d'ajustements mineurs ou de changements de cap. Certaines des collaborations étaient rémunérées et d'autres non, certaines formalisées mais pas les autres, toutes assurément se sont avérées mutuellement bénéfiques.

La collaboration au-delà de la coopération

La collaboration, nous souffle Wikipédia, est l'acte de travailler ou de réfléchir ensemble pour atteindre un objectif commun. Wikipédia, justement, représente un excellent exemple de collaboration : des participants en l'occurrence modérément coordonnés mais opérant dans un cadre structuré unissent leurs efforts pour produire un service doté de valeur économique et accessible à tous. La collaboration tient ici non seulement à la complémentarité des connaissances, mais aussi et surtout à la discussion aboutissant *in fine* à la génération d'un état stable : le consensus sur le contenu. La démarche a révolutionné la diffusion du savoir. Le résultat en est la plus grande encyclopédie et le 5ème site web le plus visité au monde.

La collaboration comporte plusieurs composantes essentielles. La communication permet la transmission d'informations en vue de l'accomplissement de l'objectif commun. La coopération assure la répartition des tâches. Mais à cela il faut ajouter la participation collective, qui transforme la simple coopération en collaboration. Le recours à des points de vue et des idées divers conduit à un résultat supérieur à la simple juxtaposition des contributions individuelles. Le travail parallèle et séparé est remplacé par des activités imbriquées et communes.

Pourquoi la collaboration est importante

Tout, ou presque, est collaboration – sauf à vivre en ermite pour les individus ou en autarcie complète pour les groupes. Même les taches apparemment solitaires, comme la réalisation d'une performance sportive individuelle, s'accomplissent rarement sans l'implication active d'une équipe - même si celle-ci partage rarement la lumière.

Dans le règne animal, les loups chassent en meute et les fourmis bâtissent dans un immense effort collectif. Dans les écoles, les enfants font leurs premiers travaux de groupe sur les bancs de la classe et expérimentent les premières dynamiques de groupe dans les cours de récréation ou sur les terrains de sport. Dans un jeu vidéo extrêmement populaire, les joueurs bâtisseurs amènent chacun leur pierre à l'édifice construit en commun ; ailleurs des jeux multi-joueurs sont le siège d'attaques concertées pour prendre une place forte ou détruire un vaisseau ennemi. Dans un orchestre, des artistes à l'égo parfois aussi développé que le talent parviennent à s'associer pour produire une performance exceptionnelle. A l'occasion d'un mouvement social en faveur du climat, des scientifiques de renom, garants de la véracité des propos, s'allient à des artistes ou des influenceurs populaires pour diffuser le message auprès de cibles autrement difficiles à atteindre.

Globalisation et technologie aidant, les collaborations s'organisent de plus en plus souvent entre pays, ou entre ressortissants de plusieurs pays. C'est notamment le cas dans le domaine des sciences. Les articles scientifiques égrènent désormais des listes d'auteurs où s'affiche toute la diversité du monde, au-delà du laboratoire et du pays du signataire principal. Le CERN, où le boson de Higgs a été observé presque un demi-siècle après sa prédiction, est l'une des plus fructueuses collaborations européennes. La récente observation indirecte d'un trou noir est elle-même l'aboutissement heureux d'un effort planétaire impliquant 200 scientifiques et 6 observatoires, de l'Antarctique à Hawai et de l'Espagne au Chili [421]. La quasi-totalité des missions spatiales modernes sont des collaborations internationales : depuis Apollo-Soyouz pour contrebalancer la guerre froide jusqu'à la station spatiale internationale aujourd'hui.

Dans les entreprises, la collaboration est un maître mot pour tirer parti du savoir et des compétences collectives. Des équipes multidisciplinaires sont par exemple mises en place pour la gestion d'une gamme de produits sur la totalité de son cycle de vie. Au-delà des frontières de l'entreprise, le design se fait collaboratif avec les clients ou les fournisseurs. L'équipe doit gérer des problématiques souvent contradictoires : réduire un investissement initial peut augmenter un coût de fonctionnement ultérieur ou de retrait final ; adopter un design séduisant mais atypique peut générer des complications de production ; abaisser ses critères de qualité peut se retourner contre l'entreprise en écornant plus tard son image. La collaboration permet de mettre ces problèmes en évidence très tôt dans le processus, plutôt que de les subir quand les actions correctives sont beaucoup plus onéreuses. Des perspectives différentes sont confrontées, les idées fusent et s'enrichissent mutuellement, des solutions novatrices émergent, les meilleurs compromis sont trouvés. La capacité à contribuer est jugée si importante qu'un employé même talentueux pourra être renvoyé s'il ne parvient à s'inscrire dans les efforts collaboratifs de son organisation.

Que changera l'avènement de l'intelligence artificielle à ce tableau ? D'un côté, les utilisateurs individuels peuvent avoir un recours direct accru aux capacités croissantes de l'IA. De l'autre, la mise en œuvre de l'IA nécessitera pendant bien longtemps encore des collaborations, en particulier multidisciplinaires. De plus, le renforcement du lien humain implique nécessairement un accroissement des pratiques collaboratives. Gageons donc que les collaborations en tout genre, loin de se tarir à l'ère de l'IA, se multiplieront au contraire. Elles seront facilitées par toute une gamme d'outils collaboratifs technologiques déjà en vigueur, depuis le travail sur des documents partagés jusqu'à des outils d'idéation, de cocréation, de planification, de communication.

---

[421] https://www.youtube.com/watch?v=1EZiOSZ4L2I

Compte tenu de l'importance de l'activité collaborative, il est surprenant de constater le peu d'empressement à l'enseigner explicitement. Imagine-t-on que cette compétence s'acquiert spontanément ? C'est assurément un espoir condamné à être déçu. Bien au contraire, si la diversité peut engendrer les collaborations les plus fructueuses, elle peut aussi conduire aux pires résultats quand ses tenants et ses aboutissants ne sont pas maîtrisés.

Bien collaborer requiert de la théorie, de la pratique, et bien entendu du feedback, comme dans tous les cas d'apprentissage. L'INSEAD, une *business school* classée parmi les meilleures du monde, est célèbre pour les groupes d'étude et de projet qu'elle constitue dès le premier jour. Ceux-ci rassemblent les étudiants pendant toutes leurs études et ponctuent encore les réunions d'anciens de multiples anecdotes, 20 ans après la remise de diplôme. L'expérience est en effet marquante. Les groupes ne se forment pas aléatoirement : c'est l'INSEAD qui en impose la composition, en sélectionnant des membres aussi divers que possible. Un groupe, par exemple, comporte une avocate américaine, un ingénieur français, un businessman indien, une critique d'art russe et un journaliste anglais. Les égos élevés semblent le seul point commun. Le groupe est par ailleurs tellement hétérogène à tous points de vue qu'il semble construit pour dysfonctionner – sauf à y mettre beaucoup de bonne volonté, à déployer des techniques collaboratives connues, à multiplier les séances d'introspection et de feedback. Quand cela fonctionne enfin, le groupe devient hautement productif.

Bien collaborer est d'abord une question d'état d'esprit. Apprécier la valeur des autres et la valeur du travail d'équipe prédispose au succès collaboratif. Parmi les compétences plus techniques nécessaires à la collaboration, citons-en quatre : la bonne gestion du groupe, l'aptitude à la communication, l'empathie et le goût du travail bien fait.

Un groupe, pour bien fonctionner, doit *a minima* avoir un objectif commun, des valeurs partagées, des règles de fonctionnement établies, des responsabilités définies et de bonnes relations entre ses membres. La simple prise de conscience de cette réalité de la dynamique des groupes permet souvent l'introspection et la prise d'actions correctives qui améliorent le fonctionnement de l'équipe. La vie du groupe passe classiquement par plusieurs phases, elles aussi documentées depuis longtemps par la recherche en comportement des organisations : la formation du groupe, les tensions, la normalisation puis la performance[422]. Ces principes s'appliquent quel que soit l'âge des membres du groupe. Sans évidemment en faire un exposé théorique, ils peuvent être utilisés même par les plus jeunes.

La communication entre les membres du groupe est un prérequis à son bon fonctionnement. Une contribution ne vaut que dans la mesure où elle peut être communiquée. Cela va bien au-delà de simplement tenir informé. Chaque évènement de communication a un objectif, un individu ou un groupe destinataire, un canal de transmission le plus efficace, un format le plus approprié, et un ton adéquat. La maîtrise de la communication peut se développer dès le plus jeune âge et se renforcer au cours de la scolarité et de la vie. Si les anglo-saxons excellent à communiquer, c'est entre autres qu'ils s'y entrainent par des activités appropriées : depuis le « show and tell »[423] dès l'école primaire jusqu'aux débats filmés au lycée suivis de feedback sur leur prestation. Ils y développement l'expression claire des idées, le contrôle des expressions corporelles, l'écoute attentive et l'assurance[424].

Nous avons déjà évoqué le rôle essentiel de l'empathie dans les interactions sociales. Au sein d'un groupe, la prise de perspective permet de garantir que les positions des uns et des autres sont clairement comprises. Au-delà du bénéfice rationnel pour la poursuite de la collaboration, cette empathie est perçue favorablement par le participant, rassuré ou galvanisé par la reconnaissance de sa contribution. La bonne compréhension des positions et des motivations des membres de l'équipe facilite également les négociations ultérieures pour parvenir à une conclusion.

---

[422] Cette théorie de développement des groupes a été élaborée par Tuckman en …. 1965 !
[423] https://en.wikipedia.org/wiki/Show_and_tell_(education)
[424] https://www.nureva.com/blog/education/how-to-teach-communication-skills-that-go-beyond-words

La collaboration visant à l'atteinte d'un objectif clairement défini, chacun des participants doit avoir la consciensiosité suffisante pour la mener à bien. Nous avons aussi évoqué plus haut cette consciensiosité ou goût du travail bien fait ; c'est elle qui est la plus corrélée avec l'obtention de résultats positifs. Elle comprend notamment la persévérance et la résilience dont nous avons décrit les mécanismes et l'apprentissage plus en détail.

Parmi toutes les compétences socio-émotionnelles, ce sont donc la résilience, l'empathie et la collaboration que nous avons retenues comme les plus pertinentes à l'ère de l'intelligence artificielle. Toutes peuvent être apprises et développées explicitement. Qu'en est-il des compétences cognitives ?

Chapitre 15. Les compétences cognitives

L es compétences cognitives inscrites au Compas du 21ème siècle sont la pensée critique, la créativité et l'interdisciplinarité.

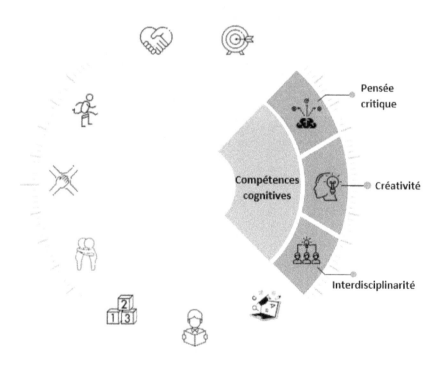

Figure 7: Compétences cognitives

Pensée critique

Qu'est-ce que la pensée critique ?

La pensée critique, définie simplement, est l'analyse des faits pour porter un jugement.

Robert Ennis, professeur à l'Université d'Illinois, y a consacré l'essentiel de sa recherche. Selon lui, la pensée critique est la pensée raisonnée et réflexive visant à décider que faire ou croire[425]. Elle comporte donc quatre éléments : elle est raisonnée (faisant usage de capacités rigoureuses de raisonnement) ; elle est réflexive (c'est-à-dire qu'elle se fait en toute conscience) ; elle est orientée (tournée vers un but et dénuée d'objectif) ; enfin elle porte sur le faire et le croire (c'est-à-dire sur toute décision possible). La pensée critique comporte à la fois des capacités techniques et des attitudes ou dispositions d'esprit. C'est en cela qu'elle est plus vaste que le seul esprit critique, qui est essentiellement la disposition d'une personne à évaluer un fait, sans présager de sa capacité technique. Inversement, on pourrait posséder la capacité technique sans en avoir la disposition d'esprit.

Ennis énumère les dispositions ou attitudes nécessaires à la pensée critique. Il met d'abord en avant la volonté sincère d'arriver à une opinion exacte, justifiable, sans négliger d'explorer toutes les possibilités et d'examiner tous les points de vue. Vient ensuite le soin apporté à comprendre et présenter honnêtement les positions de chacun. Arrive enfin, de manière annexe, le souci de l'autre, en particulier de ne pas intimider pendant la discussion.

Parmi les capacités techniques de la pensée critique, Ennis énonce d'abord la capacité à clarifier le problème : quelle est la question, quels sont les arguments en présence ? Puis il s'intéresse à l'évaluation du support de jugement : quelle est la crédibilité de la source, et quelle est la crédibilité du rapport d'observation ? Il se consacre ensuite au raisonnement même : déduction, induction, et enfin jugement. Passées

---

[425] https://education.illinois.edu/docs/default-source/faculty-documents/robert-ennis/thenatureofcriticalthinking_51711_000.pdf?sfvrsn=7bb51288_2

les ultimes clarifications et raisonnements, l'argument doit être présenté de manière claire et sensible.

Depuis aussi longtemps sans-doute que les humains communiquent, le besoin s'est fait sentir d'un outil d'autodéfense intellectuelle. La pensée critique en est justement un. Les faits rapportés sont-ils vrais, ou du moins probables ? Est-il même possible de conclure ? S'ils sont avérés, ont-ils vraiment l'importance décisive qu'on leur accorde ? Sont-ils généralisables ? Le raisonnement est-il rigoureux ? La situation est-elle intrinsèquement difficile à interpréter, ou y-a-t-il intention d'induire en erreur ? Il a fallu, au cours des temps, se battre contre les mensonges et les falsifications, contre les dogmes et les théories du complot, contre l'embrigadement et la manipulation, contre tous les raisonnements fallacieux, qu'ils aient été erreur de logique malheureuse ou intention avérée de tromper.

Notre époque est particulièrement fertile en *fake news*, les fausses informations en tout genre. La technologie en général et l'intelligence artificielle en particulier n'y sont pas étrangères, avec la capacité considérablement accrue de créer des faux de plus en plus réalistes — objets, images, sons, vidéos, textes.

La pensée critique, par conséquent, est plus nécessaire que jamais.

Comment enseigne-t-on la pensée critique ?

La pensée critique fait partie des compétences cibles explicites d'un nombre croissant de systèmes scolaires, depuis le système américain (où les 4C, dont le *critical thinking*, sont inclus dans le Common Core) jusqu'au curriculum singapourien.

Le même choix se pose que pour une grande partie des compétences du Compas : enseigner dans un cours dédié, détaché des pratiques disciplinaires, ou le faire par le biais des matières traditionnelles, par exemple les lettres, les sciences humaines ou les sciences dures.

Le cours de la Théorie de la Connaissance du système IB est un exemple d'enseignement dédié[426]. Les professeurs enseignent explicitement la théorie de la pensée critique et multiplient les exercices pratiques. Ils forment par exemple à l'analyse des sources d'information et au discernement par rapport à l'information présentée. Toutes sortes de matériaux de propagande sont passés en revue, avec un accent particulier sur les raisonnements fallacieux, les techniques de manipulation du langage, la recontextualisation des images, le tout dans le cadre d'objectifs politiques à décrypter. Les théories du complot peuvent également figurer au programme, à travers les études de cas comme les attentats du 11 Septembre ou les missions Apollo. Il arrive aux élèves de participer à des petites compétitions internes d'un genre un peu particulier : chaque équipe est chargée de fabriquer de toutes pièces une théorie du complot, dont l'efficacité sera jugée par les autres élèves. L'exercice se révèle d'une extrême efficacité pédagogique.

Une autre activité particulièrement efficace dans la formation à la pensée critique est le débat. Des équipes sont formées, auxquelles on assigne de défendre un point de vue décidé à l'avance, indépendamment de l'opinion réelle des participants. L'équipe marque un point à chaque argument correctement justifié. Alternativement, les équipes sont classées en fonction du nombre de spectateurs qu'elles auront fait changer d'avis entre le début et la fin du débat. Cet exercice de rhétorique sert d'abord à la compréhension appliquée de la pensée critique, pour identifier les techniques de manipulation et les argumentations fallacieuses, ou réaliser pleinement la complexité d'établir la validité de toute théorie. Elle permet aussi de débattre de sujets complexes et sensibles, par exemple de la tension entre utilitarisme et droits de l'homme ou du caractère éminemment variable de la vérité dans l'écriture de l'histoire, suivant les points de vue.

---

[426] Voir l'article de Corinne Rousset, « Excellence académique, joutes oratoires et pragmatisme pédagogique à Singapour » [35]. Cet article porte sur Singapour mais est généralisable. Nous en avons tiré une grande partie de la matière de ce paragraphe.

La pensée critique a parfois une conséquence inattendue et indésirable. Sous le poids cumulé des montagnes d'informations contradictoires inondant les élèves, ceux-ci finissent par plier : ils réagissent soit en doutant de tout, soit en mettant toutes les informations sur un pied d'égalité – les deux attitudes étant à déplorer. Les élèves se laissent plus facilement convaincre par les théories conspirationnistes, elles-mêmes de plus en plus sophistiquées et soumettant les enseignants à rude épreuve. Certains enseignants nous ont confié ne plus pouvoir prendre comme sujet d'étude, par exemple, le négationnisme. D'après leur expérience en classe, l'analyse scrupuleuse des documents et des témoignages de cet évènement cataclysmique, incontestable et vieux de trois générations à peine se heurte à des arguments de plus en plus durs à réfuter pour les professeurs. Les arguments négationnistes sont présentés de manière suffisamment crédible, convaincante même, scientifique et documentée pour résister aux contre-arguments du professeur insuffisamment équipé.

Ces anecdotes mettent en lumière que la pensée critique, qui est une capacité à raisonner et une disposition d'esprit, ne peut se passer de connaissances solides pour être déployée. Ce qui permet de réfuter le négationnisme, ce n'est pas qu'une capacité à raisonner mais ce sont aussi des arguments concrets, historiques ou scientifiques. Il faut être soigneusement préparé pour mettre à mal, par exemple, la théorie négationniste classique d'impossibilité d'utilisation du Zyklon B dans le volume confiné des chambres à gaz. Quand les connaissances nécessaires sont trop pointues pour être maîtrisées par le penseur critique, celui-ci doit impérativement faire appel à un expert.

L'autre enseignement des limites observées de la pensée critique est le rappel cruel que dans la course à l'armement entre le véridique et le faux, ce dernier a encore de beaux jours devant lui. L'intelligence artificielle en sera une dangereuse alliée, malgré elle, jusqu'à ce que sa puissance puisse être mise au service de la détection des faux.

Créativité

Lorsqu'un nouveau groupe de travail se forme, une activité de *team building* classique est le défi dit des spaghettis et des marshmallows[427]. L'objectif pour les participants est de construire une tour aussi haute que possible, surmontée d'un marshmallow, en un temps strictement limité. Pour tout matériau de construction, les participants disposent de vingt spaghettis (non cuits et donc rigides), d'un mètre de ficelle et d'un rouleau de papier adhésif. Les résultats, nous confie un expert du sujet, sont remarquablement constants. Les équipes les moins bonnes à cette épreuve rassemblent les jeunes diplômés des écoles de commerce. Les équipes les meilleures réunissent les jeunes diplômés de … la grande section de maternelle. Pourquoi ? D'abord parce que les petits collaborent mieux, sans laisser leur égo interférer et sans se soucier des rapports de force. Ensuite et surtout parce qu'ils appliquent l'un des processus créatifs les plus efficaces : l'expérimentation et l'itération. Sans a priori ni dogmatisme, ils essaient structure après structure, laissent tomber celles qui ne conviennent pas, inventent de nouvelles formes, amènent des modifications, conservent les solutions qui fonctionnent. Et ils finissent par bâtir des tours fort respectables.

Qu'est-ce que la créativité ?

Comme de nombreux processus mentaux humains, la créativité ne manque pas de définitions, recouvrant des aspects voisins mais distincts du même concept. La plupart des approches s'accordent sur la notion de nouveauté alliée à une certaine utilité. Ken Robinson, dont nous reparlerons plus tard, définit sobrement la créativité comme le fait d'avoir des idées originales qui ont de la valeur. La créativité ne s'applique pas qu'au champ artistique, pourtant le premier à venir à l'esprit. De la vie quotidienne aux découvertes et inventions géniales, du domaine des loisirs au monde du travail, toute pratique peut voir le jour ou évoluer sous l'effet de la créativité.

Longtemps, l'imaginaire populaire a cru être en présence, avec la créativité, d'un processus un peu mystique. Il n'en est évidemment rien :

---

[427] https://www.ted.com/talks/tom_wujec_build_a_tower?language=en

c'est un processus cognitif comme les autres, dont la signature commence tout juste à être déchiffrée par la neuroscience. Le cerveau hautement créatif semble activer plus intensément trois systèmes neuronaux aux fonctions complémentaires. Le premier système, appelé *réseau par défaut*, intervient lorsque l'individu se met à imaginer, rêver éveillé, laisser son esprit vagabonder – il génère des idées. Nous avons déjà fait connaissance du second réseau, dit de *contrôle exécutif* : il s'active quand l'individu focalise son attention et évalue rationnellement les idées qui lui sont soumises. Quant au troisième réseau, dit de *saillance*, il agit comme un mécanisme de commutation entre le réseau par défaut et le réseau de contrôle exécutif, en d'autres termes entre la génération et l'évaluation d'idées. Les personnes les plus créatives semblent être celles en mesure de faire fonctionner ensemble ces réseaux qui d'habitude opèrent séparément[428].

La créativité diffère sensiblement de l'intelligence. Cette dernière, telle que mesurée par les tests de QI, met souvent en œuvre un raisonnement convergent : elle cherche à identifier des similitudes. La créativité, elle, recourt plutôt au désengagement (en se distançant des idées établies) et à la pensée divergente (un processus spontané, non contrôlé de génération d'idées). L'une des théories actuellement les mieux acceptées sur la relation entre intelligence et créativité est celle du seuil[429] : une intelligence minimale est nécessaire pour être créatif, mais au-delà de ce seuil il n'y a plus de corrélation entre les deux. Enfin, pour prendre deux exemples célèbres, Edison et Einstein, respectivement inventeur et chercheur géniaux, partagent non seulement une créativité hors du commun, mais aussi un retard de développement cognitif à l'enfance.

Contrairement à la croyance populaire, et contrairement à ce que même les experts en créativité considéraient comme évident il y a quelques décennies, la majorité des chercheurs affirme aujourd'hui que la

---

[428] Voir "Robust prediction of individual creative ability from brain functional connectivity" [51].
[429] Voir « What do we know today about creativity?" [25].

créativité n'est pas générale mais spécifique à un domaine[430]. Ainsi, les individus créatifs dans l'absolu n'existent pas. Prenez votre propre cas : peut-être êtes-vous très créatif pour concevoir des expériences scientifiques, mais beaucoup moins pour dessiner une gamme de vêtements, ou inversement ; peut-être votre créativité est-elle excellente lorsque vous réalisez des meubles en bois mais que si l'on vous contraint à vous mettre aux fourneaux, vous suivrez la recette pas-à-pas et veillerez à ne pas en dévier. La créativité exige en fait une certaine dose d'expertise (même si à l'inverse, on peut être expert sans exhiber la moindre once de créativité). Si l'on reprend l'exemple de la cuisine, la connaissance préalable d'une vaste gamme d'ingrédients, comme les épices, permet de les utiliser d'une façon innovante.

Pourquoi la créativité est importante

La créativité est historiquement importante parce qu'elle intervient dans toutes les actes de la vie et du travail. Les chercheurs en ont conçu le modèle des 4C. La créativité avec un *grand C*, soit la créativité éminente et radicale des Einstein et des Edison, des Picasso et des Proust, est celle qui accapare toute l'attention. Juste après elle, la créativité avec un *pro C* se réfère à la créativité d'un professionnel, comme un styliste de mode, un concepteur de processus en entreprises, le responsable d'un produit ou d'un segment de clientèle. Précisons que ceux-ci déterminent en grande partie la performance de leur entreprise, car les plus en réussite sont les plus innovantes ; or les plus innovantes sont celles qui font le plus d'expériences, et celles qui font le plus d'expériences sont souvent des entreprises technologiques – comme Amazon, Google ou Grab ; seule la technologie permet de faire autant d'expériences et d'en mesurer les résultats en temps quasi-réel. A l'étape d'après figure créativité avec un *petit c*, qui décrit la créativité quotidienne telles la décoration d'une pièce, une façon inhabituelle de faire sa valise avant un voyage, ou les tenues que l'on compose le matin pour s'habiller en combinant différentes vêtements. Enfin, au bout de l'échelle, la créativité avec un *mini c* est important essentiellement pour

---

[430] Tout ce paragraphe s'appuie sur l'article très complet de Baer sur l'importance de l'expertise en créativité et toutes les conséquences : « The importance of domain-specific expertise in creativity » [27].

son créateur lui-même, tel le premier assemblage d'un jeu de construction réalisé par un enfant.

L'accélération du changement dans notre société et notre vie renforce le besoin de créativité. Il faut sans cesse faire face à de nouvelles situations, résoudre de nouveaux problèmes, surmonter de nouveaux défis. La créativité nous permet de conserver notre capacité d'adaptation et de tirer le meilleur parti d'un environnement complexe et en perpétuelle évolution. Souvenons-nous que l'intelligence artificielle nous imposera de repenser le monde, la place des humains, la relation avec les machines, le nouveau modèle social. Gardons également à l'esprit qu'elle n'en est qu'à ses balbutiements, et que pour fonctionner à hauteur de ses promesses, une série d'innovations radicales sera nécessaire dans la technologie même de l'intelligence artificielle.

Enfin, la créativité a ceci de particulier qu'elle permet aux humains de se démarquer de l'intelligence artificielle. L'IA, nous l'avons vu dans la première partie, excelle dans la créativité par imitation – celle qui lui a permis d'achever la symphonie inachevée. Elle est imbattable dans l'exploration du domaine du possible – grâce à laquelle AlphaGo a battu les meilleurs joueurs du monde et AlphaFold a identifié les configurations de protéines minimisant leur énergie. Mais quand vient la pensée divergente, l'intelligence artificielle est impuissante. Ses algorithmes ne le lui permettent pas aujourd'hui et laissent donc aux humains l'innovation plus radicale. Profitons-en.

Désormais reconnue comme indispensable parmi les compétences du 21ème siècle, elle n'en reste pas moins très peu enseignée en tant que telle.

Comment enseigner la créativité

Avant de vouloir enseigner la créativité, il est – hélas – plus pertinent de se demander pourquoi on peut en être dépourvu. En effet, à la naissance, tous ou presque en sont dotés et l'expriment allègrement dans la petite enfance. « Nous oublions qu'à la maternelle, nous étions tous créatifs. Nous jouions et expérimentions et essayions toutes sortes de choses sans peur ni embarras. Nous ne savions pas comment ne pas le faire[431] », nous rappellent les frères Tom et David Kelley, gourous de l'innovation. Mais au fil des années, ajoutent-ils, la peur prend le dessus : peur de faire le premier pas, peur d'être jugé, peur de perdre le contrôle, peur du grand inconnu. La créativité disparaît.

De multiples obstacles se dressent effectivement tout au long de la vie. Le principal s'impose très tôt et s'appelle l'éducation. « Nous ne gagnons pas en créativité, nous en perdons en grandissant. Ou plutôt nous sommes éduqués à en perdre », déclare Ken Robinson dans le TedTalk le plus regardé de tous les temps[432]. Les parents découragent très tôt leurs enfants « divergents » de s'écarter de la norme. Le système scolaire étouffe souvent la créativité en se focalisant sur un certain type de compétences, en dédaignant parfois l'expérimentation et en stigmatisant quasi systématiquement les erreurs. L'immense majorité des entreprises ne tolèrent pas l'échec, là où un Edison se targuait, dans sa quête de l'ampoule électrique, d'avoir déjà trouvé dix mille façons qui ne marchaient pas. La pression sociale de "réussir", enfin, est immense, tout particulièrement dans les cultures asiatiques, dans une moindre mesure en Europe, et encore un peu moins en Amérique. Cette aversion au risque tue la créativité dans l'œuf. Depuis la petite enfance jusqu'à l'âge adulte, tout l'univers semble conspirer pour décourager la créativité.

La première chose à faire dans la recherche de la créativité est donc de ne pas contrarier celle des enfants : les laisser explorer, rêver, vagabonder, tester, défaire et recommencer comme ils le font naturellement, tout en encourageant leur parcours créatif. Ils font leurs premiers pas, sans le savoir, dans le monde de la sérendipité, cette rencontre totalement fortuite avec des éléments non spécifiquement recherchés. La sérendipité, d'où émergent tant d'inventions et de découvertes scientifiques, ne peut toucher que les esprits curieux, ouverts, flexibles et attentifs à l'inattendu.

---

[431] Tom et David Kelley sont les inventeurs du Design Thinking et auteurs de « Creative Confidence » [34].

[432] https://www.ted.com/talks/ken_robinson_says_schools_kill_creativity#t-1138358

Il existe également des techniques pour se réapproprier la créativité perdue ou pour la stimuler. Le prérequis - il est sans-doute nécessaire de le rappeler - est d'avoir un minimum de connaissances et d'expertise dans le domaine. Un poète créatif n'a aucune raison de l'être autant en mathématiques ou dans l'assemblage de voitures s'il est complètement novice dans ces deux domaines. Il faut donc veiller à ce que cette expertise *a minima* soit effective.

D'autres pratiques, qui semblent plus généralistes [433], visent essentiellement à prendre des points de vue différents ou à connecter des idées qui ne le sont pas habituellement. Par exemple, une étude a vérifié expérimentalement l'efficacité d'une formation, même courte, aux quatre techniques suivantes[434] : le silence, avec un brainstorming individuel ; la ligne d'évolution, avec des associations de proche en proche ; les connexions aléatoires, avec le rapprochement de deux concepts ou objets éloignés et choisis au hasard ; enfin le SCAMPER, d'après l'acronyme anglais des techniques faisant émerger de nouvelles idées par substitution, variation, combinaison, reconversion, modification, élimination, inversion ou réarrangement.

Enfin, la créativité peut être intégrée dans des méthodologies formelles plus larges pour aboutir à des innovations utiles. La plus répandue est le Design Thinking, une démarche de résolution de problèmes créative et centrée sur l'humain. Elle comporte une série de processus divergents et convergents, et elle est très souvent collaborative. Une première étape d'empathie permet de s'immerger dans la situation de la population cible. Puis vient l'exploration et la définition exacte du problème à résoudre. Une nouvelle exploration élargit l'espace des réponses possibles puis converge à nouveau vers la solution sélectionnée. Un prototype est élaboré puis des itérations se succèdent pour l'améliorer jusqu'à l'obtention d'une solution satisfaisante. Cette

---

[433] Ceci est en apparente contradiction avec l'opinion que la formation en créativité doit être spécifique puisque la créativité elle-même est spécifique. Nous n'avons pas résolu cette contradiction.

[434] Voir « Enhancement of Creative Thinking Skills using a Cognitive Based creativity training » https://link.springer.com/article/10.1007/s41465-016-0002-3 [26].

méthodologie, originaire des Etats-Unis et maintenant mondialement répandue, est largement appliquée dans le monde du travail et des adultes. Elle convient néanmoins très bien aussi aux enfants. Comme nous l'avons mentionné, 120 éducateurs du Digital Maker Programme[435] de Singapour y ont été récemment formés.

Interdisciplinarité

Qu'est-ce qu'est l'interdisciplinarité ?

L'interdisciplinarité au sens le plus strict est l'utilisation, dans une discipline particulière, de compétences ou connaissances habituellement spécifiques à une autre discipline. A titre d'exemple, Henri Ford est souvent considéré comme l'inventeur de la ligne de d'assemblage moderne. Les voitures en cours d'assemblage étaient déplacées de poste en poste par des systèmes de convoyage automatisé et continu, alors que les ouvriers, affectés à un poste fixe. effectuaient toujours les même tâches. Le tout résultait en une augmentation de la productivité des ouvriers et du débit de la ligne. Cette invention, en réalité, ne provient pas de l'industrie automobile. Un collaborateur de Ford, William « Pa » Klann, l'avait observé au cours d'une étude dans un … abattoir, à Chicago. Les carcasses y étaient « désassemblées » progressivement sur une ligne mobile, les bouchers restant à leur poste. Klann avait appliqué le savoir et les compétences d'une discipline, la boucherie, à son propre domaine, la construction automobile.

De manière plus indirecte, de nombreux chercheurs ou inventeurs de qualité exceptionnelle affirment avoir puisé une partie de leur inspiration dans une interdisciplinarité artistique : Léonard de Vinci, Benjamin Franklin et Alexandre Graham Bell en font partie.

Une définition plus large de l'interdisciplinarité inclut également ce qui est *stricto sensu* de la multidisciplinarité, à savoir l'étude d'un phénomène ou sujet particulier sous l'angle de multiples disciplines. Les migrations humaines, par exemple, ont depuis des décennies fait l'objet d'études conjointes entre les archéologues, les historiens et les

---

[435] https://www.imda.gov.sg/digitalmaker/about-us

linguistes. Les archéologues analysent les artefacts retrouvés sur site et tentent de les rattacher à des populations locales ou récemment arrivées, ou à des échanges et du commerce. Les historiens relient cela à l'études des états et des peuples. Les linguistes, par l'analyse comparée très fine des langues, parviennent à déterminer leur arbre généalogique. C'est ainsi que deux théories concurrentes de migration des peuples proto-indo-européens vers l'Europe de l'ouest ont été bâties : l'une émanant d'agriculteurs d'Anatolie il y a 8000 à 10 000 ans, l'autre d'éleveurs au Nord de la Mer Noire, il y a 5 000 à 6 000 ans, avec une expansion rapide grâce à la domestication du cheval et l'invention de la roue. A cette interdisciplinarité se sont ajoutés les généticiens, qui, analysant le génome des restes des individus de ces époques, ont pu confirmer les deux vagues de migration[436].

Alors que l'approche interdisciplinaire parait logique, elle est somme toute assez récente. La recherche interdisciplinaire formelle n'a réellement démarré que dans les années 70 et 80, et s'est heurtée à de fortes résistances, chacun craignant pour son budget, sa réputation, son pouvoir[437]. Aujourd'hui, même si la grande majorité des universités et organismes de recherche sont encore organisés par discipline, l'interdisciplinarité est beaucoup plus fréquente : un tiers des références dans les articles scientifiques renvoient à d'autres disciplines.

Pourquoi l'interdisciplinarité est-elle importante ?
L'interdisciplinarité est importante d'abord et avant tout parce que les vrais problèmes humains ne se cantonnent pas à une discipline : ils se moquent des frontières universitaires ou administratives. Les grands problèmes de notre temps, comme le réchauffement climatique, sont complexes. Ils nécessitent de l'expertise, des compétences et du savoir, des équipements et des outils qui transcendent les disciplines. Personne

---

[436] Voir « Steppe migration rekindles debate on language origin"
https://www.nature.com/news/steppe-migration-rekindles-debate-on-language-origin-1.16935
[437] Voir "How to solve the world's biggest problems"
https://www.nature.com/news/how-to-solve-the-world-s-biggest-problems-1.18367

ne possède seul cette panoplie, donc le travail interdisciplinaire et collaboratif est indispensable.

L'intelligence artificielle est une domaine qui est particulièrement concerné par l'interdisciplinarité. Les grandes avancées ont été marquées par les allers retours entre l'artificiel et le naturel. Ainsi, les algorithmes utilisés pour la reconnaissance d'image[438], inventés par Yann LeCun, fonctionnent de manière très semblable au cortex visuel. De manière plus explicite encore, le chercheur Joshua Tenenbaum, professeur à la fois de sciences cognitives et d'informatique au MIT, tire une partie de son inspiration du rapprochement des deux disciplines – et il est très compétent dans chacune d'elles[439]. Sa connaissance du cerveau humain et des neurosciences le guide dans sa quête d'une intelligence artificielle plus aboutie. Les applications plus pratiques sont elles aussi affaire d'interdisciplinarité. Pour créer et perfectionner AlphaGo, l'équipe de DeepMind a réuni non seulement de brillants informaticiens mais aussi des champions de go, en faisant notamment appel au champion d'Europe Fan Hui. Pour développer les multiples applications médicales, depuis le diagnostic de maladies de la peau jusqu'aux tentatives de médecine de précision, l'expertise des spécialistes en recherche médicale est indispensable aux côtés de celle des informaticiens, tant pour construire les modèles que pour entrainer les algorithmes. Les exemples peuvent être multipliés à l'envi.

Enfin, l'interdisciplinarité a une saveur particulière à l'ère de l'intelligence artificielle. La capacité à faire usage de savoir et de compétences dans de multiples domaines est le propre de l'humain. En effet, l'IA est aujourd'hui étroite et spécialiste, conçue et surtout paramétrée pour fonctionner dans un domaine bien défini[440]. Ainsi, l'interdisciplinarité, hors d'atteinte de l'IA à ce jour, nous permet de nous en démarquer et de cultiver l'un de nos point forts.

---

[438] CNN ou Convolutional Neural Networks.

[439] Il est l'un 23 chercheurs à être cités par Martin Ford comme l'un des « architectes de l'intelligence », c'est-à-dire l'un des tout meilleurs en IA.

[440] Reconnaissons cependant que rien n'empêche de croiser consciemment des données de multiples disciplines et de rechercher des corrélations avec des algorithmes d'intelligence artificielle.

Quand elle réunit les expertises amenées par des individus différentes, l'interdisciplinarité est une forme de collaboration – toutes les compétences nécessaires à cette dernière doivent être maîtrisées et mises en œuvre.

Mais des initiatives spécifiques commencent à voir le jour pour renforcer l'interdisciplinarité dans l'enseignement même. L'une des plus ambitieuses sous-tend tout l'enseignement dispensé en Finlande du primaire au lycée. La Finlande, traditionnellement en tête des classements internationaux de type PISA, a légèrement fléchi ces dernières années, mais elle affirme – et on est prêt à la croire – que les changements entamés sont basés exclusivement sur les besoins réels identifiés.

La Finlande a donc annoncé en 2015 son adoption de l'enseignement basé sur les phénomènes [441]. Cette approche se propose d'utiliser, comme point de départ, des phénomènes authentiques de la vie réelle dans leur entièreté et leur contexte naturel, au lieu du découpage traditionnel en disciplines séparées. Les sujets concernés peuvent être aussi bien l'Union européenne que le cycle de l'eau, les problématiques énergétiques ou bien évidemment le changement climatique. Le changement climatique, par exemple, peut donner lieu à des approches englobant la physique et la climatologie, les sciences naturelles, la géographie, les sciences humaines et sociales. En plus d'intégrer différentes matières, la méthode vise à attiser la curiosité de l'enfant, et met en œuvre des pratiques pédagogiques actives d'interrogation et de résolution de problème. L'apprentissage visé est profond – il permet le transfert des connaissances et des compétences.

Contrairement à ce qui a pu être décrit par des observateurs insuffisamment renseignés, cela ne veut pas dire que les matières traditionnelles comme les mathématiques, l'anglais et l'histoire ne seront plus enseignées. En revanche, cette nouvelle approche interdisciplinaire est proposée pour réfléchir à un certain nombre de sujets complexes et multi-dimensionnels. Les directives officielles

---

[441] http://www.phenomenaleducation.info

demandent au moins une période étendue, chaque année, d'enseignement interdisciplinaire dans toutes les écoles primaires, les collèges et les lycées. A l'image du système éducatif en Finlande, qui est très décentralisé, la mise en œuvre est aussi définie au niveau local.

D'autres initiatives ont mis en place l'intégration des enseignements et en ont regardé les effets. Le *Board on Higher Education and Workforce of the National Academies of Science, Engineering and Medicine* a récemment confirmé l'impact positif de l'intégration des arts, des sciences humaines et des matières scientifiques sur les résultats universitaires et les perspectives de carrière [442]. En termes de performance universitaire, l'ajout des matières artistiques et de sciences humaines avait contribué au raisonnement d'ordre supérieur, à la résolution créative de problème, à la maîtrise de contenus pointus, aux compétences de communication et de collaboration, à la motivation et au plaisir d'apprendre. Insistons sur le fait qu'il s'agit bien ici d'intégrer les matières les unes aux autres, et non pas d'en juxtaposer les enseignements.

L'auteur de l'étude mentionnée plus haut nous rappelle la déclaration de Drew Faust, ancien président de Harvard : « La meilleure éducation est celle qui cultive les habitudes de l'esprit, un esprit analytique, une capacité à juger et à mettre en doute qui vous équipera à vous adapter à toute circonstance ou à prendre n'importe quelle direction professionnelle. » Quoi de plus pertinent, à l'ère de l'intelligence artificielle ?

---

[442] "Branches from the same tree : The case for higher integration in higher education" [28].

Education : ce qu'il faut retenir

Changement de paradigme

Dans la quasi-totalité des pays du monde, le système éducatif actuel ressemble beaucoup à ce qu'il était au 19ème siècle, avec la figure centrale du professeur, omniscient et omnipotent, inculquant de manière unidirectionnelle son savoir aux petits élèves. Or ce système, parfaitement adapté aux premières révolutions industrielles, l'est beaucoup moins à la quatrième, la nôtre, celle de l'intelligence artificielle. L'heure est venue d'un changement complet de paradigme.

Jusqu'à récemment, l'éducation formelle, pour ceux qui en bénéficiaient, occupait la période initiale de la vie. Ce bagage initial suffisait jusqu'à la fin de la vie professionnelle. L'accélération considérable du progrès technologique invalide complètement l'ancien modèle. A l'éducation initiale s'ajoute désormais de manière indispensable la formation continue ou **formation tout-au-long de la vie**.

Le rôle traditionnel de l'école, celui de transmettre des connaissances, est sérieusement remis en cause. Les connaissances sont désormais un produit de consommation courante, facilement accessibles et assorties d'une date de péremption de plus en plus proche. Plutôt que de cibler exclusivement les connaissances et le savoir, le système éducatif le plus efficace et le plus robuste se tourne vers les **compétences** cognitives et socio-émotionnelles. Ces compétences, beaucoup plus stables, sont parfois qualifiées d'éternelles.

Les compétences sont un attribut pratique, par opposition à un savoir théorique. Elles ne s'acquièrent pas à l'écoute d'un exposé magistral dans une salle de classe ou un amphithéâtre. Pour elles et pour le reste des objets d'apprentissage, les enseignants disposent maintenant d'un **arsenal éducatif** moderne : l'éducation expérientielle, de solides théories scientifiques d'apprentissage, et la technologie - en particulier l'intelligence artificielle.

Les approches variées des systèmes scolaires

Les systèmes scolaires pâtissent quasiment tous d'une inertie les pénalisant dans leur adaptation aux grandes mutations de la société. Ils amorcent leur réforme, et ce à des vitesses variables selon les pays.

Le système français esquisse des pas dans la bonne direction en mettant l'accent sur la petite enfance et l'acquisition des savoirs fondamentaux, et en réformant les examens devenus caducs dans leur forme actuelle. Mais il reste très centré sur l'acquisition de savoir.

A Singapour, les grandes réformes sont lancées pour transformer en profondeur le système scolaire. Celui-ci lui permet pourtant de caracoler en tête du classement international PISA pour … toutes les catégories ! Le pays réalise que l'échelle de mesure en vigueur, très orientée sur les examens, n'est plus pertinente et peut au contraire s'avérer contre-productrice. La nouvelle orientation prise favorise les compétences du 21ème siècle.

Les compétences du 21ème siècle, justement, sont au cœur du système de l'IB (Baccalauréat international) qui compte plus de 4 000 écoles et un million d'élèves répartis dans le monde. Les professeurs ont l'obsession de permettre à chacun de leurs élèves de se réaliser à travers le *profil de l'apprenant IB*. Celui-ci développe de manière volontariste 10 compétences critiques dont la pensée critique, la curiosité, l'ouverture d'esprit, l'attention de l'autre et la prise de risque.

Le Compas du 21ème siècle

Nous introduisons le Compas du 21ème siècle, un référentiel dont tout enfant gagnera à être équipé dès ses premières années formatrices, et dont l'effet se prolongera tout au long de la vie. Sa conception découle directement de l'évolution du monde catalysée par l'intelligence artificielle et répercutée sur l'univers du travail.

Le compas est centré sur la **capacité à apprendre**, indispensable dans un environnement en constante mutation. La capacité à apprendre, on le sait désormais, est plus une science qu'un art ; des règles simples issues des sciences cognitives permettent d'en améliorer drastiquement l'efficacité.

Le Compas a pour socle les **savoirs cardinaux**. Seuls, ils sont insuffisants ; mais non acquis ou insuffisamment maîtrisés, ils mettent en péril toute une vie professionnelle ainsi, de plus en plus souvent, qu'une vie personnelle. Les savoirs cardinaux, parfois difficiles à nommer précisément en français, comprennent le *littérisme*, ou capacité à utiliser et à communiquer une information écrite dans la vie courante ; la *numératie*, ou capacité à créer et utiliser des informations et idées mathématiques ; et le *littérisme numérique*, ou capacité à utiliser les outils numériques. Le littérisme numérique est moins spontané qu'on ne le croit chez les milléniaux et les générations suivantes. Son apprentissage, au-delà d'un savoir technique, vise à une utilisation sage de la technologie et de l'intelligence artificielle en particulier.

Le compas est flanqué de deux séries de compétences. A droite, trois **compétences cognitives** essentielles : *la pensée critique* permet de démêler le vrai du faux dans notre monde compliqué et de prendre des décisions rationnelles ; la *créativité* amène des idées et solutions nouvelles hors de portée de l'intelligence artificielle ; l'*interdisciplinarité* donne les approches nécessaires pour résoudre les grands problèmes du monde et développer de nouveaux domaines, dont l'IA. A gauche, trois **compétences non-cognitives** fondamentales : la *résilience*, indispensable pour gérer les aléas inévitables auxquels la vie nous exposera davantage encore ; la *collaboration*, parce que presque tout œuvre humaine est fruit d'un travail commun et qu'il faut profiter de la prime à l'humain ; enfin l'*empathie*, prérequis éminemment humain à une collaboration efficace et une coexistence harmonieuse.

Dernière composante mais non la moindre, l'aiguille du compas pointe vers le **Nord moral**. Nos actions seront guidées conjointement par l'*éthique* et la *raison-d'être*. Les décisions éthiques interviennent à toutes les étapes de la mise en œuvre de l'IA, et sont d'autant plus importantes que les dérapages malveillants menacent d'être amplifiés par cette technologie. La *raison d'être* clarifiera notre objectif personnel alors que la fin du travail laissera un immense vide à combler.

Le Compas est un point de départ et non une fin, une base généraliste qui permettra de s'adapter en toute situation, et n'empêchera pas de plonger dans l'expertise de son choix. Toutes les composantes du Compas peuvent être mises en place dès le plus jeune âge – qui correspond souvent à des périodes sensibles. Néanmoins, elles offrent la possibilité d'être affinées tout au long de l'existence, car elles se travaillent et se développent. Les éléments du Compas sont souvent, à tort, considérés comme naturels ou spontanés et sont de ce fait assez peu enseignés dans les systèmes éducatifs formels.

Le Compas a été introduit pour permettre aux enfants de s'épanouir à l'ère de l'intelligence artificielle. Notons le paradoxe, en apparence seulement, que le Compas ne comprend quasiment aucun élément technique. Mais les compétences y figurant répondent au cahier des charges de permettre d'utiliser l'IA et éventuellement de la développer, de s'en protéger et s'en démarquer, enfin de concevoir le monde de demain.

Conclusion :

Ce que les parents doivent savoir et faire

Parents, cet ultime chapitre vous est dédié. Je prends donc la liberté de m'adresser directement à vous.

Le rôle des parents et de l'école

La préparation de vos enfants à l'ère de l'intelligence artificielle, c'est dès aujourd'hui qu'elle doit commencer. Nous avons été pris de court par le changement climatique, du fait de notre inaction. Or l'impact de l'IA s'annonce d'une ampleur comparable. Evitons de répéter notre erreur, que ce soit pour la préparation individuelle des adultes en devenir ou pour celle de la société dans son ensemble. Il est encore temps, comme nous le disions en introduction de cet ouvrage, mais cela ne durera pas.

Idéalement, c'est un partenariat entre l'école et vous, parents, qui assure la meilleure préparation sur le temps long. Vous vous complétez les uns les autres et vous renforcez mutuellement. Vous, les parents, donnez une impulsion décisive à la préparation de vos enfants mais seuls, vous pourriez vous trouver démunis face à l'évolution vertigineuse du monde. L'école, quant à elle, est en principe mieux équipée sur la durée mais seule, elle ne peut ni rivaliser avec la vitesse d'adaptation de votre famille, ni effectuer le travail de fond dont vous vous chargez. L'école et vous avez tous deux un rôle important à jouer dans ce partenariat.

Le vôtre est essentiel. De nombreuses caractéristiques de l'enfant, socio-émotionnelles et cognitives, prennent forme bien avant la période scolaire et sont fortement influencées par le comportement des parents au quotidien. Certaines autres caractéristiques, développées ultérieurement, dépassent la portée de l'enseignement formel. Vous, parents, êtes constamment sollicités à mesure que vos enfants grandissent, tantôt explicitement pour un avis, tantôt implicitement par l'observation de votre comportement. Vous donnez le la.

L'école n'est bien évidemment pas en reste dans la transmission de connaissances aux enfants et la formation de leurs compétences. Son rôle n'est-il pas de préparer les enfants d'aujourd'hui à être les adultes responsables et épanouis de demain ? Elle offre une approche réfléchie et structurée et un encadrement inspirant – lorsqu'elle en a les moyens. Mais comme nous l'avons vu, une grande variabilité existe d'un système scolaire formel à l'autre. Tous ne sont pas également équipés, aujourd'hui, pour assurer complètement cette mission. De plus, nombre d'entre eux pâtissent d'une inertie certaine, du fait de leur taille et de leur mode de fonctionnement. Il est peu probable que les systèmes scolaires puissent s'adapter aussi vite que les parents au tourbillon de l'intelligence artificielle.

Certains établissements scolaires, pourtant, se mettent en branle pour accompagner leurs élèves dans la montée en puissance de l'IA. J'ai eu la chance de travailler en partenariat avec le Lycée Français de Singapour, en intervenant au Primaire, au Secondaire et auprès de parents comme vous. Lors de séances de deux heures par classe, je me suis trouvé assailli de questions plus pertinentes les unes que les autres par les petits élèves de CM2. Ceux-ci ont manifesté une compréhension étonnamment élevée des principes, des opportunités et des risques de l'IA. Nous avons appris à identifier les IA, à simuler leur apprentissage supervisé grâce à des jeux de rôles, à nous méfier des biais et de la discrimination ; j'ai pu apaiser leur crainte de Terminator et leur confirmer que les petits robots que nous avons observés n'éprouvent pas de vraies émotions. Avec leurs aînés de Seconde, nous avons parlé des professions du futur, des compétences techniques et non techniques dont il était bon de se munir, du rôle dévolu à la philosophie et aux sciences humaines dans la conception de l'IA, de la pertinence de certaines décisions d'orientation et du sens qu'ils voulaient donner à leur vie. Avec leurs parents, réunis en masse dans le grand amphithéâtre de l'école, nous avons démystifié l'IA tout en en soulignant la puissance exceptionnelle ; nous avons évoqué les différents scénarios sur l'avenir de la société et exploré en quoi leurs enfants y contribueraient ; nous avons discuté des points d'attention et des actions à mener immédiatement pour mettre leur progéniture dans les meilleures conditions possibles à l'aube de l'ère de l'IA.

Le fait générateur et la raison d'être de ce livre étaient précisément de vous aider, vous les parents, dans la formidable mission de préparation de vos enfants. Point de départ indispensable, vous devez acquérir une bonne compréhension de ce qu'est réellement l'IA, au-delà du sensationnalisme ambiant ou à l'inverse, du déni contreproductif. Cela vous permet, dans un deuxième temps, de mettre en œuvre quelques actions simples mais décisives. Nous allons, pour conclure, récapituler ce que vous devez savoir (l'IA est la nouvelle électricité) et ce que vous devez faire (préparer dès aujourd'hui vos enfants). Commençons par les faits.

L'IA est la nouvelle électricité

L'IA est une technologie polyvalente

Le résultat a beau être époustouflant, l'intelligence artificielle n'a rien de magique, mystique ou surnaturel. Ce n'est qu'une **technologie**, mettant en œuvre des algorithmes mathématiques relativement simples. Cette technologie n'est pas spécialiste mais **polyvalente**. Elle est amenée à prendre sa place dans toutes les couches de la société via les objets physiques ou les services immatériels en tout genre. Comme l'électricité, l'intelligence artificielle est omniprésente.

L'IA « performe » mais ne comprend pas

L'intelligence artificielle hausse à grande vitesse son niveau de **performance,** au point de surpasser les hommes et les femmes sur un nombre croissant de processus mentaux. Cependant, elle n'a **aucune compréhension** des décisions qu'elle propose, des signaux ou des images qu'elle reconnait, des phrases qu'elle traduit ou des réponses qu'elle prononce. L'IA est en permanence en mode de simulation, et elle le fait avec un talent incomparable.

L'IA est largement bénéfique

L'intelligence artificielle simplifie notre vie quotidienne tout en la rendant plus pratique et agréable. Au travail, elle nous libère d'un nombre croissant de tâches ingrates ou pénibles. L'IA est aussi mise à contribution pour tenter de résoudre les plus grands défis de l'humanité : vaincre le réchauffement climatique, nourrir et soigner la population, démocratiser l'éducation de qualité. Elle est au global très largement **bénéfique**.

Comme toutes les technologies, celle de l'intelligence artificielle est ambivalente. Le principal **danger** direct provient sans nul doute de l'utilisation mal intentionnée que les humains eux-mêmes peuvent en faire pour tromper, manipuler, réguler, déposséder ou tuer. Par ailleurs, la mise en œuvre imparfaite de l'IA, au stade précoce actuel, est accompagnée de certains problèmes comme les biais induits. La perte de contrôle des humains dans les processus qu'ils mettent eux-mêmes en place figure également parmi les motifs sérieux de préoccupation. Enfin, le **risque** indirect majeur est social : celui d'une mauvaise gestion de la période de transition vers un probable monde sans travail.

L'impact de l'IA sera extrême

D'ici la fin du siècle, l'intelligence artificielle est susceptible de devenir générale alors qu'elle est actuellement étroite, spécialisée, limitée. Elle sera alors en mesure de faire tout ce que savent faire les humains, et beaucoup plus. L'émergence de l'intelligence artificielle générale marquera une rupture majeure au terme de quatre milliards d'années d'évolution sur Terre. Au-delà des bénéfices immédiats, la question sera posée de la nouvelle place de l'humain dans le monde. Cela imposera aussi de trouver un nouveau modèle de société puisque les précédents seront devenus inopérants.

Ces constats, largement développés dans la première partie de ce livre, vous les comprenez maintenant et vous les avez assimilés. Vous pouvez donc passer à l'action.

Préparez vos enfants dès aujourd'hui

Adoptez l'IA et parlez-en

Puisque la diffusion de l'IA est inévitable et qu'elle est, de plus, largement positive, votre meilleure option est de l'**adopter** franchement. Rien ne sert d'y aller à reculons, sous prétexte que son importance réelle est incertaine ou son déploiement encore risqué. Adoption franche, cela ne veut pas dire adoption aveugle et inconditionnelle. Il est tout-à-fait légitime d'assortir le déploiement de l'intelligence artificielle de critères éthiques, et de travailler avec détermination à la rendre meilleure. Il est même indispensable de poser dès aujourd'hui les questions difficiles mais nécessaires. Notre luxe d'aujourd'hui, c'est de pouvoir amorcer la réflexion avant que l'enchainement incontrôlé des faits ne décide pour nous ou ne nous laisse en situation d'extrême vulnérabilité –c'est-à-dire exactement ce qu'il s'est passé dans le cas du changement climatique.

En quoi cela affecte-t-il vos enfants ? En adoptant une attitude positive envers l'IA, vous leur désignez très clairement le sens de l'histoire. Vous créez un sentiment de confiance en l'avenir et d'enthousiasme. Peut-être même susciterez-vous des vocations professionnelles en intelligence artificielle. Dans l'immédiat, en affirmant votre adoption de l'IA, vous indiquez à vos enfants que les machines se sont vu confier le travail des machines, et que les humains peuvent désormais cultiver leur humanité.

Equipez-les pour une vie d'apprentissage

La vitesse et l'ampleur du changement dans la société vont continuer de croître. Vos enfants seront amenés à adapter constamment leur vie quotidienne et à changer de métier toutes les quelques années. La transformation perpétuelle s'accompagnera d'un apprentissage constant. La requalification professionnelle permanente deviendra la nouvelle norme. Pour effectuer ces multiples transformations avec succès, vos enfants devront être équipés à la fois de la disposition d'esprit et de la capacité technique d'**apprendre**. Vous pouvez les aider à cultiver la première et à acquérir la seconde grâce aux avancées des sciences cognitives et didactiques.

Développez leur littérisme numérique

Seule une petite minorité aura vocation à devenir ingénieur en intelligence artificielle, mais tous, y compris vos enfants, seront amenés à l'utiliser très largement. A ce titre, le **littérisme numérique** les transformera en utilisateurs compétents et avertis des technologies du numérique. Rappelez-vous comment vous les avez empêchés, jeunes, de mettre les doigts dans les prises et comment vous-mêmes évitez soigneusement de changer une ampoule les pieds dans l'eau. L'intelligence artificielle aussi demande son lot de précautions.

L'apprentissage par une pratique encadrée permet d'augmenter leur compréhension fine de l'usage du numérique, d'élargir la palette des outils et des méthodes à leur disposition, et d'asseoir leur maîtrise des opportunités et des risques associés à cette technologie remarquable. La gamme des apprentissages commence par l'évaluation de la véracité des informations disponibles d'un simple clic. Elle se poursuit avec l'usage prudent et sage des réseaux sociaux dès le premier contact (message que vous devez leur inculquer sans tarder), enchaîne avec la bonne compréhension de la notion de données privées, et s'étend jusqu'à la mise en œuvre des modèles d'IA appropriés (ce que devra enseigner l'école en temps utile).

Munissez-les des compétences du 21ème siècle

Les **compétences du 21ème siècle**, cognitives aussi bien que socio-émotionnelles, étaient déjà de bons prédicteurs de réussite dans la vie. Avec l'avènement de l'intelligence artificielle, elles permettent à la fois de tirer le meilleur parti de l'intelligence artificielle, de s'en protéger autant que faire se peut, et de s'en démarquer en cultivant notre humanité. Elles sont donc essentielles pour l'avenir de vos enfants. Nous en avons fait figurer 6 au Compas du 21ème siècle ; trois sont socio-émotionnelles (la résilience, l'empathie, et la collaboration), et les trois autres sont cognitives (la pensée critique, la créativité et l'interdisciplinarité). Toutes six sont largement détaillées dans la troisième partie. La plupart de ces compétences, dont l'importance capitale est maintenant unanimement reconnue, partagent la curieuse caractéristique d'être très peu enseignées car considérées – à tort - comme naturelles. Ces compétences, au contraire, s'enseignent. Ne laissez pas passer cette opportunité ! Elles peuvent se développer bien au-delà de l'influence que vous avez pu avoir sur vos enfants depuis leur plus jeune âge.

Soignez vos conseils de vie et de carrière

Qu'ils les sollicitent explicitement ou non, vos enfants sont abreuvés des **conseils** que vous leur dispensez – et il leur arrive même de les suivre. Votre influence vous place en position de responsabilité accrue alors que le monde évolue à une vitesse vertigineuse et que vous n'avez pas forcément pu mettre à jour vos référentiels. Maîtrisez-vous bien la direction du monde ? La lecture détaillée des deux premières parties de cet ouvrage vous y aide. Pour l'orientation professionnelle, par exemple, vous devrez veiller à ne pas baser vos conseils exclusivement sur vos souvenirs : ceux-ci risqueraient d'être inappropriés dans un monde du travail en profonde mutation. Oui, certains métiers évolueront drastiquement ou disparaitront. En revanche, ne vous abstenez-pas d'aider vos enfants à développer leur Nord moral, combinant référentiel éthique et raison d'être ; il les guidera lorsqu'ils seront appelés à concevoir le monde de demain. Vous rendrez vos enfants plus fort en leur offrant un amour et un soutien inconditionnels, en élargissant la palette des choix qui leur sont proposés, en encourageant leurs passions, en mettant l'accent sur leur développement à long-terme et non pas uniquement sur quelques notes et résultats scolaires.

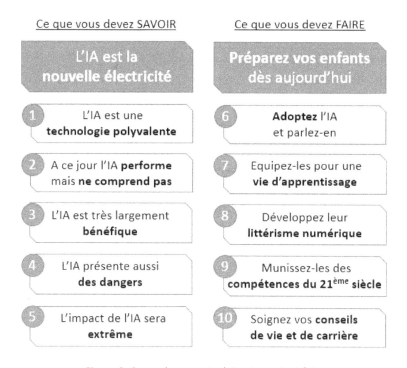

Figure 8: Ce que les parents doivent savoir et faire

Au-delà de ce résumé, le Compas du 21ème siècle constitue un référentiel précieux à approfondir – c'est pour cela qu'il constitue le cœur de la troisième partie de cet ouvrage. En équiper vos enfants dès aujourd'hui les sécurise, en même temps que cela augmente la probabilité d'un monde meilleur.

C'est assurément une période intense et extraordinaire qui apparaît à l'horizon. Vos enfants en feront la réalité de demain. Vous, parents, avez à cœur de les y préparer. Gageons que les quelques pages que vous venez de lire vous permettront d'aider vos enfants à façonner l'ère de l'intelligence artificielle à la hauteur des espérances, et à s'y épanouir.

Remerciements

J e tiens tout d'abord à remercier chaleureusement Thomas JESTIN, Marie-Agathe DE PLACE et Nicolas DAVID pour avoir relu et corrigé de multiples versions de cet ouvrage : leur contribution n'a pas de prix. Leurs remarques et suggestions m'ont aidé à affiner mes pensées tout au long du processus d'écriture. Thomas y a ajouté sa connaissance encyclopédique de l'intelligence artificielle, Marie sa vision éclairée et sa touche humaine, Nicolas sa légendaire sagesse– et tous m'ont fait bénéficier de leur esprit brillant, leur analyse rigoureuse et leurs critiques constructives.

Je suis très reconnaissant envers les experts qui ont pris le temps de partager leur savoir et leurs analyses sur leur domaine d'expertise en lien avec ce livre : King Wang POON, Hélène VAUZELLE, Jean-Charles VAUZELLE, Corinne ROUSSET, Thibaud BRIERE, Julien CONDAMINES, Carla HEARD, Yoann FOL et Abbie ADEYERI pour en citer quelques-uns. J'ai grandement bénéficié du soutien scientifique et des vues de Pierre GOLSTEIN, en plus de son soutien paternel. J'ai été très inspiré par toute l'œuvre de Stanislas DEHAENE, en particulier son approche de l'apprentissage par la psychologie cognitive et la neuroscience. J'ai été influencé par le travail et les conférences de Raja CHATILA et Christophe HABAS sur l'éthique de l'IA. Je souhaite aussi remercier tous les individus et toutes les organisations qui m'ont permis d'approfondir ma connaissance et ma réflexion sur les sujets de ce livre, y compris la façon de les présenter. Ceci inclut des communautés actives comme SG Innovate, Tech for Good et le groupe de réflexion Live With AI à Singapour ; des groupes de discussion et des réseaux professionnels en ligne de très grande qualité ; et un certain nombre d'acteurs enthousiastes de l'écosystème de l'IA façonnant celui-ci en vue de créer un monde meilleur, tels Pascal BORNET, Pierre ROBINET, Eléonore FERREYROL-ALESI, Victor BAFFET, Scott JONES et bien d'autres qui sans nul doute se reconnaîtront.

La version anglaise de ce livre doit beaucoup à ma correctrice, Rachael CHURCHILL, dont la pertinence des remarques m'a parfois amené à remanier la version française originale – je lui suis redevable ! Également dans l'équipe ayant travaillé sur cet ouvrage, Milan JOVANOVIC en a réalisé la couverture et Moyez Ibrahim KHAN la plupart des illustrations.

Je dois beaucoup également à celles et ceux qui m'ont offert un soutien précieux tout au long de ce voyage : Greg BLACKWOOD-LEE, Olivia DISSESCOU LAMBERT, Yoni GARBOURG, Pierre SAGRAFENA, Marianna GRIGORIAN, Jean-Baptiste HAZARD, Yoni RAHAMIM, Cintia TAVELLA, Lucas MIRGALET, Shalini SARIN, Glenn HUYBRECHT, Sharon MONTLUC, Frédéric BACQUET, Antonio CODINACH, Sarah ANGLADE, Jean-Christophe BOUGLE – que les autres me pardonnent de ne pas avoir pu les nommer et sachent que je leur suis reconnaissant.

Enfin, je remercie mon épouse Simone et mes enfants Eva et Nathan, ainsi comme d'habitude, que mes sœurs et mes parents. L'écriture d'un livre est une aventure plus périlleuse qu'il n'y paraît. Elle n'aurait pu se concrétiser sans le support inconditionnel de ceux qui sont pourtant le plus affectés par les absences de l'auteur.

Glossaire

Les définitions ci-dessous sont soit de l'auteur soit empruntées à des ouvrages et sites de référence comme le Larousse, Wikipédia, L'internaute.

Algorithme

Suite finie et non ambiguë d'opérations ou d'instructions permettant de résoudre un problème ou d'obtenir un résultat.

Ambivalence

Caractère de ce qui a deux aspects. Propriétés opposées.

Apprentissage automatique (Machine Learning)

Mode d'apprentissage où la machine apprend quelque chose sans être explicitement programmée pour (définition traditionnelle).

Mode d'apprentissage où la performance s'améliore avec l'expérience (définition moderne).

Apprentissage supervisé

Mode d'apprentissage consistant à apprendre une fonction de prédiction à partir d'exemples annotés.

Apprentissage non supervisé

Mode d'apprentissage consistant à trouver des structures sous-jacentes à partir de données non étiquetées.

Apprentissage par renforcement

Mode d'apprentissage consistant à apprendre les actions à engager, à partir d'expériences, de façon à optimiser une récompense quantitative au cours du temps, sans données de départ.

Apprentissage par transfert

Mode d'apprentissage consistant à apprendre à partir d'un domaine voisin d'où les connaissances sont transférées.

Apprentissage profond

Mode d'apprentissage ayant recours aux réseaux de neurones artificiels (définition simplifiée).

Augmentation

Capacité accrue à exercer un emploi du fait de la prise en charge de certaines tâches par l'intelligence artificielle, souvent à un niveau de performance supérieur.

Créativité

Capacité de générer des idées originales et qui sont utiles.

Empathie

Capacité à comprendre l'état d'autrui et / ou à éprouver ses sentiments.

Emploi

Travail effectué en l'échange d'une rémunération.

Ethique

Ensemble des principes moraux qui sont à la base de la conduite de quelqu'un.

Intelligence artificielle

Capacité des machines à imiter l'intelligence humaine (définition traditionnelle).

Machines qui perçoivent leur environnement, raisonnent, apprennent et agissent en réponse à ce qu'elles perçoivent et aux objectifs qui lui sont fixés (définition moderne).

Interdisciplinarité

Utilisation, dans une discipline particulière, de compétences ou connaissances habituellement spécifiques à une autre discipline.

Par extension, étude d'un phénomène ou sujet particulier sous l'angle de multiples disciplines.

Littérisme

Capacité à utiliser et à communiquer une information écrite dans la vie courante.

Littérisme numérique

Capacité à utiliser les outils numériques de manière efficace et appropriée.

Numératie

Capacité à créer et utiliser des informations et idées mathématiques.

Paradigme

Représentation du monde, une manière de voir les choses, un modèle cohérent du monde qui repose sur un fondement défini

Pensée critique

Capacité et disposition d'esprit à analyser des faits pour porter un jugement.

Raison d'être

Ce qui justifie l'existence de quelqu'un à ses propres yeux.

Réseau de neurones artificiels

Système de représentation des données contenant différents niveaux d'abstraction et imitant dans une certaine mesure les réseaux neuronaux du cerveau biologique.

Résilience

Capacité à se remettre d'un contretemps, d'une contrariété, d'un échec, d'une perte ou d'un drame personnel, et à savoir reprendre positivement le cours de sa vie.

Tâche

Unité élémentaire constitutive d'un emploi.

Index

Bibliographie

[1] P. Domingos, The Master Algorithm: How the Quest for the Ultimate Learning Machine Will Remake Our World, Basic Booksd, 2015.

[2] M. Ford, Architects of Intelligence, Packt, 2018.

[3] M. Tegmark, Life 3.0 : Being Human in the Age of Artificial Intelligence, Knopf, 2017.

[4] E. J. Topol, "High-performance medicine: the convergence of human and artificial intelligence," *Nature Medicine,* vol. 25, no. January 2019, pp. 44-56, 2019.

[5] H. S. Mohanthy, "Using Deep Learning for Image-Based Plant Disease Detection," *Arxiv temporarily.*

[6] G. Kohs, Director, *AlphaGo.* [Film]. USA: Moxie Pictures, 2017.

[7] D. Silver and et al, "A general reinforcement learning algorithm that masters chess, shogi, and Go through self-play," *Science,* vol. 362, no. 6419, pp. 1140-1144, 2018.

[8] ECP, "Artificial Intelligence Impact Assessment," ECP, https://ecp.nl/, 2018.

[9] PWC, Stanford Woods Institute for the Environment and World Economic Forum, "Harnessing Artificial Intelligence for the Earth," WEF - 'Fourth Industrial Revolution for the Earth' series, 2018.

[10] M. Ford, Rise of the Robots, One World, 2015.

[11] Y. N. Harari, Homo Deus, Vintage, 2017.

[12] Organisation Internationale du Travail, "Travailler pour bâtir un avenir meilleur," Janvier 2019.

[13] McKinsey Global Institute, "Skill shift : automation and the future of workforce," May 2018.

[14] K.-F. Lee, AI Superpowers - China, Silicon Valley and the New World Order, HMH, 2018.

[15] AI100 hosted by Stanford's Human-Centered Inst., "AI Index 2018 Annual Report," 2018.

[16] C. B. Frey and M. A. Osborne, "The future of employment : How susceptible are jobs to computerisation ?," *University of Oxford,* 2013.

[17] DARES, "Comment ont évolué les métiers en France depuis 30 ans ?," *Dares Analyses,* Janvier 2017.

[18] S. Ullman, "Using neuroscience to develop artificial intelligence," vol. 363, no. 6428, p. 692, 2019.

[19] A. Diamond and K. Lee, "Interventions shown to Aid Executive Function Development in Children 4–12 Years Old," *Science ,* vol. 333, no. 6045, pp. 959-964, 2011.

[20] D. Goleman, Emotional Intelligence : why it can matter more than IQ, 2009 (latest edition).

[21] Collective, The Social Neuroscience of Empathy, MIT Press, 2009.

[22] S. Nataraj, " The Need for an Introductory Computer Literacy Course at the University Level," *INternational Journal of Business Management and Economic Research,* vol. 5, pp. 71-73, 2014.

[23] World Economic Forum, "The Future of Jobs," 2016.

[24] J. Bendell, "Deep Adaptation: A Map for Navigating Climate Tragedy," *IFLAS Occasional Paper 2,* 27 July 2018.

[25] J. G. Gomez, "What do we know about creativity," *The Journal of Effective Teaching,* vol. 7, no. 1, pp. 31-43, 2007.

[26] N. M. Simone Ritter, "Enhancement of Creative Thinking Skills Using a Cognitive-Based Creativity Training," *Journal of Cognitive Enhancement,* vol. 1, no. 3, pp. 243-253, September 2017.

[27] J. Baer, "The importance of domain-specific expertise in creativity," *Roeper review,* vol. 37, no. 3, pp. 165-178, 2015.

[28] D. Skorton, "Branches from the same tree : The case for higher integration in higher education," *PNAS,* vol. 116, no. 6, pp. 1865-1869, 2019.

[29] World Economic Forum, "Future of Jobs 2018," Septembre 2018.

[30] McKinsey Global Institute, "Harnessing Automation for a Future that Works," Janvier 2017.

[31] McKinsey Global Institute, "Jobs lost, jobs gained," December 2017.

[32] National Research Council, "Education for Life and Work : Developing transferable Knowledge and Skills in the 21st century," National Academies Press, July 2012.

[33] Universities UK, "Solving Future Skills Challenges," 6 August 2018.

[34] D. Kelley and T. Kelley, Creative Confidence : Unleashing the Creative Potential Within Us All, Currency, 2013.

[35] C. Rousset, "Excellence académique, joutes oratoires et pragmatisme pédagogique à Singapour," *Revue internationale d'éducation de Sèvres,* vol. 77, pp. 59-69, 2018.

[36] J.F. Bonnefon et al, "The Moral Machine experiment," *Nature,* vol. 563, p. 59–64, 2018.

[37] Z. Attia et al, "Screening for cardiac contractile dysfunction using an AI-enabled electrocardiogram," *Nature Medicine,* vol. 25, no. January 2019, pp. 70-74, 2019.

[38] D. Silver et al, "Mastering the game of Go without human knowledge," *Nature,* vol. 550, pp. 354-359, 19 October 2017.

[39] S. Dehaene, Apprendre ! Les talents du cerveau, le défi des machines, Odile Jacob, 2018.

[40] A. Esteva et al, "Dermatologist-level classification of skin cancer with deep neural networks," *Nature,* vol. 542, no. 02 February 2017, pp. 115-118, 2017.

[41] P. Griffin et al, Assessment and Teaching of 21st Century Skills, Springer, 2015, p. Chapter 2.

[42] M. Komorowski et al, "The Artificial Intelligence Clinician learns optimal," *Nature Medicine,* vol. 24, pp. 1716-1720, 2018.

[43] S. Dehaene et al, "What is consciousness, and could machines have it?," *Science,* vol. 358, no. 6362, pp. 486-492, 2017.

[44] R. Evans et al, "De novo structure prediction with deeplearning based scoring," *Yet to be published.*

[45] B.M. Lake et al, "Building machines that learn and think like people," *Behavioral and brain sciences,* no. Arxiv 2 nov 2016, 2016.

[46] K. Xu et al, "Show, Attend and Tell: Neural Image Caption Generation with Visual Attention," *Arxiv,* p. 1502.03044, 2015.

[47] W.S. Kremen et al, "Influence of young adult cognitive ability and additional education on later-life cognition," *PNAS,* vol. 116, no. 6, p. 2021–2026, February 5, 2019.

[48] S. Dehaene, Les neurones de la lecture, Odile Jacob, 2010.

[49] A. Melnikova et al, "Active learning machine learns to create new quantum experiments," *PNAS,* vol. 115, no. 6, pp. 1221-1226, 2018.

[50] T.E. Moffitt et al, "A gradient of childhood self-control predicts health, wealth, and public safety," *PNAS,* vol. 08(7):, p. 2693–2698, 2011 Feb 15.

[51] R. Beaty et al, "Robust prediction of individual creative ability from brain functional connectivity," *PNAS,* Jan 2018.

[52] W. Stephen et al, "Trajectories of the Earth System in he Anthropocene," *PNAS,* vol. 115, no. 33, pp. 8252-8259, 2018.

[53] E. Ernst and R. Merola, "The economics of artificial intelligence : implications for the future of work," October 2018.

[54] B. Abbott, "Deeper Learning : Machine learning makes new sense of psychiatric symptoms," *Nature Medicine,* vol. 25, no. January 2019, pp. 2-11, 2019.

[55] Y. Gurovich et al, "Identifying facial phenotypes of genetic disorders using deep learning," *Nature Medicine,* vol. 25, no. January 2019, pp. 60-64, 2019.

www.ingramcontent.com/pod-product-compliance
Lightning Source LLC
Chambersburg PA
CBHW051223050326
40689CB00007B/774